Martin Arz

SCHWA BING

Reiseführer für Münchner

Schwabing ist nach wie vor das weltweit bekannteste Münchner Stadtviertel. Unzählige Bücher sind bereits darüber geschrieben worden, die Künstler- und Bohème-Szene wurde und wird in vielen Publikationen ausführlichst gewürdigt. Warum also noch ein Schwabing-Buch? Was gibts denn da Neues zu entdecken?

Eine Menge! Denn wir legen hier den Fokus weniger auf »Schwabylon« und »Wahnmoching« oder die sattsam bekannten Adressen von Fanny zu Reventlow, Thomas Mann oder Lenin, sondern auf Schwabing als historischen Ort. Natürlich spielt die Kulturszene vor allem der Jahrhundertwende auch in diesen Buch eine wichtige Rolle. Ganz können und wollen wir nicht darauf verzichten. Wir verraten Ihnen auch, wer wo wohnte. Doch vielleicht werden manche Leser enttäuscht sein, denn sehr vieles, was man gemeinhin mit der »Schwabinger« Bohème in Verbindung bringt, spielte sich in der benachbarten Maxvorstadt ab. »Die elf Scharfrichter«, die Künstlerkneipen Simplicissmus sowie Café Stefanie und einige Schwabing-Mythen mehr werden Sie hier vergeblich suchen (sondern in *Maxvorstadt – Reiseführer für Münchner* finden). Dafür werden Sie hoffentlich andere, bislang unbekannte Seiten Schwabings für sich entdecken.

Schwabings große Zeit als internationales Mekka der künstlerischen Avantgarde endete mit dem Ersten Weltkrieg. Nach dem Zweiten Weltkrieg erblühte das Stadtviertel bis Ende der 1970er-Jahre wieder zu schillernder Größe. Schwabing brodelte erneut.

Inzwischen ist vieles, was einst war, längst verschwunden. Hier setzt unser Buch an. Was war, was das Viertel und seine Bewohner geprägt hat, ist unser Hauptthema. Dieser *Reiseführer* ist kein trendiger Szeneguide für kurzlebige Gastronomie- und Shopping-Experimente – die Amüsierwilligen ziehen ohnehin immer noch in Scharen durch die Leopold- und Feilitzschstraße mit ihrer pulsierenden Kneipenvielfalt. Dennoch geben wir im Service-Teil am Ende des Buches auch Tipps für kulinarische Stärkungen, Kaffeepausen und Kulturtrips. Das Buch ist vor allem auch ein Stadtteilführer für Münchner und alle Interessierte, die Schwabing ein wenig näher kennenlernen möchten.

Historisches findet ebenso Berücksichtigung wie Aktuelles. Vergangenes und Verlorenes steht neben Verborgenem und Verführerischem. Blättern, schmökern, Bilder angucken – das Buch soll so viel Spaß machen wie Schwabing selbst.

Martin Arz, München im Februar 2016

Inhalt

SCHWABING auf einen Blick:

Erstnennung: 782 als »Suuapinga«
Namensbedeutung: von »Swapo« = Schwabe,
also die Siedlung eines Swapo bzw.
Schwaben
Gemeindebildung: 1818, mit Biederstein,
Hirschau, Riesenfeld
Stadterhebung: 01. Januar 1887, gegliedert in
folgende Stadtteile: Aumeister, Biederstein,
Hirschau, Mitterschwabing, Neufeld,
Neuschwabing, Suresnes
Eingemeindung: 20. November 1890

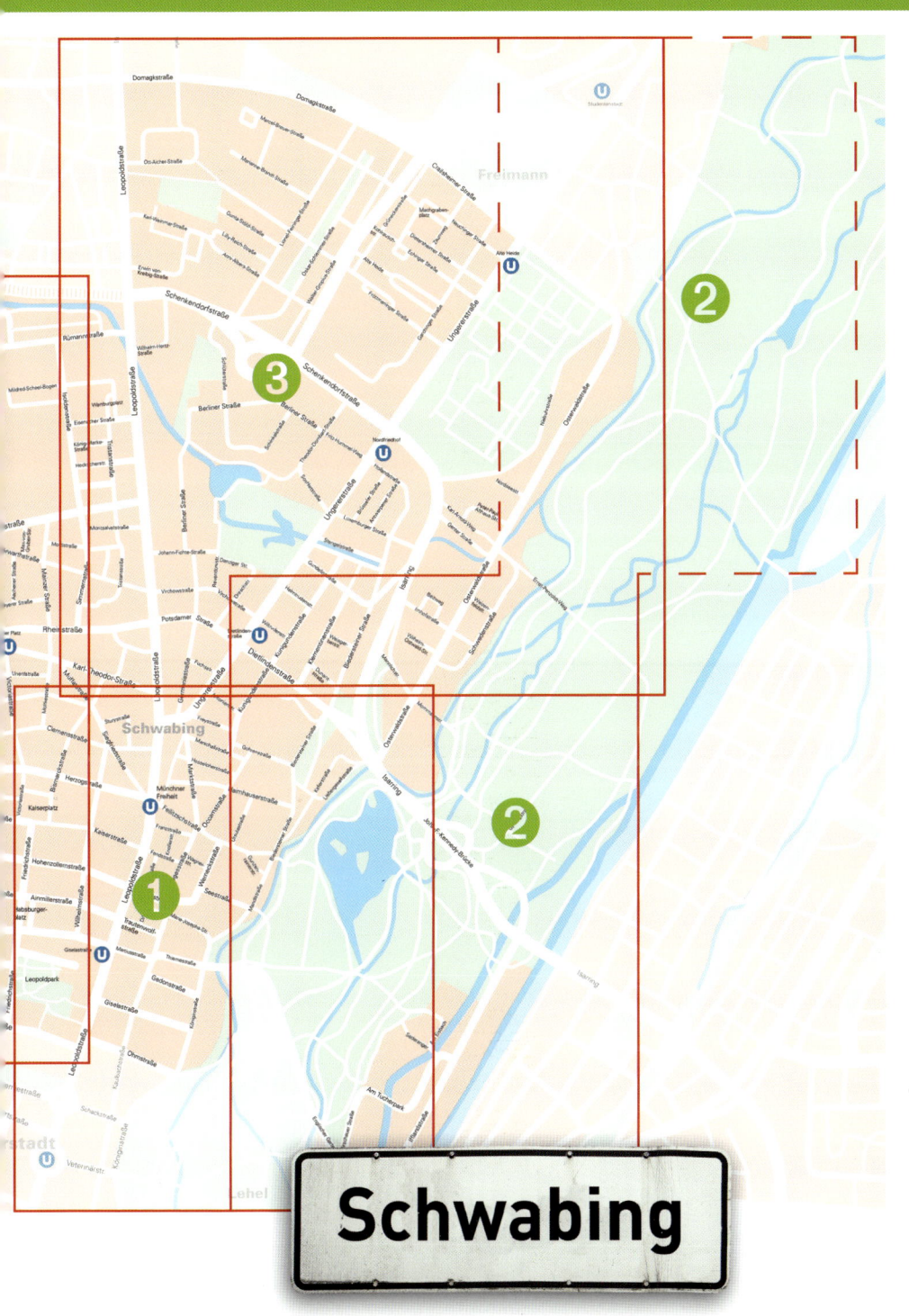

Schwabing

Ein Ort – ein Zustand

Wohl kein anderer Münchner Stadtteil ist weltweit bekannter als Schwabing. Willkommen also in Schwabylon, dem berühmten Wahnmoching, jenem Viertel, das bekanntlich kein Ort, sondern ein Zustand ist. Doch auch dieser Zustand begann einmal ganz klein als Ort, vermutlich als bajuwarische Siedlung.

Reihengräber nahe dem Siegestor und an der Martiusstraße zeigen, dass es hier schon im 7. Jh. ein Dörflein gegeben haben muss. Offiziell tauchte Schwabing dann im Jahr 782 auf, als ein Mann namens Alpolt und sein Sohn Huasuni ihr Erbe in »Suuapinga« dem Kloster Schäftlarn überließen. Das Kloster Schäftlarn blieb bis zur Säkularisation einer der wichtigsten Grundherrn in Schwabing.

Bald traten die Herren von Schwabing in Erscheinung, ein Adelsgeschlecht, das im 14. Jh. ausgestorben ist. Die Herren von Schwabing residierten in einer kleinen Burg (zwischen Haimhauser-, Occam- und Gohrenstraße), zu ihrem Dorf gehörten auch eine Mühle am Schwabinger Bach sowie mehrere Höfe. Nach den Schwabingern wurden die Edlen von Gollier Burgherren in Schwabing, als auch diese ausstarben, fiel das Lehen um 1340 an Kaiser Ludwig den Bayern zurück. Kurz zuvor, im Jahr 1315, wurde erstmals eine Kirche in Schwabing erwähnt, St. Ursula, die im 17. Jh. ihre heute noch erhaltene frühbarocke Ausstattung erhielt. St. Ursula hieß ursprünglich bis 1359 St. Johannes der Täufer, war eine Filiale der Pfarrei St. Margaret von Sendling und heißt heute St. Sylvester. Die aktuelle St. Ursula Kirche steht seit 1897 an der Kaiserstraße.

Schwabing blieb jahrhundertelang ein kleines Dorf mit wenigen, weit verstreuten Höfen. Weil im 14. Jh. Seuchen und Hungersnöte das Land erschütterten, sah sich München genötigt, Häuser für die »Sonder-Siechenden« weit draußen vor den Stadtmauern einzurichten. Ein Leprosenspital auf dem Gasteig entstand – und ein weiteres 1386 am nördlichen Burgfrieden an der Grenze zu Schwabing (Ecke Leopold-/Nikolaistraße). Beide Leprosenhäuser verfügten über ein dem Hl. Nikolaus geweihtes Kirchlein. Die Kranken erbettelten sich ihren Lebensunterhalt bei vorbeikommenden Reisenden. Das Leprosenhaus, wie ganz Schwabing im Dreißigjährigen Krieg geplündert und zerstört, wurde nach Kriegsende erweitert und ausgebaut.

Landschlösser für reiche Münchner

Langsam entdeckten auch die reichen Münchner Bürger und Patrizier das Dorf im Norden und kauften sich ein. Hofbedienstete errichteten ihre Landsitze, Schlösser wie Suresnes, Biederstein und das Gohrenschlössl entstanden. 1760 zählte man schon 47 Anwesen. Einige

Schwabing im Jahr 1812

Altschwabing mit der Ursulakirche auf dem Aquarell eines unbekannten Künstlers vom 17. Mai 1803

Jahre zuvor hatte Kurfürst Max II. Emanuel mit seinen ehrgeizigen Kanalprojekten gravierend in die Landschaft um Schwabing eingegriffen. Der Kurfürst ließ zunächst einen Kanal vom Schwabinger Bach zum Schloss Lustheim graben, um Baumaterial für sein neues Schloss Schleißheim zu transportieren. Bei diesem Kanalprojekt arbeiteten auch türkische Kriegsgefangene mit. 1702 folgte der Nymphenburg-Biedersteiner-Kanal, um Schleißheim mit Schloss Nymphenburg zu verbinden und zwei Jahre später der Türkengraben, bei dem, anders als der Name vermuten lässt, übrigens keine türkischen Gefangenen mehr zum Einsatz kamen, für den Wasserweg von der Stadtresidenz zum Schloss Schleißheim. Das Kanalprojekt scheiterte letztlich an Wassermangel, 1811 wurde der Türkengraben zugeschüttet. Die Türkenstraße in der Maxvorstadt erinnert heute noch an den Kanalverlauf.

Ein Garten für das Volk

Im späten 18. Jh. wuchs München langsam aber sicher immer näher an Schwabing heran. Zunächst nur in Form eines Gartens, der auf die Idee eines Amerikaners beruhte. Benjamin Thompson aus Boston trat 1784 in die Dienste des Kurfürsten Karl Theodor und stieg schnell zum Kriegs- und Polizeiminister auf. Zur besseren Verpflegung der Soldaten und um sie vor Müßiggang zu bewahren, schlug Thompson dem Kurfürsten die Errichtung eines Militärgartens vor. Das Jagdrevier Hirschanger vor dem Schwabinger Tor schien ihm das geeignete Gelände, man kaufte zusätzlich Grundstücke entlang der heutigen Königinstraße auf: die Schönfeldvorstadt entstand, aus der Richtung Westen ein Wohngebiet in der heutigen Maxvorstadt und Richtung Isar der Englische Garten hervorging. Die Idee, den Militärgarten zum großen Volksgarten auszubauen, wurde ab 1789 umgesetzt. Gartenbaumeister Friedrich Ludwig von Sckell bekam den Auftrag, die »schönste Anlage der Natur« zu entwerfen. Alles sollte wie ein natürlich gewachsener Park aussehen, war aber doch komplett von Menschenhand geschaffen. Die sumpfigen Wiesen wurden entwässert, Wege und Brücken angelegt, Bäume gepflanzt, verschiedene Grotten, Tempel und Vergnügungsstätten errichtet. Das Schmuckstück des neuen Gartens bildete aber der Chinesische Turm mit dem dazugehörigen Wirtshaus. 1798 trat Reinhard von Werneck die Nachfolge des zum Grafen von Rumford

Schwabinger Milchmädchen auf einem Stich von 1826

geadelten Thompson an und erweiterte den Englischen Garten Richtung Norden auf fast die doppelte Größe. Fortan lustwandelten die Münchner Bürger an Sonntagen hinaus aus den engen Gassen der Stadt durch den Englischen Garten oder entlang der gewundenen Schwabinger Landstraße nach Schwabing, um in beliebten Gastwirtschaften die nötige flüssige Stärkung für den Nachhauseweg zu tanken.

Die gewundene Landstraße nach Norden musste bald einem Großbauprojekt weichen. Noch als Kronprinz plante Ludwig I. einen Prachtboulevard von der Residenz bis an die Grenzen Schwabings. Sein Architekt Leo von Klenze ließ das Schwabinger Tor einreißen und die Wallanlagen einebnen, um den Odeonsplatz zu schaffen. Von hier zog sich die neue, kerzengerade Ludwigstraße mit ihren Prachtbauten gen Norden und fand mit dem 1843 erbauten Siegestor ihren würdigen Abschluss. Die Münchner hielten Ludwig I. für völlig verrückt, denn rings um die Straße war ödes Land und zwischen Siegestor und Schwabing lagen Felder. Die

Ludwigstraße führte also mitten ins Nirgendwo. Obwohl das Siegestor nach wie vor in der Maxvorstadt liegt, gilt es heute als eines der bekanntesten Wahrzeichen Schwabings. Aber wie heißt es doch in einem bekannten Chanson: »Gleich hinterm Siegestor fängt Schwabing an …«

Industrieanlagen im Grünen

Die weiten Flure des Englischen Gartens und die Wasserkraft des Schwabinger Baches zogen aber auch die Industrie an. Gegen den heftigen Protest von Gartenarchitekt Sckell erhielt Hofhammerschmied Lindauer 1814 die Erlaubnis, mitten im Englischen Garten am Bach eine Stahlfabrik zu errichten. 1837 erwarb Joseph von Maffei den Lindauerschen Hammer und baute ihn zur Maschinenfabrik um. Maffei produzierte Lokomotiven, Dampfturbinen und Dampfschiffe. Bis 1908 verließen 8 165 Loks das Schwabinger Werk. Maffei stellte nach dem Ersten Weltkrieg die Produktion im Englischen Garten ein, 1931 übernahm Konkurrent Krauss die Firma, die seitdem als Krauss-Maffei weltbekannt ist. Die Fabrik wurde vier Jahre später abgerissen und das Gelände wieder renaturiert. Auch die Firma Lodenfrey kam in den Englischen Garten. Ab 1870 produzierte Lodenfrey in der Osterwaldstraße nördlich des Kleinhesseloher Sees. Entscheidend für den Industriestandort Schwabing wurde der 1901 eröffnete Bahnhof (hinter dem Ungererbad), der den Firmen die dringend benötigten Gleisanschlüsse brachte. Die Industrie zog verstärkt Arbeiter nach Schwabing, immerhin arbeiteten 1912 schon 2 026 Menschen bei Maffei. Die Schwabinger Bauern verkauften ihre Felder, auf denen günstige Mietshäuser hochgezogen wurden, das Bauerndorf entwickelte sich zur Arbeitersiedlung.

Mit den Lebenden stieg auch die Zahl der Toten. Schwabing benötigte dringend einen neuen Friedhof. 1884 legte die Gemeinde an ihrer Nordgrenze den neuen Friedhof an, aus dem der heutige Nordfriedhof hervorging. Nach insgesamt neun Erweiterungen umfasst der Nordfriedhof heute 34 000 Grabplätze.

Schwabing wird Stadt

1880 hatte Schwabing bereits über 5 000 Einwohner und wurde sieben Jahre später zur »mittelbaren Stadt« erhoben. Das Stadtwappen zierten zwölf goldene Ähren auf blauem Grund. Die junge Stadt sah sich schnell mit ihren Aufgaben und vor allem den Ausgaben überfordert. Man kleckerte nicht, sondern klotzte: Noch vor der Stadt München, die weiterhin ihre Straßen mit Gas beleuchtete, leistete sich Schwabing zum Beispiel 1889 elektrische Straßenlaternen. Der Schulden-

Hinter dem Siegestor Richtung Norden beginnt Schwabing (Postkarte von 1954)

Blick in die Fertigungshallen der Maffeischen Maschinenfabrik im Englischen Garten 1848

Ein Ort – ein Zustand

Das Gohrenschlössl auf dem »Baronbergl«, einer Geländestufe, die bei Schwabinger Kindern im Winter als Schlittenbahn beliebt war

Bauernhof in der Biedersteiner Straße im Jahr 1905

berg wuchs. Knapp vier Jahre nach der Stadterhebung bat die Stadt Schwabing die Stadt München händeringend um Eingemeindung. Am 20. November 1890 endete die Selbstständigkeit Schwabings, München bekam 11 589 neue Einwohner hinzu. Die Grenzen zur Maxvorstadt wurden neu bestimmt. Reichte die Maxvorstadt bislang bis zur Hohenzollernstraße, wurde ihre Grenze nun nach Süden zur Georgenstraße verlegt. Die Georgenstraße ist bis heute die Grenze zwischen Schwabing und der Maxvorstadt.

Der Mythos Schwabylon

In jenen Jahren begann dann der Mythos Schwabing – auch wenn selbst eingefleischte Schwabinger zugeben müssen, dass wesentliche Zentren der Legende nicht in Schwabing, sondern in der Maxvorstadt lagen: die Universität, die Künstlerkneipen Simplicissimus, Goldener Hirsch und das Café Stephanie – allgemein Café Größenwahn genannt. 1886 eröffnete in der Maxvorstadt die Akademie der Künste, zahlreiche private Malschu-

bing wurde zum Inbegriff für brodelnde Kreativität und verrückte Bohème, wurde zum geistigen Zustand, vergleichbar mit Montmartre in Paris. Im Gegensatz zum erzkonservativen Berlin wurde man in München, sprich in Schwabing, kaum von der Polizei behindert und konnte die Liberalitas Bavariae leben. Auch der russische Revolutionär Wladimir Iljitsch Lenin profitierte da-

Eingang zum Biergarten der Wirtschaft »Zu den 7 Schwaben« von der Marschallstraße (1910)

Wohnhaus und Werkstatt des Zimmerermeisters Johann Rank in der Marktstraße 6 (Foto um 1900)

len wie die des bekannten Künstlers Anton Azbe siedelten sich in der Gegend an. Wenige Jahre später galt München als die Kunst-Hauptstadt Deutschlands. Die Studenten und Künstler machten damals keinen Unterschied, ob sie dies- oder jenseits der Georgenstraße lebten und arbeiteten, ob sie ihre Feste in der Schwabinger Brauerei oder im Simplicissimus feierten. Schwa-

von und ließ sich 1900 in der Kaiserstraße nieder. Thomas Mann beendete in Schwabing seine Arbeit an »Die Buddenbrooks«, Max Reger komponierte, Wassily Kandinsky entwickelte in seinem Atelier die abstrakte Malerei. August Macke, Rainer Maria Rilke, Giorgio de Chirico, Oskar Maria Graf, Paul Klee, Frank Wedekind, Alfred Kubin und Lovis Corinth – um nur die allerbe-

Das Telefonmodell »Schwabing« von Siemens & Halske gehörte zu einer technischen Revolution: 1909 wurde in Schwabing das europaweit erste Fernsprechamt mit Selbstwählbetrieb und Zentralbatterie für zunächst 2 500 Teilnehmer in Betrieb genommen. Erstmals konnten Gespräche mit einem Gebührenzähler einzeln erfasst werden, und es gab den direkten Sofortruf ohne Fräulein vom Amt.

Schwabing-West

Schwabing nennt sich – besonders in Immobilienanzeigen – bekanntlich fast alles nördlich des Siegestors. Aber Schwabing-West ist tatsächlich Schwabing. Die ersten Häuser in Schwabing-West entstanden Mitte des 19. Jh. entlang des aufgelassenen Türkengrabens an der Kurfürsten- und Belgradstraße. Seinen Bauboom erlebte der Stadtteil dann zwischen der Eingemeindung Schwabings 1890 und dem Ersten Weltkrieg. Unter den Immobilienspekulanten herrschte Goldgräberstimmung, Schwabinger Bauern verdienten sich durch den Landverkauf eine goldene Nase. Das Stadterweiterungsbüro unter Theodor Fischer legte eine geometrische Straßenführung fest, die im Gegensatz zur streng rechteckig angelegten Maxvorstadt durch gekrümmte Straßen aufgelockert wird. Für Grünflächen und Plätze blieb wenig Raum. Wo es vorher nur Wiesen und Felder gab, entstanden in wenigen Jahren dicht an dicht Wohnblöcke bis hin zur Winzererstraße, wo das militärisch genutzte Oberwiesenfeld begann. Als neues Stadtviertelzentrum ließ Fischer den Elisabethplatz anlegen. Auffällig ist, dass nicht eine Kirche den zentralen Platz beherrscht, sondern Schulen, die Elisabethschule und das Gisela-Gymnasium. Auf dem Elisabethplatz findet bis heute einer der vier Münchner Freiluftmärkte statt. Die erste Markthalle wurde 1903 erbaut. Den Bombenhagel des Zweiten Weltkriegs überlebte aber nur das kleine Milchhäusl aus dem späten 19. Jh., in dem sich heute ein kleines Lokal mit Biergarten befindet.

Der Bauboom brachte es mit sich, dass es ein Überan-

kanntesten zu nennen – arbeiteten hier. Selbst Picasso beneidete die Schwabinger und sagte, dass man Kunst nur in »Munick« studieren könne. »Gschlamperte Malerweiber« wie Gabriele Münter und »Emanzen« wie die Schriftstellerin Fanny zu Reventlow, die die freie Liebe propagierte, gehörten selbstverständlich dazu. Und wo, wenn nicht in diesem Umfeld, hätte eine Zeitschrift entstehen können, die einer ganzen Stilepoche den Namen gab: 1896 erschien die erste Ausgabe des Magazins *Jugend*, nach dem der Jugendstil benannt wurde.

Schwabing war hip. Die immer dichtere Besiedlung ließ das Viertel rapide wachsen. Selbst die alte Nikolaikirche des längst abgerissenen Leprosenhauses wurde 1898 samt Friedhof eingeebnet und das Gelände am heutigen Nikolaiplatz mit Mietshäusern bebaut. Im Jahr 1900 lebten bereits 28 154 Einwohner hier. Neun Jahre später hatte sich Schwabing schon so weit Richtung Westen ausgedehnt, dass ein neuer Stadtbezirk geschaffen werden musste: Schwabing-West.

Allein auf weiter Flur, ohne Nachbarhäuser, stand 1908 dieses neu gebaute Mietshaus an der Ecke Teng-/Georgenstraße

Johann Poppel schuf 1850 die Stahlstiche der Serie »Umgebungen Münchens«. Sein Schwabing-Blatt hat Schloss Biederstein als zentrales Motiv.

gebot an Wohnungen gab. Die Mieten fielen, vor allem einfache Arbeiter siedelten sich in Schwabing-West an. Weil für Schwabing eine ausreichende medizinische Versorgung garantiert werden musste, sah sich die Stadt nach einem geeigneten Gelände für ein neues Krankenhaus um. Das kleine Schwabinger Krankenhaus, das seit 1861 an der Mandlstraße existierte, platzte längst aus allen Nähten. Die Stadt kaufte Grundstücke am Kölner Platz und baute zwischen 1905 und 1914 das Krankenhaus München-Schwabing nach Plänen von Richard Schachner. Bei seiner Eröffnung 1910 galt die Klinik mit ihren weitläufigen Anlagen und den Pavillonbauten als modernstes Krankenhaus der Welt. Zahlreiche Erweiterungsbauten ließen die Klinik bis in die 1990er-Jahre hinein stetig wachsen. Seit 2005 heißt das Krankenhaus offiziell »Klinikum Schwabing« und gilt heute als eines der modernsten Rettungszentren Europas.

1909 beschloss die Stadt München, Schwabing-West von Schwabing zu trennen und einen eigenen Stadtbezirk einzurichten. Im selben Jahr begannen die Planungen, den Westschwabingern einen Erholungspark zu gönnen. Im Nordwesten des Neubaugebiets besaß die Stadt ein großes Areal, das im Stil eines englischen Parks gestaltet wurde. Am 11. März 1911, dem 90. Geburtstag von Prinzregent Luitpold, konnte der Luitpoldpark der Öffentlichkeit übergeben werden. Ein Jahr spä-

ter eröffnete das Bamberger Haus im Park, eine bis heute beliebte Ausflugsgaststätte.

Neues Leben im Herzen Schwabings

Mit Ende des Ersten Weltkriegs und der blutig niedergeschlagenen Räterepublik änderte sich das politische Klima schlagartig. München wurde erzkonservativ, das bohème Leben Schwabings kam zum Erliegen. Zahlreiche spätere Nazigrößen lebten schon damals in Schwabing. Unter ihnen der NSDAP-Stadtrat Karl Fiehler, der ab 1933 faschistischer Oberbürgermeister Münchens wurde. Rund die Hälfte aller Häuser in Schwabing fiel den Bomben des Zweiten Weltkriegs zum Opfer, weshalb heute viele Straßen des Viertels von Nachkriegsarchitektur geprägt sind. Auf vielen Ruinengrundstücken, wo vor dem Krieg noch einzelne Villen gestanden hatten, wurden mehrgeschossige Wohnblocks hochgezogen wie der »Fuchsbau« an der Fuchsstraße.

Kurz nach dem Krieg begann es in Schwabing wieder zu brodeln, die Nachtclubszene etablierte sich. Dann kam jene heiße Sommernacht des 20. Juni 1962. Ein Anwohner am Nikolaiplatz fühlte sich durch Straßenmusikan-

13

Die neu gestaltete Münchner Freiheit empfanden viele Münchner Anfang der 1970er-Jahre als reine Betonwüste. Der Künstler Klaus Vrieslander rief die Aktion »Mein Baum ist dein Baum« ins Leben. Er setzte sich neben einen kleinen Baum und jeder, der den Baum für mindestens eine halbe Stunde anschaute, bekam von einem Sponsor ein Bier. Das Ziel wurde letztlich erreicht, die Stadt forstete den kahlen Platz auf.

Jeanswerbung aus den frühen 1980er-Jahren

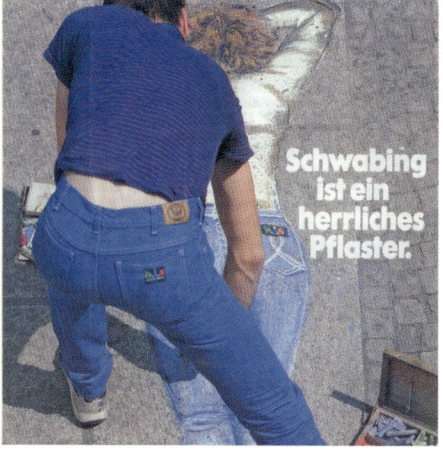

ten belästigt, die es wagten, noch nach 22 Uhr zu spielen, und rief die Polizei. Es folgte eine eher unbedeutende Rangelei zwischen Musikern und Uniformierten, in die sich die Umstehenden einmischten – aus diesem kleinen Zündfunken explodierten die Schwabinger Unruhen. Tagelang tobten blutige Straßenschlachten mit zahllosen Verletzten rings um die Leopoldstraße. Besonders der rücksichtslose und brutale Schlagstockeinsatz der Polizei sorgte für Unmut. Die Verantwortlichen lernten allerdings aus den Schwabinger Nächten und entwickelten die schnell bundesweit übernommene Münchner Linie, zu deren Grundsätzen psychologische Schulungen für Polizeikräfte und Deeskalationsstrategien gehörten.

Nicht zuletzt dank der Unruhen war Schwabing wieder angesagt. Hippies, Beatniks und Kommunarden gehörten zum Straßenbild der 1960er- und 1970er-Jahre. Uschi Obermaier und Rainer Langhans eröffneten ihre legendäre Highfish-Kommune in einer Schwabinger Villa. Doch mit den 80er-Jahren endete die große Zeit. Die »schönste Tochter Münchens« mutierte zur »Grande Dame«. Die Gentrifizierung, wie man heute das Gegenteil von Verelendung eines Stadtteils nennt, erwischte Schwabing als erstes Münchner Stadtviertel mit Luxussanierungen und explodierende Mieten. Entlang der Leopoldstraße ließen sich Banken und Versicherungen mit ihren Verwaltungen nieder. Und die Revoluzzer von einst hatten längst gut bezahlte Jobs und legten Wert auf ein gediegenes, nur »irgendwie kreatives« Ambiente. Die Karawane der Künstler und Trendsetter zog weiter, erst nach Haidhausen, dann in die Isarvorstadt, dann nach Giesing.

Was blieb, ist der Name, den vor allem Immobilienfirmen weiterhin ausschlachten und alles im Münchner Norden, sei es Milbertshofen, Freimann oder sogar Hasenbergl als »Nord-Schwabing« verkaufen wollen. Schwabing wird seit Jahrzehnten immer wieder totgesagt. Die schillernde Kneipenszene am Feilitzschplatz und entlang der Leopoldstraße gilt bei vielen als reine Touristenfalle. Doch jährlich bummeln Tausende Touristen durch die romantischen Straßen Alt-Schwabings, und der Englische Garten lockt Jahr für Jahr Millionen Besucher an, nicht nur um die berühmten Nackerten zu sehen. Immerhin hat München hier in den 1980ern das erste innerstädtische FKK-Badegelände Deutschlands geschaffen. Nach wie vor gibt es eine große Theater- und Kleinkunstszene. Auch der zweimal jährlich stattfindende Corso Leopold, bei dem sich die gesamte Leopoldstraße in eine einzige Partymeile verwandelt, bringt der Grande Dame neuen Schwung. Denn wie heißt es so schön: Totgesagte leben länger.

Von wegen Flaniermeile: Die Leopoldstraße präsentierte sich
während des U-Bahn-Baus von 1965–1971 eher ungemütlich

Die Stadt Schwabing

Das ehemalige Rathaus von Gemeinde und Stadt Schwabing an der Leopoldstraße 59 (Foto von 1913)

Bürgermeister Alois Ansprenger

Vier Städte schluckte München bei seiner Expansion: Pasing, Milbertshofen, die Vorstadt Au und Schwabing. Ganze drei Jahre konnte sich Schwabing Stadt nennen. Der Ort im Münchner Norden war Mitte des 19. Jh. extrem stark gewachsen. 1855 lebten noch 1 667 Menschen hier, 1885 bereits 8 744. Prinzregent Luitpold erhob daher Schwabing zum 1. Januar 1887 zur »mittelbaren Stadt«. Eine mittelbare Stadt war im Gegensatz zu einer Reichsstadt der Landeshoheit unterworfen.

Das neue Stadtwappen, entworfen von Ernst von Destouches und vom Prinzregenten am 29. Dezember 1886 genehmigt, zeigte auf blauem Schild zwölf goldene Ähren, deren Halme von einer silbernen Schleife gehalten werden.

Die junge Stadt leistete sich dann gleich etwas ganz Modernes, noch vor München oder gar Berlin: elektrische Straßenbeleuchtung. Die Isarvorstädter Firma Einstein, betrieben von Vater und Onkel des Ausnahmegenies Albert Einstein, bekam den Auftrag. Am 26. Februar 1889 erstrahlte Schwabing im elektrischen Licht, »damit man die Münchner Gaslaternen an der Burgfriedensgrenze besser sehen« könne, wie ein Zeitgenosse spottete. Doch Investitionen in die elektrische Straßenbeleuchtung und weitere Infrastrukturmaßnahmen ließen den Schuldenberg stetig wachsen. Schwabing hatte sich 1864 gegen eine Eingemeindung zu München ausgesprochen. Nun sah Schwabings letzter Bürgermeister,

![Von der alten Rossschwemme am Schwabinger Bach geht der Blick zum Kirchbergl (Foto ca. 1910)]

Von der alten Rossschwemme am Schwabinger Bach geht der Blick zum Kirchbergl (Foto ca. 1910)

der Baumeister Alois Ansprenger (1853–1913), keinen anderen Ausweg, als die große Nachbarstadt zur Übernahme Schwabings zu drängen. Ansprenger war seit 1883 im Amt. Der Münchner Magistrat war von der Idee zwar zunächst alles andere als begeistert – denn Schulden sind Schulden –, stimmte schließlich aber zu, unter der Bedingung, dass Schwabing bis zum Eingemeindungstag keine weiteren Schulden aufnehmen würde. So wurde Schwabing am 20. November 1890 von der Stadt zum Stadtviertel – wenngleich süßholzrasplerisch als »Münchens schönste Tochter« tituliert. München wuchs mit einem Schlag um 1 195 ha und 11 589 Einwohner. Der ehemalige Bürgermeister Ansprenger wechselte nahtlos in den Münchner Magistrat.

Nun mussten auch die Grenzen neu gezogen werden. Der Münchner Burgfriede, also alles Land, was außerhalb des eigentlichen Stadtgebiets noch zur Stadt gehörte, verlief bislang auf der Höhe Nikolaiplatz, Hohenzollern- und Elisabethstraße. Die Maxvorstadt endete damals an der Hohenzollernstraße, nicht schon wie heute an der Georgenstraße. An der Ecke Hohenzollern-/Leopoldstraße (damals noch Schwabinger Landstraße) stand ein kleines Zollhäuschen mit Schlagbaum, an dem die Fuhrwerke einen Pflasterzoll zu entrichten hatten. Das neue Zollhaus wurde an den neuen Stadtrand im Norden verlegt.

Das Wappen der Stadt Schwabing

Rheinstraße

Potsdamer Straße

Karl-Theodor-Straße

Mussatstraße

Leopoldstraße

Germaniastraße

Fuchsstr.

Ungererstraße

Dietlindenstraße

Dietlindenstraße

Kunigundenstraße

Klementinenstraße

Weisgerberstr.

Biedersteiner Straße

Wilhelm Ostwald

Ostenwaldstraße

1.55 1.54 1.53

1.51

Antonienstr.

1.52

Sturystraße

Schwabing

Clemensstraße

Siegfriedstraße

Herzogstraße

Bismarckstraße

Marschallstraße

Gohrenstraße

1.22
1.21
1.23

Biedersteiner Straße

Kaiserplatz

Hesseloherstraße

1.20

1.19

Keferstraße

Liebergesellstraße

Isarring

Marktstraße

1.27

Münchner Freiheit

1.26

1.24

1.25

1.18 1.17

Haimhauserstraße

1.2

1.3

1.1

Kaiserstraße

Feilitzschstraße

Occamstraße

1.28

Franzstraße

1.14 1.16

1.4

1.5

Ursulastraße

Biedersteiner Straße

Friedrichstraße

Hohenzollernstraße

1.15

1.13

Knöllerstr.

Fendstraße

1.10

1.11

1.8

1.6

Gunzenlumstr.

Ainmillerstraße

Augsburgerplatz

Wilhelmstraße

Leopoldstraße

1.29

Beichstraße

Siegesstraße

Wagner str.

1.12

1.9

Werneckstraße

Seestraße

1.7

Mandlstraße

Nikolaistr.

1.30

Dillisstr.

1.31

1.32 1.33

Maria-Josepha-Str.

1.34

Trautenwolfstraße

1.49

1.50

Giselastraße

Martiusstraße

Thiemestraße

1.35

1.48

Leopoldpark

1.43 1.42

Gedonstraße

1.37

1.36

1.40

1.38

Königinstraße

1.47

Giselastraße

1.44

1.41

1.39

Leopoldstraße

Kaulbachstraße

Ohmstraße

1.45

1.46

Schackstraße

Königinstraße

Veterinärstr.

Am Tucherpark

Englischer Garten

Hirschauer Straße

Tivolistraße

Sederanstr.

Ifflandstr.

18

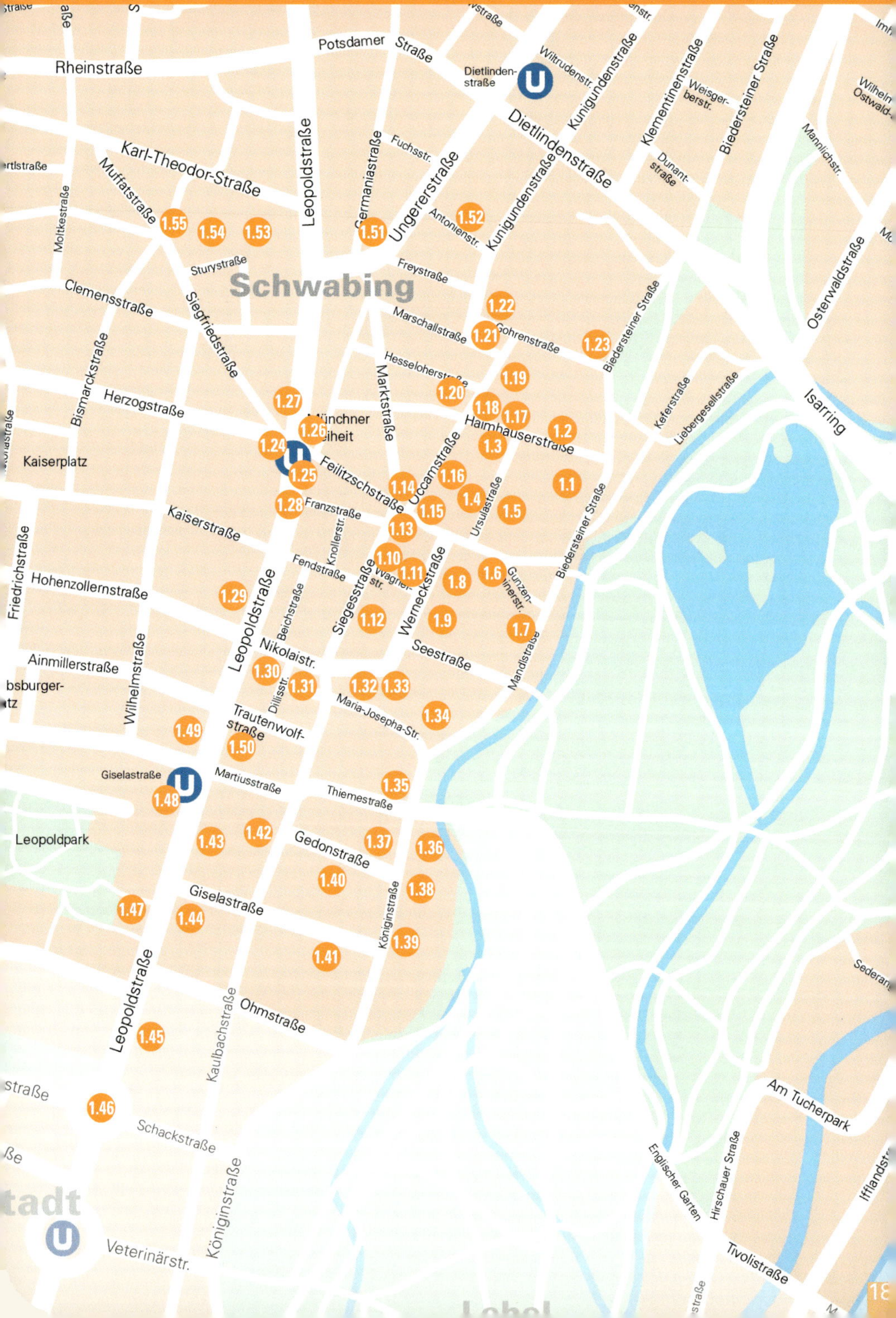

1.1 St. Sylvester

Auch wenn höchstwahrscheinlich schon 782 in dem Dörflein Suuapinga eine kleine Kirche gestanden hat, findet sich doch erst 1315 in der Konradinischen Matrikel die erste schriftliche Erwähnung einer Schwabinger Kirche als Filiale der Pfarrei Sendling. In jenen Jahren wurde das romanische Gotteshaus im Stil der Gotik ausgebaut. Man erhöhte den Turm von 12 m auf 44 m. Die Kirche war ursprünglich – und 1359 erstmalig schriftlich erwähnt – Johannes dem Täufer geweiht. Allerdings verdrängte ihn bereits knapp hundert Jahre später die hl. Ursula. Da viele Schwabinger als Fischer oder Flößer am und vom Wasser lebten, war die Schifferheilige Ursula nur die logische Wahl. 1632 kam der Nebenpatron St. Sebastian hinzu und ab 1655 feierte man auch ganz besonders den »St. Silluester-Tag«. In dieser Zeit (1654–1664) baute man die Kirche erneut aus und um. Das Kirchenschiff wurde erhöht, reiche Stuckierungen, neue Altäre und die heute noch erhaltene barocke Ausstattung kamen hinzu. Doch noch immer war der Sendlinger Pfarrer für Schwabing zuständig, der immer die sechs Kilometer hin und her reiten musste, um die Messe zu lesen oder Sakramente zu spenden. Häufig genug musste der Benefiziat der erheblich näheren Leprosen-kirche St. Nikolai einspringen. Denn Schwabing war mit weniger als 650 Einwohnern zu klein für eine eigene Pfarrei. Erst am 27. Februar 1811 stieg St. Ursula zur Pfarrkirche auf. Das leer stehende Stubenrauchschlössl diente vorübergehend als Pfarrhof.

Da Schwabing wuchs, wurde die Kirche bald zu klein. Ein großer Neubau wurde an der Kaiserstraße hochgezogen, auf die nun das Patrozinium von St. Ursula übertragen wurde. Nun war das alte Gotteshaus wieder zur Filialkirche abgesunken, bis man 1920 eine neue Kuratie in Altschwabing errichtete, die fortan dem hl. Sylvester geweiht war. Platzmangel machte 1925 einen Erweiterungsbau an der Nordseite nötig. Der achteckige Neubau im neobarocken Stil nach Plänen von Hermann Buchert wurde am 24. Oktober 1925 durch Kardinal Faulhaber geweiht. Zu den bedeutenden Kunstschätzen von St. Sylvester gehören u. a. das Altarbild *Das Martyrium der heiligen Ursula und ihrer Gefährtinnen* von Kaspar Amort d. Ä. sowie mehrere Heiligenfiguren von Ignaz Günther. Die heutige Orgel in der neuen Kirche stammt aus dem Jahr 1980, gefertigt von der Freiburger Orgelbauwerkstätte Späth.

Schwabing

Schwabing im Jahr 1853

1.2   Schwabings erste Schule · Haimhauserschule

Der arme Dorflehrer Adam Erminger hatte es wahrlich nicht einfach. 41 Jahre lang mühte er sich ab, den Schwabingern Lesen und Schreiben beizubringen – für den Hungerlohn von 50 Gulden pro Jahr. »Schulmaister und Choralist« Erminger bekam 1735 das alte Mesnerhaus südlich der Kirche (heute die Feilitzschstraße) zugewiesen, wo er kostenfrei wohnte, aber auch einen Raum im ersten Stock als Schulzimmer nutzen musste. Seinen Lebensunterhalt besserte er damit auf, dass die Bauern ihm ein Schulgeld zahlten, ob in Münzen oder Naturalien war relativ egal. Erminger, ab 1772 zusätzlich noch Mesner, überlebte jedoch die rauen Sitten der Dörfler nicht. 1774 hatte er sich mit dem Saubauern Simon Jell eines Nacht so brutal geprügelt, dass Erminger sich davon nicht mehr erholte. Da nutzten auch die 300 Gulden Schmerzensgeld nicht, zu denen Jell verdonnert wurde, der Schullehrer Erminger starb zwei Jahre später an den Folgen der Schlägerei. Die verwitwete Mechthildis Erminger heiratete, ganz praktisch veranlagt, den Nachfolger Joseph Rothmüller, so konnte sie im Haus wohnen bleiben und behielt ihre Anstellung als Organistin. Mit dem Tod Rothmüllers 1786 musste die Erminigerin dann das Schulhaus räumen, denn der blutjunge neue Lehrer Jakob Thier dachte nicht daran, die alte Frau zu heiraten.

1805 wurde die kleine Schulstube erweitert, und 1824 kam ein zweiter Unterrichtsraum hinzu. Über die Schwabinger Schulmoral berichtete Pfarrer Dedler 1816, »dass bei dem allgemeinen Widerwillen der Landwirte gegen alles, was Schule betrifft, alle Belehrungen und Ermahnungen des Geistlichen nutzlos seien«. 1843 bekam Schwabing endlich sein erstes richtiges Schulhaus, auf einem Grundstück des Gemeindepflegers Mailänder an der Ecke Occam-/Haimhauserstraße. Die Bauzeit betrug nur sensationell kurze vier Wochen, die Kosten von 9 627 Gulden und 43 Kreuzern kamen durch eine Stiftung und den »Lokalmalzzuschlag«, eine Art Sondergebühr auf Getränke, zusammen. Nun konnten in vier beheizbaren Räumen 150 Schüler/innen von zwei Lehrkräften unterrichtet werden. 1873 besuchten schon 448 Kinder die Schule. Ein größerer Neubau war unabdingbar geworden. Direkt nebenan in der Haimhauserstraße 17 wurde 1875 eine neue Knabenschule eröffnet. Die alte Schule diente fortan als Mädchenschule. Die beiden Schulhäuser verfügten zusammen über 12 Klassenzimmer, einen Turnsaal und ein Lehererzimmer, nicht viel für die mittlerweile 800 Kinder im Jahr 1878.

Es dauerte keine 20 Jahre, bis ein Neubau nötig war. Theodor Fischer entwarf das neue Schulgebäude mit drei Giebeln und Turm an der Haimhauserstraße 23, das 1897/98 erbaut wurde. Neben Unterrichtsräumen bot die neue Schule auch eine Turnhalle, eine Schülerwerkstatt, ein Lehrmittelzimmer, einen Speisesaal und einen Karzer, zusätzlich gab es zwei Räume für die Armenpflege. Der burgartige Gebäudekomplex gruppiert sich um einen Lichthof. »Aller Anfang ist schwer« tröstet die Inschrift über dem Jugendstil-Steinportal mit dem gewaltigen Schutzengel von Joseph Flossmann, zusätzlich weist die schmale Schrift im schmiedeeisernen Tor darauf hin: »Es ist noch kein Meister vom Himmel gefallen«. Die Fassade ist mit Kratzputzdekor von Siegmund von Suchodolski verziert, der auch das Dekor an der Elisabethschule schuf. Statt Märchen wie an der Elisabethschule finden sich an der Grundschule Haimhauserstraße aber Tiermotive. Zu den prominenten Persönlichkeiten, die einst auf die Schule gegangen sind, gehören der Bandleader Hugo Strasser und die Politikerin Toni Pfülf.

Das benachbarte ehemalige kleine Schulhaus diente ab 1889 erst als Gisela-Kinderspital. Heute ist hier eine Kindertagesstätte.

Ein Schutzengel wacht über dem Eingangsportal

1.3 Lach-und Schießgesellschaft

Am Anfang stand ein Fest: 1952 ließen die Theaterwissenschaftler der LMU ihr Faschingsfest in der Schwabinger Kellerkneipe Alte Laterne steigen, bei dem der Student Dieter Hildebrandt gemeinsam mit seinen Kommilitonen Gerd Potyka, Klaus Peter Schreiner und Guido Weber ein paar Sketche aufführte. Das kam so gut an, dass sie sich nun »Die Namenlosen« nannten und fortan zweimal die Woche gegen Freibier und warmes Essen im Lokal auftreten konnten. Am 25. Februar 1952 hatten sie ihr Debüt mit dem vielsagenden Titel *Ihr erstes Programm*. Durch den Sportreporter Sammy Drechsel bekam die Truppe im Lokal Das Stachelschwein in der Ursulastraße ab 1955 einen dauerhaften Spielort. Doch die alte Gruppe der »Namenlosen« löste sich auf. Hildebrandt und Drechsel gründeten 1956 die Lach- und Schießgesellschaft, der Name stammt von Oliver Hassencamp durch Verballhornung der Wach- und Schließgesellschaft. Zur Erstbesetzung der Münchner »Lach und Schieß« zählten Ursula Herking, Klaus Havenstein, Hans Jürgen Diedrich und Dieter Hildebrandt. Beim ersten gemeinsamen Programm *Denn sie müssen nicht, was sie tun* (Premiere am 12. Dezember 1956) führte Sammy Drechsel Regie. Die Lach und Schieß stieg zu einem der führenden deut-

Die Mitglieder der Lach und Schieß im Jahre 1957: Klaus Havenstein, Ursula Herking, Hans Jürgen Diedrich und Dieter Hildebrandt

schen Politkabaretts auf, die ARD übertrug in regelmäßigen Abständen das Programm.

1972 schien mit dem Amtsantritt von Willy Brandt die Zeit für politisches Kabarett vorbei, und das Ensemble ging auseinander. Dieter Hildebrandt forcierte 1976 die Neugründung der Münchner Lach- und Schießgesellschaft. Er blieb dem Kabarett als Berater und Texter verbunden. Sammy Drechsel führte Regie und leitete das Theater bis zu seinem Tod 1986.

Seit 2001 hat Till Hofmann das Sagen im »Laden«, wie die Lach und Schieß gerne intern genannt wird. Im Jahr 2011 verabschiedete man sich von der Tradition eines festen Ensembles und ließ das Haus mit Gastauftritten von Kabarettisten und Komikern bespielen. 2015 drohte ein Schicksalsjahr zu werden, denn Ende September lief der Mietvertrag aus, und auch dieser Münchner Kulturinstitution drohte eine drastische Mieterhöhung und damit das Schicksal, der Maximalverschnöselung Schwabings weichen zu müssen. Doch nun wurde der Pachtvertrag noch einmal um fünf Jahre verlängert. Es geht also weiter, und pünktlich zum 50. Programm der Lach und Schieß (Premiere am 27. Oktober 2015) wurde mit Caroline Ebner, Norbert Bürger, Sebastian Rüger und Frank Smilgies wieder ein festes Ensemble gegründet.

1.4 MTSV Schwabing

Damals war es tatsächlich ein reiner Männerverein: Als am 30. Juli 1885 der Männer-Turn-Verein Schwabing gegründet wurde (das S für Sport kam erst später hinzu), hieß es – der damaligen Sitte und Moral entsprechend – natürlich »off limits« für Frauen. 42 Schwabinger Männer hatten im Lokal Zum Prinzenbad in der Prinzenstraße (heute Mandlstraße) den Verein aus der Taufe gehoben. 1899 konnte man in der Ursulastraße 3 ein Anwesen kaufen, auf dem 1901 die neue Turnhalle gebaut wurde. Schon 1904 öffnete sich der Verein für Frauen und Mädchen, behielt aber den Namen MTSV bei. Weil die Räume in der Ursulastraße bald nicht mehr ausreichten, kam 1909 ein Neubau in der Biedersteinstraße hinzu. Die Ursula-Halle wurde 1914 vom Militär beschlagnahmt, danach diente sie zwischenzeitlich als Volksküche. 1931 bekam der Verein das Gelände der ehemaligen Lokomotivfabrik Maffei (siehe 2.7) an der Gyßlingstraße überlassen und baute dort einen großzügigen Sportplatz. Im Zweiten Weltkrieg wurde die Ursula-Halle zum Lager für russische Kriegsgefangene umfunktioniert. 1944 zerstörten Brandbomben das Anwesen. Die Sportler konnten ab 1947 die Turnhalle des Maximiliansgymnasiums nutzen. In jenem Jahr wurden die Basketballer des MTSV Deutscher Meister. Am 10. Dezember 1951 wurde die neu gebaute Halle an der Ursulastraße eingeweiht. Der Verein bietet heute ein breit gefächertes Angebot von

Männer-Turn-Verein Schwabing.

Wir erlauben uns bekannt zu geben, daß sich ein neuer Verein unter obigem Titel im Lokale der Restauration „Zum Prinzen-Bad" gegründet hat, und laden Freunde und Gönner des Turnwesens hiemit ein.

Gefällige Anmeldungen wollen im Vereinslokale „Zum Prinzen-Bad" jeden Donnerstag Abend abgegeben werden. Anmeldungen außerdem bei den Herren:

Säckelwart	Turnwart
M. Zierngibl,	M. Gegenfurtner,
Prinzenstraße 2.	Siegesstraße 17.
Schriftwart	Zeugwart
Friedr. Schorr,	Johann Huber,
Maffeistraße 11.	Freystraße 10.

Von Vorstehendem — was gewiß Anerkennung finden wird — gefl. Gebrauch machen zu wollen und um freundliche Unterstützung ersuchend, zeichnet

Hochachtend
J. B. Schnitzler, Vorstand.

Eine Zeitungsannonce informierte über den neugegründeten MTV Schwabing

Karate über Bergsport bis Gymnastik. Schwerpunkte sind aber Basketball und Handball. 15 Mannschaften mit 250 Spielern zählt allein die Basketballabteilung.

1.5 Die Repüblik

Zwischennutzungen liegen im Trend. So hat die Domino Bau- und Handels GmbH den Urbanauten (die sich selbst als Denkfabrik und Stadtlabor bezeichnen, organisieren u. a. den Corso Leopold) im Jahr 2009 ein Gebäude in der Ursulastraße 9 für Zwischennutzung zur Verfügung gestellt. Am 14. November 2009 eröffnete hier der Kunst- und Kulturclub Die Repüblik, ein neues, innenstadtnahes Forum für Münchner Künstler. Besonders Kunstschaffende ohne dicke Finanzpolster bekamen die Möglichkeit, die Ausstellungs- und Veranstaltungsflächen zu nutzen.

Der historische Viereckhof im Herzen Altschwabings

1.6 Schwabinger Bauernhöfe

Es gibt sie noch, die letzten Zeugnisse des alten Bauerndorfs Schwabing: An der Feilitzsch-/Ecke Gunezrainerstraße steht der imposante Viereckhof aus dem Jahr 1787. Er verdankt seinen Namen einem früheren Besitzer namens Balthasar Viereck. In direkter Nachbarschaft in der Gunezrainerstraße befindet sich der ehemalige Kötterlhof. Die erste genaue Zählung aller Anwesen im Ort stammt aus dem Jahr 1448. Damals gab es einen Ganzhof (ein Hof, zu dem mindestens eine Hube Land gehörte), zwei Halbhöfe (Höfe mit rund einer halben Hube Ackerfläche), und 14 Sölden, also landwirtschaftliche Anwesen mit wenig oder ganz ohne Land. Ganz- und Halbhöfe ernährten eine Familie allein mit der Landwirtschaft, Söldner mussten immer noch ein anderes Gewerbe ausüben, um zu überleben. Daneben lebten im Dorf ein Fischer, ein Bader und ein Schneider. 1483 siedelte sich ein Zimmermann an, 1564 ein Leinweber. Schmied, Schreiner und Schuster sind erst ab

1708 belegt, Bäcker, Maurer, Metzger und Krämer gar erst ab 1790.

Im Jahr 1663 gehörten zu Schwabing schon zwei ganze Höfe, zwei Halbhöfe und 23 Sölden. 1790 gab es bereits 48 Anwesen, darunter sechs Achtelhöfe (Sölden) und 27 Leerhäuser (Sechzehntelhöfe). Die großen Ganzhöfe waren der Schäftlarner Hof, der zum Schloss Suresnes gehörte, der Kaiser-Ludwig-Mess-Hof (alias Saubauernhof), dazu kamen die Halbhöfe Viereckhof, Wirth und Nonnenpflegerhof (der ehemalige Burgstall, siehe 1.19). Die Schwabinger betrieben natürlich auch Ackerbau, aber vor allem Vieh- und Milchwirtschaft. Das »Schwabinger Millemadl« wurde zu einer beliebten Symbolfigur Schwabings. Zwei der heute noch erhaltenen Höfe in der Gunezrainerstraße gehören zur Katholischen Akademie in Bayern (siehe 1.7). Ebenfalls erhalten ist in der Gunezrainerstraße der Geiserhof, ein Sechstelhof von 1860, der etwas von der Straße zurückgesetzt steht.

Ein Teil des alten Geiserhofs von 1860 in der Gunezrainerstraße ist heute noch erhalten, so das Wohnhaus (auf dem historischen Foto ganz am linken Bildrand)

Als dieses Foto um 1910 herum entstand, gehörte das Schnitzelbauer-Häusl an der Marschallstraße 13 dem Lohnkutscher-Ehepaar Max und Katharina Senft

Der Bauernhof »Beim Eichinger« an der Siegesstraße 16/ Ecke Feilitzschstraße (l., Foto von 1911) und der Trummer-Bauer an der Fendstraße 9/Ecke Siegesstraße (r., Foto von 1909)

Der Rulandhof, Biedersteiner Straße 4, war der letzte Bauernhof am Schwabinger Kirchberg (l., Foto von 1904). Ein Foto von 1949 (r.) zeigt, dass der Hof des Molkereibesitzers Josef Berndl, Occamstraße 11, noch stand.

1.7 Kardinal Wendel Haus

»Die Beziehungen zwischen Kirche und Welt zu klären und zu fördern«, ist die Hauptaufgabe der Katholischen Akademie in Bayern, die 1957 als Kirchliche Stiftung des öffentlichen Rechts gegründet wurde. Joseph Kardinal Wendel sorgte dafür, dass die Akademie mitten im alten Schwabing ihr Zentrum bekam: Am 29. September 1962 eröffnete das Kardinal Wendel Haus in der Mandl-straße 23 als Tagungsgebäude. Die Akademie betätigt sich seitdem immer wieder als Mäzen und beauftragt Künstler mit der Ausgestaltung der Innenräume, aber auch des Außenbereichs.

Die Akademie rettete letztlich auch das Schloss Suresnes (siehe 1.8), indem sie es dem Korbinianverein, der es als Altersheim betrieb, abkaufte und renovierte. 1977 erwarb die Akademie die beiden alten Schwabinger Bauernhöfe, Viereckhof und Kötterlhof (siehe 1.6), direkt neben dem

Zur Katholischen Akademie gehören neben modernen Neubauten (o.) auch alte Bauernhöfe (l.u.). Die Wendel-Büste steht vor dem Eingang an der Gunezrainerstraße.

Neubau, ließ sie restaurieren und nutzt sie seitdem als Seminarge-bäude für kleinere Gruppen. Der Maibaum auf dem Gelände hat auf seinen Schilden die Wappen der sieben bayerischen Diözesen so-wie Symbole für einst typische Schwabinger Handwerksberufe.

Neben dem Haupteingang wacht ein ziemlich lädierter Steinlöwe, dem der Unterkiefer fehlt. Er stammt aus der Werkstatt des Bildhauers Johann Halbig und ist das einzig erhaltene Relikt des 1843–49 an der Brienner Straße errichteten Wittelsbacher Palais, das im Zweiten Weltkrieg zerstört wurde.

1.8 Suresnes

Ein Exil kann inspirieren. Kabinettsekretär Franz Xaver Ignaz von Wilhelm kaufte in Schwabing zwischen 1715 und 1721 fünf Anwesen, darunter vom Wessobrunner Kloster das »sogenannte Schwabinger Schlössl«, das einst dem Münchner Handelsherrn Franz Gugler von Essenbach gehört hatte. Außerdem noch die Kötterlsölde, das älteste Schwabinger Wirtshaus, den Schäftlarner Hof und eine kleine Schmiede. Wilhelm ließ die Gebäude abreißen und beauftragte Baumeister Johann Baptist Gunetzrhainer, ihm dort ein Schloss nach Vorbild des Château de Suresnes bei Paris zu erbauen. Im Château de Suresnes hatte Wilhelm einige Monate mit Kurfürst Max Emanuel im Exil gelebt. Schloss Suresnes war so ausgerichtet, dass es in der Sichtachse des Nymphenburger Schlosses lag. So konnte man sich von Schloss zu Schlösschen über Kanal und Auffahrtsallee per Blinkzeichen verständigen. Der Kurfürst erhob am 15. Mai 1718 das Schloss unter dem Namen »Sourenne« zum Edelsitz mit Niedergerichtsbarkeit. Wilhelm stattete sein Anwesen prächtig »nach niederländischem Geschmack« aus, sogar ein eigenes Theater leistete er sich.

Doch der Glanz blieb nicht lange. Ab 1756 wechselten die Besitzer ständig, und Anfang des 19. Jh. stand Suresnes kurz vor dem Verfall. Johann Leopold Ignatius Freiherr Manteuffel, Maria Theresia Caroline Gräfin von Preysing-Moos, Friedrich Reichsgraf von Vieregg, Ludovica Reichsgräfin von Kesling, Franz Xaver Haslinger und Ferdinand von Döllinger waren nur einige der Eigentümer. 1823 richtete man gar ein Caféhaus in Suresnes ein. 1855 entdeckte der Erfinder Carl August von Steinheil das kleine Juwel und zog ein. 1869 lebte und arbeitete die Bildhauerin Elisabet Ney dort. Das Schlösschen an der Werneckstraße entwickelte sich zu einem belieb-

ten Treff für junge Künstler und die Schwabinger Bohème und verlotterte gleichzeitig immer mehr. Ab Frühjahr 1919 bis Herbst 1921 hatte der Maler Paul Klee im Schloss sein Atelier. Aber auch Revoluzzer fanden Unterschlupf: Am Ende der Räterepublik versteckte sich der Schriftsteller und Kommandant der Roten Armee, Ernst Toller, hier drei Wochen lang beim Malerehepaar Lech. Auf seine Ergreifung waren 10 000 Mark ausgesetzt. Am 4. Juni 1919 wurde Toller verhaftet. Paul Klee bekam in seinem Atelierraum nichts davon mit. Suresnes war nur noch ein heruntergekommenes Mietshaus. Dann kam die Wende: 1924 kaufte Bergrat Leonhard Weishau das Anwesen und ließ es umfangreich renovieren. Danach lebte der Möbelgroßhändler Samuel Weiss hier. Die Nazis enteigneten den gebürtigen Ungarn mit jüdischen Wurzeln 1936, Samuel Weiss floh ins Ausland. Die Dresdner Bank ersteigerte das Schloss, um es abzureißen und eine moderne Wohnanlage zu bauen. Doch blieben die Pläne unverwirklicht.

1937 kaufte der St. Korbiniansverein der Erzdiözese München und Freising das Anwesen und nutzte es als Altersheim. 1968 beschloss das Erzbistum München und Freising, Schloss Suresnes als Tagungshaus für die Katholische Akademie in Bayern umzugestalten. Umfangreiche Sanierungs- und Neugestaltungsarbeiten begannen. Das Altersheim blieb dennoch bis 1977 im Haus. Während der Renovierung des Erzbischöflichen Palais in der Münchner Innenstadt diente Suresnes bis 2012 Erzbischof Reinhard Marx als Residenz.

Schloss Suresnes liegt in einem rund 1 ha großen Park, der nicht öffentlich zugänglich ist. Das 1723 von Schlossermeister Thurner gefertigte Tor versperrt den Zugang.

1.9 Stubenrauchschlössl

Nach dem Bau von Schloss Suresnes in Schwabing wurde es unter wohlhabenden Münchnern schick, sich hier einen Lustgarten zuzulegen. Die Kurfürsten Max Emanuel, Max III. Joseph und Karl Theodor stellten verdienten Personen Grundstücke zur Verfügung. So erwarb 1754 Gottfried Zimmermann das Silbergütl-Hammergütl und baute sich hier ein schmuckes Haus. Schon 1756 kaufte der kurfürstliche Rat Franz Xaver Anton von Stubenrauch das Anwesen, das seitdem seinen Namen trägt, und betrieb hier erfolgreich eine Bienenzucht. Ab 1811 diente das Gebäude zeitweise als Pfarrhof. Das Stubenrauchschlössl überlebte zahlreiche Besitzerwechsel und steht noch heute.

1.10 Schwabinger Podium

Ein Urgestein der kleinen Schwabinger Kleinkunst- und Musikkneipen ist das Schwabinger Podium in der Wagnerstraße. Am 29. Februar 1972 eröffnete es zunächst als reine Jazzkneipe. Inzwischen hat sich das Programm zugunsten von Rockmusik verschoben. Vor allem Bands und Künstler aus der Region finden hier eine Bühne. Pächter Fredl Vogel sieht aber einer ungewissen Zukunft entgegen. Das Haus wurde verkauft und die Kneipe soll weichen. Ob es das Podium (vielleicht unter neuer Adresse) weiterhin geben wird, stand noch nicht fest, während dieses Buch entstand.

Livekonzert im Schwabinger Podium anlässlich der Benefizveranstaltung »Little Smile« im Jahr 2004

1.11 Israelitisches Lehrlingsheim

Helene und Julius Weil leiteten das Israelitische Lehrlingsheim, das am 1. Juli 1928 in der Wagnerstraße 3 eröffnete. Hier fanden schulentlassene Burschen eine Unterkunft, die zuvor meist im Antonienheim (siehe 1.51)

gelebt hatten. Der Träger des Heims, der Verein Israelitische Jugendhilfe, wollte den fürsorgebedürftigen, meist verwaisten Jugendlichen den Einstieg in ein selbstbestimmtes Leben erleichtern. Wie andere jüdische Einrichtungen wurde auch das Lehrlingsheim 1939 geschlossen, die Bewohner kamen erst in die Münchner Aufnahmelager, bevor sie in die Vernichtungslager abtransportiert wurden. Dem Ehepaar Weil gelang immerhin die Flucht in die USA.

1.12 Siegesbrauerei

Genau zehn Jahre lang existierte in der Siegesstraße 12-14 die kleine Siegesbrauerei: von 1888 bis 1898. Dann wurde das Gebäude abgerissen.

1.13 Heppel & Ettlich

Die wilden 68er-Jahre spülten zwei Berliner nach München: Henry Heppel und Wolfgang (Wolle) Ettlich. Sie gründeten eine Berliner Kommune in der Elisabethstraße. 1972 eröffneten sie ihre erste gemeinsame Kneipe »Jennerwein« in Schwabing, vier Jahre später übernahmen sie den Fäustle-Garten in der Kaiserstraße 67, ein Lokal mit Theaterraum. Das Privattheater Heppel & Ettlich war geboren. Während Heppel sich im Wesentlichen um die Gastronomie kümmerte, leitete Ettlich zusammen mit Lutz Neumann das Theater. Das Kabarett KEKK Kabarett & Engagierte Kleinkunst, das hier seit 1974 spielte, blieb auch unter der neuen Leitung im Haus. Das KEKK war 1971 von Helmut Wagner (aka Helmuth von der Vogelweide) gegründet worden und spielte zunächst in der Maxvorstadt, bevor es nach Schwabing zog.

Neben dem Kleinkunstprogramm bot das Heppel & Ettlich sonntags regelmäßig das KiKo, das Schwabinger Kinder-Kino. Bekannte Künstler wie Jörg Hube, Sigi Zimmerschied, Bruno Jonas, Helge Schneider, Doris Dörrie, Fredl Fesl und auch der Ex-OB und Kabarettist Christian Ude standen hier auf der Bühne. Das KEKK-Ur-Ensemble löste sich 1977 größtenteils auf, das Nachfolge-Ensemble dann 1995 nach Helmut Wagners Tod. Im Juli 2009 musste das Heppel & Ettlich dann schließen. Die Schauspielerinnen Susanne Rohrer und Christiane Brammer übernahmen den Laden, doch bereits im Mai 2010 musste auch das Rohrer & Brammer wegen Unstimmigkeiten mit dem Gastronomiepartner den Betrieb einstellen. Danach zog eine Pizzeria in die Räume. Henry Heppel wollte mit dem Theater im Frühjahr 2009 in die Räume des Theaters 44, Hohenzollernstraße 20, umziehen. Doch der Plan ließ sich nicht umsetzen. Schließlich fand sich eine andere Lösung im Oktober 2009: Das Heppel & Ettlich eröffnete unter der Leitung

Über dem legendären Drugstore ist das Theater Heppel & Ettlich seit 2009 zu Hause

Ettlichs neu über dem Lokal Drugstore in den ehemaligen Räumen des Kammertheaters Schwabing, Feilitzschstraße 12.

Das Kammertheater Schwabing, später Kammertheater München, war von 2007 bis 2009 über dem Drugstore in den Räumen des ehemaligen Theaters Belle Etage zu Hause und zog dann um nach Haidhausen. Es war durch eine Fusion der Ensembles des Theaters Zart & Zorn sowie des Theaters Shinewelt entstanden.

1.14   Wedekindbrunnen

Mitten auf dem alten Schwabinger Dorfplatz steht seit dem 10. Juli 1959 ein Gedenkbrunnen für den Dichter Frank Wedekind. Die Figur aus fränkischem Muschelkalk stammt von dem Bildhauer Ferdinand Filler. Sie stellt eine sitzende Frau dar, die sich mit der rechten Hand die Augen beschattet und mit der linken eine Lyra hält.

1.15   Schwabinger 7

Heiß, laut, stickig, proppe voll, biernass, abgehonkt – mit einem Wort geil. So würden wohl die meisten Gäste die alte Schwabinger 7 beschreiben, jene legendäre Absturzkneipe, die seit den 1950er-Jahren in einer Hinterhof-Nachkriegsbaracke an der Feilitzschstraße 9 existierte. Der Spiegel nannte sie ein »finsteres Kneipenloch«. Die »Schwasi«, wie sie von Fans zärtlich genannt wurde, war so ziemlich der letzte Fleck auf der glatt-gentrifizierten Weste Schwabings. Daher war der Aufschrei riesig, als bekannt wurde, dass die Schwasi abgerissen werden und einer Luxuswohnanlage (35 Ei-

Die alte Schwasi kurz vor dem Aus

gentumswohnungen mit 4 300 m² Wohnfläche plus 550 m² Einzelhandelsfläche) weichen sollte. München ging auf die Barrikaden und OB Christian Ude verdarb es sich mit den Protestierenden, als er sagte: »Es geht hier nicht um das kulturelle Schwabinger Zentrum, es geht um eine Saufkneipe in einer ehemaligen Baubaracke.«

Mit dieser Meinung stand Ude ziemlich alleine da. Viele andere kämpften für den Erhalt der Schwasi, selbst hochrangige CSUler. Es gab die Bürgerinitiative »Rettet die Münchner Freiheit« und Benefizveranstaltungen mit Frank-Markus Barwasser, Moses Wolff, Konstantin Wecker, Willy Michl u .a. Es lief sogar ein Antrag, das Anwesen unter Denkmalschutz zu stellen. Es half nichts. Im Sommer 2011 kam das Aus – und doch ging es weiter: Wirt Gerd »Manila« Waldhauser, der die Schwasi seit 1969 betreibt, zog einfach mit seinen Stammgästen und Teilen des Originalmobiliars ein paar Häuser weiter und eröffnete in seiner bisherigen Zweitkneipe namens Gummizelle, Feilitzschstraße 15, die neue Schwabinger 7. Es soll der Stimmung keinen Abbruch getan haben. Übrigens wurde nach Beginn der Bauarbeiten am alten Standort rund einen Meter unter der Baracke eine 250-kg-Fliegerbombe aus dem Zweiten Weltkrieg gefunden, die noch funktionsfähig war. Sie musste kontrolliert gesprengt werden, wobei erheblicher Sachschaden entstand. Wirt Manila kommentierte gegenüber der SZ lakonisch: »Offenbar haben wir nicht wild genug gefeiert, sonst wäre sie ja hochgegangen. Das wirft ja fast ein schlechtes Licht auf die 7!«

1.16 Vereinsheim • Lustspielhaus • Schwabinger Gisela

Vereinsheim

Bekannt aus Film, Funk und Fernsehen – zumindest aus letzterem, denn im BR läuft seit 2012 erfolgreich die Sendung *Vereinsheim Schwabing – Bühnensport mit Hannes Ringlstetter* (seit 1. Februar 2016 mit Mathias Tretter), in der der Moderator Nachwuchskünstler präsentiert. Doch das Vereinsheim ist keine TV-Kulisse, es existiert seit 2006 wirklich mitten in der Occamstraße und hat eine sehr bewegte Vergangenheit, dazu später mehr. Es ist Teil des Kleinkunstimperiums von Till Hofmann.

haus heute als eine der schönsten Kabarettbühnen Deutschlands.

Nach dem Lustspielhaus übernahm Hofmann 2001 die legendäre Münchner Lach- und Schießgesellschaft, später eröffnete er im Vordergebäude des Lustspielhauses das Vereinsheim und um die Ecke das Café Ringelnatz

Im Lustspielhaus

Im Vereinsheim

Lustspielhaus

Der gebürtige Niederbayer übernahm zunächst 1996 das Lustspielhaus in der Occamstraße durch Vermittlung des (Passauer) Kabarettisten Bruno Jonas, der es gemeinsam mit Kulturhallen-Guru Wolfgang Nöth betrieben hatte. Nöth wollte aber aussteigen und sich ganz auf das neue Projekt Kunstpark Ost konzentrieren. Die Spielstätte beherbergte früher mal eine Kegelbahn, dann das Kolpinghaus, das Occam-Kino (Studio für Filmkunst) und später eine Diskothek. Dank der historisierenden Inneneinrichtung gilt das Münchner Lustspiel-

sowie im Glockenbachviertel die Musik-Location Milla. Quasi ganz nebenbei führte er die Kultband LaBrass-Banda als Manager zum Erfolg und betreibt noch seine Plattenfirma Millaphon Records. Seit 2011 leitet der Kulturmanager auch das Kabarett Stadtsaal in Wien.

Schwabinger Gisela

Das heutige Vereinsheim befindet sich in legendären Schwabinger Räumlichkeiten: Hier residierte einst die Schwabinger Gisela. Jene viel zitierte »gebildete Dame mit unzüchtigem Charakter«, wie es 1960 ein Richter formulierte. Die Gisela musste sich damals vor Gericht verantworten, weil ein Hamburger Jugendpfleger Anzeige erstattet hatte. Es ging um die angeblich schlüpfrigen Texte ihrer Chansons *Späte Reue* und *Morgengrauen*, die auf der B-Seite ihres größten Schlagers *Novak* zu finden waren. Der Richter, selbst ein treuer Gast bei Gisela, verurteilte sie dazu, die »jugendgefährdenden« Platten wegzuschließen, wenn Kinder und Jugendliche anwesend seien. Bessere Werbung hätte Gisela kaum für ihren Laden bekommen können. Die 1929 in Moers geborene Gisela Jonas-Dialer arbeitete in München zunächst in der bekannten Schwabinger Künstlerkneipe Mutti-Bräu in der Occamstraße, bevor sie 1952 in derselben Straße in den Räumen des ehemaligen Flimmerzelts ihr eigenes Lokal Bei Gisela eröffnete. Hier sang sie jeden Abend mit ihrer rauchigen Stimme verruchte Lieder, die zum Teil für sie geschrieben wurden. Darunter ihre größten Hits *Schwabinger Laterne* und natürlich die Geschichte vom *Novak*, in dem die Zeilen vorkommen »Ob angezogen oder als ein Nackter | Der Novak hat am ganzen Leib Charakter | Ich hätt' schon längst ein böses End genommen | Aber der Novak lässt mich nicht verkommen«. Der *Novak* bekam immer wieder neue Strophen, die sich auf aktuelle Ereignisse bezogen und deren Inhalt heute selbst für Schwabinger nicht mehr verständlich ist. Der damals noch unbekannte Udo Jürgens verdiente sich am Klavier ein Taschengeld. Neben den Gästen aus allen Einkommens- und Altersschichten schauten auch Prominente wie Erich Kästner, Ruth Leuwerik, Soraya, Leonard Bernstein, Kirk Douglas oder Orson Welles gerne auf ein paar Drinks vorbei. 1974 kam das Ende der Institution. Die Schwabinger Gisela zog mit ihrem Mann nach Dinkelsbühl, kehrte zehn Jahre später aber zurück nach München und eröffnete eine neue »Gisela«, allerdings nicht in Schwabing, sondern in der Ludwigsvorstadt, Herzog-Heinrich-Straße, die sie bis 1991 betrieb. Im Juli 2014 verstarb die Schwabinger Gisela nach einem Krebsleiden.

1.17 TamS

Als »Welthinterhoftheater« bezeichnete die Süddeutsche Zeitung das TamS-Theater im Jahr 1982. Da existierte es bereits zwölf Jahre. 1970 war es von Autor, Schauspieler und Regisseur Philipp Arp und seiner Ehefrau, der Schauspielerin und Regisseurin Anette Spola, als Theater am Sozialamt in der Haimhauserstraße 13a eröffnet. Die Location war das ehemalige, völlig heruntergekommene Brausebad Schwabings neben dem Sozialamt, das eigentlich abgerissen werden sollte. Auf der selbst gezimmerten Bühne wurde zur Eröffnung *Die stummen Affen* von Fritz Herrmann gespielt. Der dauerhafte Erfolg kam jedoch mit den Valentinaden, in denen Arp den grotesken Humor Karl Valentins aufgriff und in selbst geschriebenen Stücken weiterspann. Sperriges und Eigenbrödlerisches hat seitdem Tradition. Ernst Toller wurde ebenso gespielt wie Thomas Bernhard, Rudolf Vogel, Maria Peschek und Gerhard Polt. Vieles davon Ur- oder Erstaufführungen. Seit Arps Tod 1987 leitet Anette Spola das TamS.

1.18 Münchens erste Drogenberatungsstelle

»Hasch-Handel an jeder Schwabinger Ecke«, titelte der Münchner Merkur am 4. November 1970. Tatsächlich war das bei Hippies und »Gammlern« angesagte Schwabing der Hauptumschlagplatz für Drogen aller Art geworden. Im Juli 1970 gab es den ersten Münchner Herointoten zu beklagen. Vor diesem Hintergrund eröffnete die Stadt München in der Haimhauserstraße 13 ihre erste Drogenberatungsstelle am 2. Oktober 1970. Weil die Nachfrage nach Hilfe und Information so groß war, wurde im Februar 1971 das gesamte Haus zur Drogenberatungsstelle umfunktioniert. Heute ist im Haus die Münchner Zentralstelle für Straffälligenhilfe des Katholischen Männerfürsorgevereins untergebracht.

1.19 Der Edelsitz der Herren von Schwabing

Die Herren von Schwabing tauchen vermehrt im 9. Jh. in verschiedenen Schriftstücken auf. Sie hießen Atto, Meginhart und Piligrim »de Suabingen«. Deren Nachkommen standen oft im Dienst des Freisinger Bischofs wie beispielsweise Domherr Leobaldus des Swaebingen, der um 1158 lebte, also die Gründung Münchens mitbekommen hatte. Ritter Eberhard von Schwabing (um 1150–1210) taucht besonders häufig in Urkunden auf, alleine, oft aber auch gemeinsam mit seinem Bruder Friedrich – kaufend, verkaufend, tauschend, streitend, bezeugend, prozessierend. So verkaufte Eberhard die Schwabinger Mühle für acht Talente an das Kloster Schäftlarn. Der Ort Schwabing bestand damals aus einer recht bescheidenen kleinen Burg, die kaum mehr als ein größerer Gutshof gewesen war und zwischen Haimhauser-, Occam- und Gohrenstraße stand, einigen Bauernhöfen sowie der Mühle am Schwabinger Bach. Vom Wappen der Schwabinger gibt es keine Originalabbildung aus der Zeit. Eine Rekonstruktion aus dem Jahr 1693 zeigt im azurblauen Schild einen grünschwarzen Dreiberg mit zwei Pflugeisen Rücken an Rücken sowie zwei Büffelhörnern als Helmzier.

Der letzte Edle von Schwabing, der Schäftlarner Dompropst Chunrad de Swewing, wurde 1317 erwähnt. Mit ihm schien die männliche Linie ausgestorben zu sein. Der Edelsitz Schwabing ging bereits im Jahr 1300 über die Erbtochter, die je nach Quelle Agnes oder Margret hieß, an die Münchner Patrizierfamilie der Gollier. Ainwich der Gollier verstarb jedoch bereits ein Jahr nach Dompropst Chunrad von Schwabing, ebenfalls ohne männlichen Nachkommen. So fiel der Burgstall als herzogliches Lehen an Kaiser Ludwig den Bayern. Der Kaiser spaltete einen Teil ab, den er 1340 der Münchner Frauenkirche als Kaiser-Ludwig-Mess-Hof stiftete, im Gegenzug hatte die Kirche regelmäßige Gedenkmessen für Kaiser Ludwig zu lesen. Dieser Hof stand an der Feilitzschstraße genau gegenüber der Einmündung Gunezrainerstraße. Die Schwabinger nannten ihn allerdings einfach Saubauernhof, denn hier wurden Schweine gezüchtet.

1336 tauchte in einer Urkunde der Landschreiber von Oberbayern namens Marbot auf, der von seinem Schwiegervater »Meister Eberhard« einen »Stadl auf dem purchstal« (unter dem Burgstall versteht man heute die Stelle, an der einmal eine Burg stand, damals bezeichnete es eine kleine Burg) in Schwabing geerbt hatte, den er

nach seinem Ableben dem Heiliggeistspital in München vermachen wollte. Erst 1448 gab es wieder Kunde vom Burgstall, als der Münchner Patrizier Ludwig Tömlinger den Schwabinger Besitz an Wilhelm Scharfzant verkaufte. Um 1600 herum kam das Anwesen an das Münchner Franziskanerinnenkloster der Ridlerschwestern zu St. Johannes auf der Stiege und hieß von da an »Ridlerfrauenhof«, »Klosterfrauenhof« oder »Nonnenpflegerhof«. Das alte, zweigeschossige Wohngebäude stand noch bis 1923 an der Occamstraße 12-16, dann riss man es ab, und die letzte Spur des einstigen Edelsitzes der Herren von Schwabing verschwand.

Der Nonnenpflegerhof an der Occamstraße ging aus dem Edelsitz derer von Schwabing hervor (Foto ca. 1900), rechts das alte Wappen

1.20 Rationaltheater

Los ging es 1965 in der Hohenzollernstraße, dort gründete der Kabarettist Reiner Uthoff gemeinsam mit Horst A. Reichel und Ekkehart Kühn das Rationaltheater. Als Premiere gab es das Stück *Henkerswahlzeit*, wie schon dieser Titel verrät, gestaltete sich das Programm eher nonkonformistisch bis konfrontativ. Insgesamt hatten die Betreiber 61 Verfahren wegen Gotteslästerung, Beleidigung des Staatsoberhauptes u. Ä. am Hals. Eine bessere PR als das hätten sie sich kaum wünschen können, und so wurde das Kabarett weit über Münchens Grenzen hinaus bekannt. Herbert Wehner und Willy Brandt kamen ebenso als Zuschauer vorbei wie Günter Grass und Rudolf Augstein. 1976 erfolgte der Umzug in neue Räume in der Hesseloherstraße 18. Über 35 Stücke inszenierte Uthoff, zu seinen wechselnden Ensembles gehörten u. a. Otto Sander, Bruno Jonas oder auch Jochen Busse. Neben dem Theaterprogramm veranstaltete Uthoff regelmäßig Filmnächte, meist mit Filmen, die nie die große Leinwand sehen würden und gelegentlich wieder für Ärger mit der Staatsanwaltschaft sorgten. Nach 30 Jahren gaben Reiner und Sylvia Uthoff das Rationaltheater auf, das über zehn Jahr ruhte. Erst 2006 eröffnete Sohn Max die Spielstätte neu. Zwei Jahre später verpachtete Reiner Uthoff das Theater an den Filmemacher und Produzenten Dietmar Höss. Die Bühne bietet seitdem weiterhin Kabarett, Theater und Kleinkunst, an Kinoabenden laufen Independent-Produktionen.

1.21 Artur-Kutscher-Brunnen

»Humor ist Weltanschauung«, steht auf dem Brunnen, der unübersehbar einem Theaterwissenschaftler gewidmet ist. Am auffälligsten sind die wasserspeienden Masken, doch auch auf der Säule finden sich Hinweise aufs Theater: Pegasus, Eule und Lautenspieler mit Kammerfensterlszene. Der 1968 fertiggestellte Brunnen erinnert an den Münchner Theaterwissenschaftsprofessor Artur Kutscher. Bildhauer Lothar Dietz schuf das Ensemble aus Bronze, Muschelkalk und Keramikbruch.

1.22 Klein-Biederstein • Marschallhof (Ostermeier-Hof)

Im Jahre 1795 kaufte sich der ehemalige Kastner des Freisinger Domkapitels, Martin von Schadenfroh, ein altes Schwabinger Anwesen. Schadenfroh ließ sich hier ein puppenhaft kleines Schlösschen erbauen, dessen Grundriss 6 x 6 m maß und das er **Klein-Biederstein** nannte. Zwischen 1796 und 1801 genoss Klein-Biederstein die Privilegien eines selbstständigen Rittersitzes. 1802 übernahm Hofmarschall Ludwig Moritz von Gohren das Anwesen und gliederte es seinem östlich davon gelegenen Schoss an.

Ebenso den **Marschallhof**, das ehemalige Schmädelsche Gütl von 1764. Marschallhof und Klein-Biederstein dienten Gohren als Ökonomiegebäude. Der Marschallhof brannte 1877 nieder. Das neu gebaute Haus, das in seiner Würfelform mit dem Zeltdach eher an ein Landschloss denn an einen Bauernhof erinnerte, ging 1889 in Besitz der Landwirtfamilie Ostermaier über. Das Ostermaier-Anwesen samt Klein-Biederstein wurde 1960 abgerissen. Großwohnanlagen entstanden auf dem Grundstück.

Das winzige Schlösschen Klein-Biederstein 1911

1.23 Neufeld (Gohrenschlössl) • Hansa-Heime • Dermatologie

Graf Joseph von Lodron erwarb 1763 in Schwabing von den Salesianerinnen von Mariae Heimsuchung einen Lustgarten, den sich einst 1723 der Gardeobermeisters Joseph von Dengelbach angelegt hatte. Lodron kaufte noch zwei benachbarte kleinbäuerliche Sölden und errichtete sich hier ein Schlösschen. Kurfürst Karl Theodor erhob das Anwesen 1789 zum Rittersitz. Vier Jahre später ging das Anwesen an Karl Theodors (unehelichen) Lieblingssohn Reichsfürst Karl August von Bretzenheim. Der Kurfürst stattete den Hof unter dem Namen **Neufeld** mit Niedergerichtsbarkeit über drei dazugehörige Anwesen aus. 1802 kaufte Hofmarschall Ludwig von Gohren Schloss Neufeld, das damit seine Würde als Rittersitz verlor und seither als **Gohrenschlössl** bekannt ist. Der Name Neufeld geriet in Vergessenheit.

Das Gohrenschlössl um 1909

Eingangsbereich der Hansa-Heime in den 1930ern

1924 kaufte der Verein **Hansa-Heime für katholische Kaufleute und Studenten** das Anwesen und ließ bis 1926 einen Heimkomplex mit sieben Häusern erbauen. Hier fanden bis zu 500 junge Menschen in Ein- bis Dreibettzimmern eine günstige Unterkunft. Der Verein bot mit der »Höheren Handelsschule der Hansa-Heime« sowie Jahreskursen für Jungkaufleute und Mittlere-Reife-Absolventen zusätzlich ein breites Bildungsangebot. Ein Schulbau konnte 1928 fertiggestellt werden. Doch der Verein geriet wirtschaftlich ins Trudeln und musste 1928 Konkurs anmelden. Zur Weiterführung der Geschäfte wurde der Petrus-Canisius-Verein gegründet.

Die NS-Herrschaft bedeutete dann das Aus für die Hansa-Heime in Schwabing. 1938 verhängten die Machthaber ein Erziehungs- und Unterrichtsverbot gegen katholische Einrichtungen. Das gesamte Anwesen musste am 7. Dezember 1938 für 3,3 Mio. RM an die Münchner Polizeiverwaltung verkauft werden. Die Polizei nutzte die Hansa-Heime als Ausbildungskaserne. Im

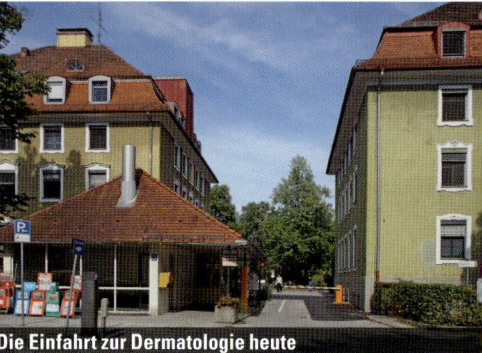

Die Einfahrt zur Dermatologie heute

Zweiten Weltkrieg dienten die Heime dem Schwabinger Krankenhaus als Ausweichquartiere. Und die Medizin blieb. Heute hat hier die **Klinik und Poliklinik für Dermatologie und Allergologie der TU München** ihren Sitz.

Appell des Polizei-Bataillons 73 im Hof der Polizeikaserne Hansa-Heime, bei der Rückkehr aus einem mehrmonatigen Einsatz in Polen, Oktober 1940

1.24 Münchner Freiheit

Ursprünglich hieß er Feilitzschplatz, in der Nazizeit dann Danziger Freiheit. Denn nach 1933 wurden die großen deutschen Städte aufgefordert, einen großen verkehrsreichen Platz nach der Freien Stadt Danzig zu benennen. Seit 1946 trägt er den Namen Münchner Freiheit zu Ehren der Widerstandsgruppe »Freiheitsaktion Bayern« (FAB). Die FAB unter ihrem Anführer Rupprecht Gerngross hatte kurz vor Kriegsende 1945 zur Kapitulation vor den anrückenden US-Truppen und zur bewaffneten Jagd auf NS-Bonzen aufgerufen. Gestapo und SS gelang es jedoch, 40 Mitglieder der FAB zu fassen und hinzurichten. Gerngross konnte untertauchen. An die Freiheitsaktion erinnert seit 1981 eine 4 x 0,4 m lange Bronzetafel des Architekten Franz Hart an der östlichen Einfassung des Forums.

Die Wasserkaskaden, die sich parallel zum nördlichen Abgang ergießen, wurden 1972 von Joachim Zangenberg und Erhard Duwenhögger gestaltet.

Die poppige Straßenbahnhaltestelle in Grün und Weiß, die seit 2010 den Platz prägt, entwarf das Aachener Büro 0x2.

Die Popband fast gleichen Namens schreibt sich übrigens mit einem »e« mehr: Münchener Freiheit (*Ohne dich schlaf ich heut Nacht nicht ein*).

Die Münchner Freiheit bietet viel Seventies-Charme und über- wie unterirdisch modernes, poppiges Ambiente

Die Schwabinger Brauerei 1933

1.25 Mitterschwabing • Schwabinger Brauerei • Hertiehochhaus

Der Geheime Rat, Kämmerer und Obristjägermeister Johann Theodor von Waldkirch erwarb 1770 ein schmuckes Lustschlösschen mit Garten und reichlich Grund am westlichen Rand des Dorfes Schwabing. Das Anwesen hatte sich einst Hofkammerrat Franz von Thurbert errichtet. Kurfürst Max III. Joseph erhob das Gut am 22. Januar 1774 zu einem gefreiten Edelsitz namens **Mitter-Schwäbing**. Das Schlösschen, ab 1812 nach seinem neuen Besitzer, dem Philosophen Franz von Baader, »Baaderschlössl« genannt, wurde 1877 zu einer Gastwirtschaft umgebaut, nachdem die benachbarte Petuelsche Brauerei das Anwesen erworben hatte. Die Petuelbrauerei war im gleichen Jahr von dem Unternehmer Ludwig Petuel an der Leopoldstraße 82 errichtet worden. Petuel verkaufte die Brauerei 1888 an die Berliner Firma Saloschin, die alles schon nach einem Monat an die neu gegründete Salvatorbrauerei AG weitergab. 1889 wurde der einstige, als Gaststätte dienende Rittersitz abgerissen und durch einen Neubau ersetzt. 1899 erfolgte die Umbenennung in **Schwabinger Brauerei**, denn der Name Salvator wurde an die Paulaner

Brauerei, die sich fortan Paulaner-Salvatorbräu nannte, verkauft. Der große Festsaal erlebte eine Menge rauschender Feste, so z. B. die ab 1895 jährlich stattfindende »Bauernkirta«, das wohl berühmteste Künstler- und Studentenfaschingsfest, das die Akademie der Bildenden Künste veranstaltete. Die Schwabinger Brauerei diente auch immer wieder politischen Agitatoren verschiedenster Lager als Versammlungsort. So veranstaltete die SPD im September 1902 hier ihren Reichsparteitag. Kurt Eisner rief hier im Januar 1918 die Arbeiterschaft zu Streiks auf, die letztlich zur Novemberrevolution führten. Die KPD lud zu Veranstaltungen mit Themen wie »Die Krisis der Deutschen Revolution« und natürlich nutzte später auch die NSDAP den Saal.

1917 erwarb die Spaten-Franziskaner-Brauerei das Anwesen. Die Schwabinger Brauerei wurde 1928 komplett saniert und dann nach schweren Kriegsschäden 1946 bis 1948 renoviert. 1961 kam die Abrissbirne. 1964 eröffneten auf dem Gelände das elfgeschossige, rund 50 m hohe **Hertiehochhaus** sowie ein Flachbau mit einer Großgaststätte namens Schwabinger Bräu. Der

Der Rittersitz Mitterschwabing auf einer undatierten Zeichnung

Blick in den Festsaal der Schwabinger Brauerei

massive, schwarze Hochhausblock nach Plänen des Architekten Karl Eckstein erregte über Jahrzehnte die Gemüter. Hoch oben auf dem »Schwarzen Riesen« lockte Hertie mit dem Höhenrestaurant Palette, von dem aus man bei Föhn die Alpen sehen konnte. Im Jahr 1992 musste der Schwarze Riese deutlich schrumpfen, das Hochhaus wurde auf ein für die Umgebung erträglicheres Maß zurückgebaut. Um aber keinen Verlust an Verkaufsfläche zu erleiden, wurden die Gasträume des Schwabinger Bräus umgebaut und dem Kaufhaus zugeschlagen.

Der Schwarze Riese in den 1960er-Jahren

Ob Künstlerfasching in den 1920ern oder New Wave-Konzerte wie mit The Cure im Jahr 1981, die Schwabinger Brauerei war immer ein beliebter Veranstaltungsraum.

Jahrhundertelang schien man in Schwabing ganz ohne Dorfwirt ausgekommen zu sein. Erst 1670 lässt sich ein Gasthaus nachweisen: die Ostermayersche Tafernwirtschaft auf der Schiltberger-Hube (heute Maria-Josepha-Str. 14). Sie bestand nur bis 1717 und lief vermutlich deshalb nicht besonders erfolgreich, weil sie abseits der Verkehrsroute lag. Ein Jahr später eröffnete daher eine neue Wirtschaft direkt an der großen Straßengabelung westlich des Dorfkerns, die rund 100 Jahre konkurrenzlos blieb. Der Großwirt stand bis 1944 an der Münchner Freiheit etwa an der Stelle, an der sich heute die Tramhaltestelle befindet, dann fiel er den Kriegsbomben zum Opfer.

1.27 Bally Prell Gedenkbrunnen

Direkt vor dem wunderschönen Jugendstilhaus an der Leopoldstraße 77, in dem die Familie Prell wohnte, wurde 1992 der Bally-Prell-Brunnen aufgestellt. Die beliebte Münchner Volkssängerin und Komikerin (1922–1982) ist in ihrer legendären Paraderolle als »Schönheitskönigin von Schneizlreuth« dargestellt. Bildhauer Wolfgang Sand gestaltete die Bronzefigur auf dem Steinbecken. Ermöglicht hat den Brunnen eine Privatspende über 300 000 DM von Frau H. Gösswein.

1.28 Schwabinger Krawalle

siehe S. 42 ff.

1.29 Café Noris

Zu den wenigen Gaststätten, die um die Jahrhundertwende den Schwabing-Mythos befeuerten und auch tatsächlich geografisch in Schwabing lagen, gehörte neben dem Café Leopold (siehe 1.49) das Café Noris in der Leopoldstraße 41. Besonders russische Exilanten verkehrten gerne hier. Lenin und Trotzki trafen sich regelmäßig mit dem Redaktionsteam der revolutionären Zeitschrift »Iskra« (»Der Funke«), die von 1900 bis 1902 in München herausgegeben wurde. Man druckte die »Iskra« auf hauchdünnes Zigarettenpapier, um sie leichter nach Russland schmuggeln zu können. Über dem Café wohnte eine Zeit lang die sündige Gräfin Fanny zu Reventlow.

1.30 Leprosenhaus und Nikolaikirche

Obwohl die Lepra schon seit der Antike in Europa beheimatet war, wurde sie erst durch die Kreuzzüge kreuz und quer über den Kontinent verbreitet und eine regelrechte Epidemie. München richtete bereits um 1204 auf dem Gasteigberg ein Leprosenhaus ein. Die Kranken mussten schwarze Mäntel mit breiten weißen Krägen und einen spitzen Hut tragen, damit man sie sofort erkennen konnte. Wenn sie ausnahmsweise eine Genehmigung bekamen, in die Stadt zu gehen, mussten sie ihr Kommen mit einer Klapper oder mit Glöckchen ankündigen. Ihren Unterhalt mussten sie sich selbst zusammenbetteln oder auf großzügige Spenden hoffen.

Im 14. Jh. benötigte München ein weiteres Spital für die »Sondersiechen« – zusätzlich zum Leprosenhaus auf dem Gasteig – und errichtete um 1386 an der Grenze zum Dorf Schwabing sein zweites Leprosenhaus mit einer kleinen Nikolaikapelle, die erstmalig 1467 urkundlich erwähnt wurde. Der hl. Nikolaus war der Schutzheilige der Aussätzigen. Das Gelände gehörte bis ins 19. Jh. immer zur Stadt München, nicht zu Schwabing.

Rund 40 Kranke lebten hier, sie konnten an der Landstraße Reisende anbetteln. Die im Dreißigjährigen Krieg zerstörte Nikolaikirche wurde anschließend im Stil des Barock neu und größer wieder errichtet.

1819 war die Lepra in der Region München so weit ausgerottet, dass das Spital geschlossen wurde. 1856 riss man es ab. Die kleine Kirche mit dem zugehörigen Friedhof schenkte die Stadt München im Jahr 1867 der Gemeinde Schwabing. Dass Immobilienspekulanten zu keiner Zeit irgendetwas heilig war, zeigt sich auch hier: 1898 wurde die Kirche gegen den heftigen Widerstand der Anwohner abgebrochen und das Gelände mit Miethäusern bebaut. Am Haus Nikolaistraße 10 erinnert eine Gedenktafel, gefertigt vom Bildhauer Georg Rödel, an die Leprosenkirche.

Die Nikolaikirche 1894, vier Jahre vor ihrem Abbruch

1.31 Fischerbrunnen

Direkt am Nikolaiplatz erinnert ein Brunnen an die Vergangenheit Schwabings als Fischerdorf. Der Bildhauer Eugen Mayer-Faßold schuf den Fischerbrunnen 1928/29. Auf einem Muschelkalkquader steht eine große Bronzeschale, aus der eine Kugel mit zwei Wasserspeiern ragt. Darauf steht ein nur mit Shorts und Hut bekleideter Jüngling, der in der linken Hand einen Fisch hält.

1.32 Seidlvilla

Dass diese wunderschöne Villa aus dem Jahr 1905 heute noch erhalten ist, ist engagierten Bürgern zu verdanken. Denn 1970 war der Abriss quasi beschlossene Sache. Immobilienverwerter Jacob Safier hatte das ganze Karree aus alten Villen und kleinen Herbergshäuschen ein Jahr zuvor erworben. Alles sollte dem Erdboden gleichgemacht und dann mit sechsgeschossigen, modernen Wohnblocks bebaut werden. Die Pläne lagen vor und Safier verkaufte alles mit sattem Profit für 10 Mio. DM an die Münchner Grund. Die plante 1971 zumindest den Erhalt der Seidlvilla ein, wollte im Garten jedoch nun einen achtstöckigen Neubau. Gegen diese Pläne wehrten sich das Münchner Forum erfolgreich, ein gemeinnütziger Verein, der sich für Bürgerbeteiligung in der Stadtplanung einsetzt. 1975 kam die Seidlvilla auf die Denkmalliste, ein Jahr später kaufte die Stadt das Haus an.

Die opulente Villa mit ihrem Mix aus Neorenaissance und strengem Jugendstil hatte der Architekt Emanuel von Seidl für seine Tante

Schwabinger Krawalle

Jemals von Sitka Wunderlich, Wolfram Kunkel, Rüdiger Herzfeldt und Michael Erber gehört? Nein? Doch! Denn das sind die vier Musiker, die den Auslöser für die blutigen Schwabinger Krawalle bildeten, weil sie es wagten, nach 22.30 Uhr noch an der Leopoldstraße russische Volkslieder zu spielen.

Es war der 21. Juni 1962, Fronleichnam, der erste laue Sommerabend nach viel zu vielen Regentagen. Die jugendlichen Musiker hockten vor dem Weinlokal Hahnhof, klampften vor sich hin und stießen auf begeisterte Zuhörer. Schnell war der Gehweg überfüllt, doch nicht alle genossen die Stimmung. Ein Anwohner, Stadtrat noch dazu, rief die Polizei. Die erste Funkstreife wurde mit »Vopo! Vopo!«- und »Nazipolizei«-Rufen empfangen. Die Zuhörer hoben das Polizeiauto hoch und ließen es fallen, sie ließen Luft aus einem Hinterreifen. Es half nichts. Die Musiker wurden abgeführt und mussten die Nacht in der Ettstraße im Polizeipräsidium verbringen. Gleichzeitig sprach sich die Aktion wie ein Lauffeuer herum, immer mehr Menschen strömten auf die Leopoldstraße, bis die Polizei schließlich unter Gummiknüppeleinsatz die Straße räumte.

»Tanz der Gummiknüppel«

Am folgenden Tag okkupierten schon am Vormittag Menschengruppen die Leopoldstraße und brachten den Verkehr zum Erliegen. Auf den Fotos sieht man gepflegte, gut angezogene Menschen, keine Rowdies. Es ging um kulturelle Selbstbestimmung. Berittene Polizei fegte dazwischen hindurch und prügelte gnadenlos jeden mit Knüppeln nieder, der nicht schnell genug ausweichen konnte. Viele Unbeteiligte gerieten zwischen die Fronten. Einsatzleiter Manfred Schreiber, später Münchner Polizeipräsident, hatte fatalerweise die Devise »Gummiknüppel frei!« ausgegeben. Die Gewaltexzesse mit 14 Schwerverletzten schockierten die Münchner zutiefst. Münchens OB Hans-Jochen Vogel versuchte immer wieder zu vermitteln und mischte sich vergebens unter die Protestierenden.

Die Abendzeitung schrieb am 23./24. Juni: »Tanz der Gummiknüppel. Was sich einige Lederjacken-Bullen der Überfallkommandos am Donnerstagabend herausnahmen, war nicht nur ein Missgriff, sondern ganz schlicht ein Skandal.« Abend für Abend füllte sich nach Einbruch der Dunkelheit die Leopoldstraße, und es kam erneut zu Straßenschlachten. Insgesamt sollen rund 40 000 Menschen auf den Beinen gewesen sein. Ein regelrechter Krawalltourismus setze ein. Halbstarke reisten aus ganz Deutschland an, um sich mit der Polizei zu prügeln.

Erst am 25. Juni beruhigte sich die Situation schlagartig. Aber nicht, weil plötzlich alle vernünftig geworden wären, sondern weil ein Wetterumschwung heftige Gewitter brachte. Es kühlte von 30 auf 13 Grad ab. Spaßvögel klebten Zettel an die Bäume der Leopoldstraße,

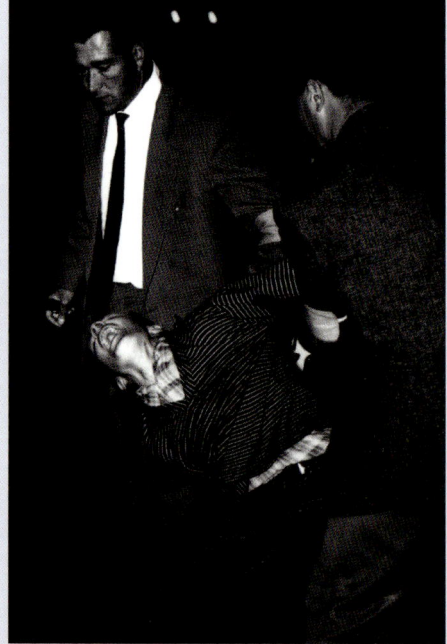

Das unglaublich brutale Vorgehen der Polizei schockte nicht nur die Münchner Öffentlichkeit

Schwabinger Krawalle

auf denen stand: »Wegen schlechter Witterung fällt das Polizeisportfest heute aus.«

Die Schwabinger Krawalle wirkten lange nach. So war unter den 400 Verhafteten auch der damals noch völlig unpolitische 19-jährige Schüler Andreas Bader, der spätere RAF-Terrorist. Er soll seiner Mutter gesagt haben: »Weißt du, Mutter, in einem Staat, wo die Polizei mit Gummiknüppeln gegen singende junge Leute vorgeht, da ist was nicht in Ordnung.«

Die Münchner Linie

Von den Verhafteten landeten viele vor Gericht. 54 wurden zu Geldstrafen oder Gefängnis bis zu 13 Monaten verurteilt. Die Musiker bekamen eine Anzeige wegen »Überbenutzung der Gehsteige«. Von den 143 angezeigten Polizeibeamten dagegen wurden nur vier verurteilt. Sie trugen damals noch keine Dienstnummern und waren daher auch kaum zu identifizieren. Ein Zustand, den die neu gegründete Bürgerinitiative »Interessengemeinschaft zur Wahrung der Bürgerrechte« scharf kritisierte, die eine lückenlose Aufklärung der brutalen Polizeigewalt forderte. Das Ansehen der Münchner Polizei jedenfalls war gründlich zerstört.

Direkte Folge der Schwabinger Krawalle war auch die Einführung der Münchner Linie unter Manfred Schreiber, der 1963 Polizeipräsident wurde. Die bisherige militärisch geprägte Einsatztaktik, die nichts anderes als massives Einschreiten vorsah, wurde zugunsten einer völlig neuen Deeskalations-Politik aufgegeben. »Aufsitzen, Ausrücken, Absitzen, Räumen, Aufsitzen, Einrücken, Essenfassen«, brachte Schreiber die alte Vorgehensweise auf den Punkt. Seine neue Devise lautete: »Mim redn kemma d'Leit zamm.« Nun hatten psychologische Mittel Vorrang vor der unmittelbaren Gewalt. Völlig revolutionär war auch, dass die Polizei 1964 einen Psychologen anstellte, der den ersten polizeipsychologischen Dienst in Deutschland gründete.

Die Schwabinger Krawalle hatten keinen politischen Hintergrund, anders als die ebenfalls blutigen Münchner Osterunruhen von 1968, die allerdings in der Maxvorstadt rings um die Schellingstraße stattfanden.

Seidlvilla, das Bürgerhaus für Schwabing

Franziska Lautenbacher entworfen. Die äußerst vermögende Bauherrin war die wiederverheiratete Witwe des Spatenbräubesitzers Sedlmayr. Zu der Anlage zählten neben dem Wohnhaus ein Nebentrakt für Remise, Pferdestall und Kutscherwohnung. Nach dem Tod von Franziska Lauterbacher in den 1930er-Jahren ging die Villa durch mehrere Hände. So zog z. B. die NS-Gauleitung ein, 1945 dann die Amerikaner, dann das Goethe-Institut und schließlich die Bayerische Akademie der Wissenschaften. Bis eben der Abriss drohte. 1978 gründete sich der Verein Bürgerzentrum Seidlvilla, der forderte, das Gebäude sollte den Bürgern zur Verfügung gestellt werden. Zunächst wurde die Villa aber für drei Jahre dem

Freistaat Bayern vermietet, der darin ein Polizeirevier unterbrachte. Die Polizei blieb statt der geplanten drei Jahre etwas länger: bis 1987. Danach übernahm der Verein Bürgerzentrum die Trägerschaft. Die Stadt München ließ die Villa zwischen 1989 und 1991 renovieren und umbauen. Im Juni 1991 eröffnete die Seidlvilla als neues Bürgerzentrum Schwabings und bietet seitdem ein umfangreiches Kulturprogramm. Die Münchner Volkshochschule, das Stadtteilarchiv, der Bezirksausschuss, der Tukan-Kreis (siehe 1.33), die Nachbarschaftshilfe und verschiedene gemeinnützige Vereine haben heute hier ihren Sitz. Übrigens entstanden Anfang der 1970er-Jahre etliche Episoden aus der Soft-Erotik-Serie *Schulmädchen-Report* in der Seidlvilla.

1.33 Tukan-Kreis

Erich Kästner sagte einst, er kenne »keine andere literarische Vereinigung, bei der es so unorthodox, so unfeierlich, so bunt und so gemütlich zuginge« wie beim Tukan-Kreis. Der Literaturkreis geht auf Rudolf Schmitt-Sulzthal (den zweiten Namensteil legte er sich nach seinem fränkischen Geburtsort zu) zurück. Als 26-Jähriger kam er 1930 nach München, um einen Verlag zu gründen. Zunächst erschien die Tukan-Reihe mit Prosa, dann kamen 1932 Theaterstücke in der Tukan-Bühne hinzu. Man veranstaltete Autorenlesungen und gründete eine Buchgesellschaft, deren Mitglieder bei der Tukan-Reihe einen Preisnachlass genossen. Die Nazis entzogen dem

Am 17. Juli 1976 stieg ein Freudenfest über den Erhalt der Seidlvilla

Tukan-Kreis die Eigenständigkeit als Buchclub, 1939 erschienen die letzten Bändchen im Tukan-Verlag. Die ersten Nachkriegsveranstaltungen fanden 1950 im einst legendären Künstlercafé Stefanie, Amalien-/Ecke Theresienstraße, statt. Rudolf Schmitt-Sulzthal rief 1965 den Tukan-Preis ins Leben, den seitdem die Landeshauptstadt München vergibt. Nach dem Tod des Gründers 1971 führte zunächst seine Witwe Erica den Kreis weiter, 1983 übernahm der Verleger Hans Dieter Beck die Leitung und verwandelte den lockeren Kreis in einen eingetragenen Verein. Seitdem ist der Tukan-Kreis eine der festen Institutionen für Autorenlesungen und Gegenwartsliteratur im Münchner Literaturbetrieb. Neben anderen Institutionen hat der Tukan-Kreis seinen Sitz in der Seidlvilla.

Der Tukan-Preis wurde bis 1991 im Zweijahresrhythmus an drei bis sechs Autoren verliehen. Seitdem wird der Preis jährlich für die sprachlich, formal und inhaltlich herausragende literarische Neuerscheinung eines Münchner Autors verliehen. Er ist mit 6 000 Euro dotiert. Über seine Vergabe entscheidet eine Jury aus sechs Fachjuroren und fünf Münchner Stadträten.

1.34 Discrepancy

Einen solchen Baum hat der baumartenreiche Englische Garten sicher nicht zu bieten: Vor einem Verwaltungsbau der Münchener Rück an der Mandlstraße 3 reckt ein kahler Baum aus Edelstahl seine Äste gen Himmel. *Discrepancy* (Unterschied, Nichtübereinstimmung) hat der amerikanische Bildhauer Roxy Paine seine 2011 geschaffene Skulptur genannt. Der immerkahle Baum ist Paines vierte permanente Großskulptur in Europa und die erste in Deutschland.

1.35 Mädchen mit Schale

An der Ecke Thieme-/Königinstraße steht ein lächelndes Mädchen, das Passanten eine Muschelschale präsentiert, aus der kleine Springbrünnlein Wasser spenden. Die Bronzefigur auf einem Sockel aus Nagelfluh schuf der Bildhauer Augustin Lohr im Jahr 1956.

1.36 Zoologischer Garten

siehe S. 47

1.37 Munich Re/ Münchener Rück

Das Erdbeben von San Francisco 1906 machte die Münchener Rückversicherungs-Gesellschaft weltberühmt, denn sie war die einzige Versicherung, die nach Regulierung aller Schäden nicht bankrottging. Die Münchener Rück, neudeutsch Munich Re genannt, wurde 1880 von Carl von Thieme mit Theodor von Cramer-Klett, Wilhelm von Finck, Hermann Pemsel und der Darmstädter Bank gegründet. Zehn Jahre später riefen einige der Herren auch die Allianz-Versicherungs-Aktiengesellschaft ins Leben. Für eine repräsentative Hauptverwaltung lobte man einen Wettbewerb aus, den die Architekten Eduard Oswald Bieber und Wilhelm Hollweck gewannen. Zwischen 1911 und 1913 entstand der palastartige Vierflügelbau mit den zwei Schmuckhöfen an der Königinstraße 107. Von der Straße aus betritt man das Anwesen durch einen mit ionischen Doppelsäulen umstandenen »Ehrenhof«, in dessen Mitte ein gewaltiger monolithischer Schalenbrunnen aus Ruhpoldinger Marmor thront. Den Brunnen schuf der Bildhauer Georg Römer 1913. Der für ein Bürogebäude außergewöhnlich gestaltete Komplex spielt mit den Elementen des Neoklassizismus und des Jugendstils, nimmt manchmal sogar ein wenig die Art déco vorweg. An der Westseite

Der Schwabinger Zoo

Der Schwimmvogelteich im Schwabinger Zoo an der Königinstraße (Stich von Christian Steinicken)

Am Rande des Englischen Gartens, an der damaligen Wiesenstraße 12, heute Königinstraße 28, ließ sich der bayerische Kriegsminister Nikolaus von Maillot de la Treille im Jahr 1823 von Jean Baptiste Métivier eine luxuriöse Villa im Stil der italienischen Renaissance erbauen. Das Anwesen kaufte 1839 der Fabrikant Gustav Schulze, der acht Jahre später ein Gewächshaus erbauen ließ. Der ehemalige Bankier Benedikt Benedikt erwarb Villa und Park 1862, um dort einen zoologischen Garten zu eröffnen. Am 23. Juli 1863 eröffnete Münchens erster Tierpark. Die Besucher lustwandelten über verschlungene Wege durch einen Landschaftsgarten mit Teichen und einem Wasserfall. Dazwischen Gehege und Tierhäuser, die systematisch nach Tierarten geordnet waren. Es gab Ställe für Schafe, Ziegen, Büffel, Hirsche und Kamele, ein Raubtierhaus, einen Affenpavillon, eine Eulenburg, einen Pfauentempel, eine Wolfshöhle sowie Volieren für exotische Vögel. Für das Publikum zugänglich waren zehn Tagwerk Grund, dazu kamen noch einmal drei Tagwerk für Futteranbau und Wirtschaftsgebäude. Im Winter blieb die Anlage geschlossen. Die Métivier-Villa diente als Restaurant. Da Benedikt aber keine weiteren Investoren animieren und alleine die finanzielle Belastung nicht stemmen konnte, wollte er 1867 alles versteigern. Es fand sich kein Käufer, das Grundstück fiel an die Stadt München, die es dem findigen Unternehmer Hermann verpachtete. Hermann versuchte, das Zookonzept durch Konzerte und Events aufzupeppen. Doch auch das reichte nicht. 1870 schloss Münchens erster Zoo endgültig seine Pforten. Kommerzienrat Karl Rosipal, dessen Familie bereits große Ländereien in Schwabing besaß, kaufte das An-

wesen als Alterswohnsitz. Heute befinden sich auf dem ehemaligen Zoogelände die Reitschule, der Erweiterungsbau der Münchener Rück und die Allianz Versicherung.

Der Maurische Pavillon im Park der Rosipal-Villa diente ursprünglich als Affenhaus des Zoologischen Gartens (Fotos von 1904)

Die Hauptverwaltung der Munich Re

Den *Felsenbrunnen* aus Aluminium vor dem Erweiterungsbau der Munich Re schuf der Bildhauer Georg Brenninger 1963

Das neoklassizistische Palais in der benachbarten Mandlstraße dient der Munich Re als Gästehaus

verbirgt sich hinter einer Mauer ein Garten mit zentralem Pavillon. Weniger beeindruckend ist der Erweiterungsbau auf der gegenüberliegenden Straßenseite gelungen. Das »Ostgebäude«, 1963–65 von den Architekten Maurer und Denk errichtet, ist ein schlichter und funktionaler Stahlbetonskelettbau mit Aluminium-Curtain-Wall.

Kurz danach begann ein großes unterirdisches Bauprojekt, von dem der durchschnittliche Passant nichts ahnt. Zwischen 1966 und 1995 entstand eine ca. 1 000 m lange Tunnelanlage, die die Versicherungsgebäude zwischen Königin-, Thieme-, Martius-, Leopold- und Giselastraße verbindet. 1999 kam noch der Turrell-Tunnel und 2001 die Sonnier-Passage hinzu. Dass diese Tunnelanlage nicht für die Öffentlichkeit zugänglich ist, ist besonders für Kunstfreunde sehr bedauerlich. Denn die Tunnelwände dienen dem Konzern gleichzeitig als unterirdisches Museum, in dem die umfangreiche Kunstsammlung präsentiert wird.

1.38 Universitäts-Reitschule

Direkt am Englischen Garten liegt die im September 1927 eröffnete Uni-Reitschule, die von der zwei Jahre zuvor gegründeten Bayerischen Reitschulen AG »zur Ertüchtigung der Jugend und Verhinderung zu frühen Alterns« errichtet wurde. Das Gelände gehörte einst zu Münchens erstem Zoologischen Garten, der bis 1870 existierte. Hier stand damals der Bärenzwinger. Den neoklassizistischen Pavillonbau mit Ehrenhof entwarfen die Architekten Eugen Hönig und Carl Söldner, die Baukosten betrugen 585 000 Mark. 1931 erwarb der Industrielle und Erfinder Hermann Anschütz-Kaempfe alle Anteile der AG, um die Schule der Ludwigs-Maximilians-Universität zur Förderung studentischen Reitens zu stiften. Von hier aus kann man direkt in den Garten zu Reittouren aufbrechen. Geboten werden Unterrichtsstunden und Lehrgänge zu allen Pferdesportdisziplinen. Neben den Boxen für die Schulpferde gibt es noch ca. 30 weitere Boxen für Privatpferde, 19 Außenpaddocks, cine 20 x 40 m große Reithalle, einen großen und einen kleineren Außenreitplatz, eine Außenbahn und eine Waschbox mit Solarium. Besonders beliebt war und ist das Café Reitschule, von dem aus man in die Reithalle sehen kann. Das Gasthaus wurde im Jahr 2009 komplett renoviert.

1.39 Allianz SE

Zehn Jahre nachdem sie die Münchener Rückversicherung gegründet hatten, riefen Carl Thieme und der Bankier Wilhelm Finck die Allianz-Versicherung ins Leben. Sie wurde am 5. Februar 1890 in das Handelsregister am Amtsgericht Berlin I eingetragen. Obwohl ein gebürtiges Münchner Kindl, blieb die Allianz bis 1954 in Berlin beheimatet. Erst dann beschloss der Vorstand, die Generaldirektion aus der geteilten Stadt mit ihrer schwierigen Versorgungslage nach München zu verlegen. In München gab es bereits einige in ganz Schwabing verstreute Abteilungen. Architekt Josef Wiedemann gestaltete den Neubau an der Königinstraße 28, den Bundeskanzler Konrad Adenauer 1954 eröffnete. Wie die Münchener Rück ist auch die Allianz heute einer der größten Versicherungskonzerne der Welt und in mehreren Gebäuden zwischen Königin- und Leopoldstraße untergebracht. Ein unterirdisches Tunnelsystem verbindet die einzelnen Standorte.

1.40 CSU-Keimzelle

Rechtsanwalt Josef Müller, genannt Ochsensepp, gehörte zu den konservativen Politikern, die sich mit dem NS-Regime angelegt hatten und dafür ins KZ kamen. 1945 befreiten die Amerikaner den ehemaligen Reichstagsabgeordneten der Bayerischen Volkspartei aus dem KZ Dachau und Müller kehrte nach München zurück, wo er in der Gedonstraße 4 wohnte. Hier trafen sich ab Juli verschiedene Politiker, die eine neue, christlich-liberale Partei gründen wollten, die sich ausdrücklich nicht nur an katholisch-konservative Wähler, sondern auch an Protestanten wenden sollte. Aus diesen Gesprächen im Freundeskreis ging die CSU hervor, die am 14. August 1945 im Münchner Rathaus unter Bürgermeister Karl Scharnagl gegründet wurde. Das »christlich« im Parteinamen wurde

denkbar knapp mit einer Stimme Mehrheit angenommen. Müller blieb der politische Erfolg versagt, er konnte sich mit seiner liberalen Haltung nicht gegen die konservativen Kräfte durchsetzen, verlor 1946 die interne Wahl zum Ministerpräsidentenkandidaten, war dann 1947 bis 1952 bayerischer Justizminister und versuchte 1960 gegen Hans-Jochen Vogel bei der Oberbürgermeisterwahl anzutreten. Er bekam nur 22 % der Stimmen. Müller beschränkte sich daraufhin auf seine Tätigkeit als Rechtsanwalt und lebte bis zu seinem Tod 1979 in Schwabing.

Gedonstraße 4 ist einer der schönsten Jugendstilbauten Münchens. Hier lebte CSU-Gründer »Ochsensepp« (heute Eigentum der Munich Re).

1.41 Highfish- und andere Kommunen

Rainer Langhans und Uschi Obermeier in der Highfish-Kommune, Giselastraße

Die Highfish-Kommune entsprach genau dem Klischee einer Hippiekommune Ende der 1960er-Jahre mit Sex 'n' Drugs und Rock 'n' Roll. Gegründet wurde sie 1968 von Rainer Langhans und Uschi Obermaier, die zuvor in Berlin in der Kommune 1 gelebt hatten. Uschi Obermaier war das angesagteste It-Girl jener Tage, international bekanntes Topmodel und Muse etlicher Rockmusiker. Im Gegensatz zum kargen, aufs nötigste reduzierten Leben in der Berliner Kommune schwelgte man in Schwabing im Luxus. In der Giselastraße 12 mietete man ein ganzes Haus mit 17 Zimmern, es standen sieben Autos zur Verfügung und Anfang der 1970er kam noch ein kleines Jagdschloss bei Landshut als Landsitz hinzu. Die Räume waren stylisch eingerichtet, man veranstaltete Happenings und endlose Partys mit viel LSD und freier Liebe. Am 22. und 23. März 1970 gaben Fleetwood Mac in München zwei Konzerte. Langhans und Obermaier, die schon länger eine Art bayerisches Woodstock planten, luden die Bandmitglieder in ihr Landschloss bei Landshut zu einer wilden Nacht. Bassist Peter Green muss dort einen LSD-Trip zu viel konsumiert haben, denn nach Ansicht seiner Bandmitglieder war Green nach dieser Nacht ein komplett anderer Mensch. Er selbst sagte: »I went on a trip, and never came back.« (»Ich machte einen Trip und kam nie mehr zurück.«)

Die Highfish-Kommune zog auch politisch Radikale an. Anfang 1970 machten Gerüchte die Runde, die linksra-dikalen Guerillagruppen Südfront und Tupamaros München drohten Uschi Obermaier zu entführen, sollten ihnen nicht 500 DM gezahlt werden. Die Polizei veranstaltete daraufhin Razzien in zehn Münchner Kommunen und fand heraus, dass die Highfish-Leute die Südfront freiwillig mit Spenden in Höhe von 2 500 DM unterstützt hatten. Am 13. April 1971 kam es dann zu einem bewaffneten Überfall auf die Hypobank am Frankfurter Ring durch die Tupamaros München, bei dem die vier Täter ca. 50 000 DM erbeuteten. Eine der Täterinnen war Margit Gaier-Czenki, Mitglied der Highfish-Kommune.

Uschi Obermaier gehörte gleichzeitig noch einer anderen Kommune an, die sich 1967 gegründet hatte. Deren Name setzt sich aus dem ägyptischen Fruchtbarkeitsgott Amon und dem Fantasiewort Düül zusammen. Die Musikkommunarden von Amon Düül werden allgemein irrtümlich in der Leopoldstraße verortet, was so nicht stimmt. Sie traten zwar oft in den Clubs der Leopoldstraße auf, hatten ihre WG aber erst in der Schwabinger Klopstockstraße, dann am Bogenhauser Prinzregentenplatz. Der Leopold-Mythos kommt vermutlich von den »Leopold-Brothers« Peter und Ulrich, Bandmitgliedern, die einfach nur mit Nachnamen Leopold heißen. Amon Düül konnten sich musikalisch nicht über eine gemeinsame Linie einigen und zerbrachen bei den Essener Songtagen 1968 in zwei Bands mit demselben Namen.

Amon Düül I spielte bevorzugt schräge Anti-Musik und brachte LPs mit Titeln *Collapsing – Singvögel Rückwärts & Co.* heraus, die von der Kritik verrissen wurden. 1970 löste sich diese Gruppe auf. Gleichzeitig spielte Amon Düül II um den Komponisten und Musiker Chris Karrer und die Leopold-Brothers höchst erfolgreich weiter. Ihr erstes Album *Phallus Dei* gilt als wegweisend für die deutsche Rockmusik. Die Band prägte den Begriff »Krautrock« und existiert mit unterschiedlichen Mitgliedern bis heute (letztes Album: *Düülirium*, 2014). Amon Düül war nicht das einzige Musikerkollektiv, das erst die Schwabinger und dann die internationalen Musikbühnen rockte: Auch Embryo ging aus einer 1969 gegründeten Münchner Musikerkommune hervor und ist bis heute aktiv.

Frank Wedekind löste mit seinem Spottgedicht auf Kaiser Wilhelm II. in der »Palästina«-Ausgabe vom 29. Oktober 1898 einen gigantischen Skandal aus. Majestätsbeleidigung! Wedekind und Heine, der das Cover gezeichnet hatte, kamen vor Gericht und mussten in Haft. Wedekind brach deshalb endgültig mit Langen. Langen selbst floh ins Ausland, lebte fünf Jahre im

1.42 Simplicissimus

Zwei Hotspots des bohèmen Lebens bot das Europa des ausgehenden 19. Jh.: Paris und München. Albert Langen, Sprössling einer Industriellenfamilie, genoss erst das Leben in Paris, wo er einen Verlag gründete. Dann siedelte er 1894 nach München um, wo er in seinem Verlag zunächst zeitgenössische skandinavische und französische Autoren publizierte, bald aber auch die deutsche Avantgarde wie Frank Wedekind aufnahm.

1896 gründete Langen eine neue Zeitschrift namens *Simplicissimus* nach dem Vorbild französischer Blätter wie *Gil Blas Illustré* und *Le Rire.* Das erste Heft erschien am 4. April des Jahres, kostete 10 Pfennig und war viel zu brav, um Aufsehen zu erregen. Das änderte sich von Ausgabe zu Ausgabe. Langen engagierte die besten Künstler als Illustratoren und die frechsten Autoren. Thomas Theodor Heine entwarf nicht nur zahllose Covermotive, sondern auch das berühmte Logo der Zeitschrift, die rote Dogge mit der losgerissenen Kette. Chefautor

Exil in Frankreich, Norwegen und der Schweiz. Damit hatte der *Simplicissimus* allerdings den großen Durchbruch geschafft und galt fortan als das bissigste Blatt Deutschlands.

Die Redaktion zog 1902 in die Kaulbachstraße 91 und blieb hier bis 1913. Bruno Paul, Lovis Corinth, Ferdinand von Reznicek, Hans Barlach, Käthe Kollwitz und Heinrich Zille arbeiteten für das Heft. Kurt Tucholsky, Ludwig Thoma, Korfiz Holm und auch Thomas Mann schrieben für den *Simplicissimus*. Albert Langen starb 1909. Ludwig Thoma, Olaf Gulbransson und andere führten die Zeitung weiter, doch mit dem Ersten Weltkrieg knickte der kritische Geist ein und machte dem patriotischen Platz. Der letzte Rest Nonkonformismus wurde von der NS-Zensur beseitigt, der *Simplicissimus* war ganz auf Parteilinie und brachte leichte Unterhaltung. Am 13. September 1944 erschien die letzte Ausgabe. Mehrere Versuche in der Nachkriegszeit, die Zeitschrift wiederzubeleben, scheiterten.

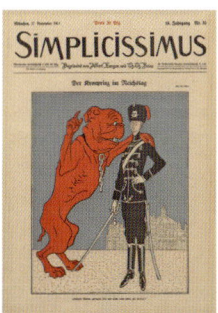
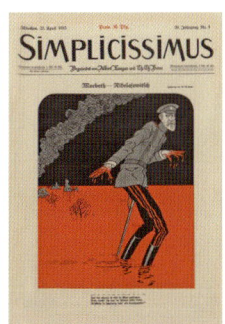

1.43 Walking Man

Ein weißer Gigant schreitet entlang der Leopoldstraße: 17 m hoch und 16 t schwer ist die Skulptur des amerikanischen Künstlers Jonathan Borofsky (geb. 1942 in Boston), die seit 1995 vor dem Verwaltungsgebäude der Munich Re an der Leopoldstraße 36 steht. Die Unterkonstruktion aus Stahl wurde im kalifornischen Sun Valley gefertigt und in München zusammengebaut. Die Ummantelung besteht aus Glasfiebermatten.

1.44 Citta 2000

»Die Citta ist ein Stück Neuschwabing mit der seltenen Mischung aus Boutiquenstadt und Gastronomie«, konnte man in dem 1975 erschienenen Führer *München – Wo?* lesen. Tatsächlich war die Citta 2000 der Samy-Brüder ein verrücktes Novum in München, das erste Vergnügungs- und Einkaufszentrum der Stadt. Die Gebrüder Anusch und Temur Samy, Söhne eines Kaukasiers und einer Deutschen, der eine in Oldenburg, der andere in Teheran geboren, revolutionierten mit ihren Ideen zunächst die Gastronomieszene in Schwabing. 1967 eröffneten sie das russische Spezialitätenrestaurant Datscha, im gleichen Jahr verwandelten sie die Eckkneipe Hacklwirt in der Feilitzschstraße in das poppige Drugstore mit Disko im ersten Stock. Laut Spiegel vom 18. November 1968 der »Rendezvous-Platz der anspruchsvolleren Jugend«, nämlich »Mini-Mädchen« und »Beat-Boys«. Die Ausgabe *München – Wo?* von 1968 lobte besonders: »Das Schmuckstück des Drugstore sind seine Toiletten. Wenn es in München wie in London den ›Good Loo‹ (Kloführer) gäbe, würde der Drugstore bestimmt das höchste Lob bekommen.«

Die Samys betrieben bald die Bierkaschemme Zur Brezn, Deutschlands größten Beatschuppen Blow Up (siehe 4.8) und die Restaurants Bouillabaisse und Bodega Espanola. Die Presse nannte die Samys die »Könige von Schwabing«, Anusch war laut Abendzeitung das »explosivste Hirn der westdeutschen Gastronomie«. Und sie wussten, wie man richtig PR macht. Beispielsweise suchten sie zur Eröffnung des Drugstores den »schmutzigsten Gammler Münchens«, der sich dann zur Gaudi der Eröffnungsgäste für 100 DM öffentlich waschen ließ.

Die Brüder hatten sich mit ein paar Tausend Mark als Startkapital ein Imperium aufgebaut. Anusch Samys Finanzierungsmodell sah dabei so aus: Sobald ein Laden lief, ließ er den Geschäftswert schätzen und bot 49 % davon kapitalkräftigen Bekannten an. Mit diesen Einnahmen wurden weitere Projekte finanziert. Vorläufige Krönung sollte die Citta 2000 an der Leopoldstraße 28a sein. Das Projekt verschlang mehr als 6 Mio. DM, die Samy-Brüder mussten sich einen Finanzpartner suchen und fanden ihn in den Stuttgarter Brauereivettern Peter und Wolfgang Dinkelacker. Mehrere Restaurants, Kinos und 22 kleine Shops (darunter skandalöserweise auch »Dr. Müllers Sex-Boutique«) lockten in den 800 m² großen »Supermarkt der Freude«, diese Mischung aus Flo-

Topmodisch und im Partnerlook: Pärchen 1971 im Drugstore

Im Citta-Kino läuft Andy Warhols *Flesh* und im Flower-Power-Stil bemalte Käfer locken Publikum an – die Citta 2000 an der Leopoldstraße 28 a im Jahr 1970

wer-Power, Pop und Kommerz. Doch der erhoffte Erfolg stellte sich nicht ein, und dann kam am 6. März 1970 auch noch Anusch Samy im Alter von nur 35 Jahren bei einem Flugzeugabsturz ums Leben. Die Pläne, das Citta-Konzept in andere deutsche Städte und ins benachbarte Ausland zu tragen, wurden auf Eis gelegt. Temur plante ein neues Feriendorf an der spanischen Küste südlich von

Alicante. Doch auch daraus wurde nichts. Temur Samy verlegte sich wieder auf den Teppichhandel, so wie in seiner vorgastronomischen Zeit, und soll inzwischen in Spanien leben. Mittlerweile haben die Mieter in der Immobilie an der Ecke Giselastraße zigfach gewechselt, kaum jemand erinnert sich noch an die Ursprünge.

Anusch Samy (l.) und sein Bruder Temur

Barbusige Mädchen posen in der Goldenen Hand des Bildhauers Klaus Vrieslander, die bis 1973 vor der Citta 2000 stand

1.45 Die Insel

Das literarische Leben brodelte Ende des 19. Jh. in München. Zeitschriften- und Verlagsgründungen waren an der Tagesordnung. Nicht nur die *Jugend*, die einer ganzen Epoche den Namen geben sollte, erschien 1896 an den Kiosken, sondern drei Jahre später auch die *Insel*: Eine neue Zeitschrift »literarisch-künstlerischen Charakters«, die »Epoche machen« sollte. Der Bremer Kaufmannssohn Rudolf Alexander Schröder, sein millionenschwerer Vetter Alfred Walter Heymel und der Schriftsteller Otto Julius Bierbaum fungierten als Herausgeber und Autoren. Sie mieteten sich eine Etage in der Pension Beckenbauer in der Prinz-Ludwig-Straße 5, Maxvorstadt. Dort ging bald

die Autoren-Elite ihrer Zeit ein und aus, darunter Hugo von Hofmannsthal, Frank Wedekind, Rainer Maria Rilke und Robert Walser. Rudolf Schröder hatte die Räume mit ebenso viel Geld wie Geschmack einrichten lassen, Kunst von Manet oder Gauguin zierte die Wände. Der Jugendstilkünstler Peter Behrens entwarf ein Schiff unter vollen Segeln als Signet. Noch im selben Jahr zog die *Insel*-Truppe in die Leopoldstraße 4 – nach Schwabing, wie man allgemein liest, aber dieser Abschnitt der Leopoldstraße, muss man hier ehrlicherweise feststellen, gehört immer noch zur Maxvorstadt. Der schwerreiche Exzentriker Heymel ließ sich hier die Räume von Martin Dülfer und Paul Ludwig Troost unter der künstlerischen Leitung von Rudolf Schröder aufwendig gestalten. Nach drei Jahren kam das Aus für die *Insel*-Zeitschrift. Alfred Walter Heymel ging nach Leipzig und gründete dort den heute noch existenten Insel-Verlag neu, das Jugendstil-Logo mit dem Schiff hat bis heute überlebt.

1.46 Das Siegestor

siehe S. 56

1.47 Palais Leopold · Studio 15 · »Schweinchenbau«

Wo heute das respektlos wegen seiner rosafarbenen Fassade »Schweinchenbau« genannte Universitätsgebäude und die Mensa an der Leopoldstraße zu Hause sind, stand Anfang des 19. Jh. das kleine Schmutzersche Kaffeehaus, das die Witwe Maria Petz betrieb. Eine kleine hölzerne Brücke führte über den Straßengraben zum Lokal. König Ludwig I. ließ das Gelände aufkaufen und beauftragte 1845 Baumeister Friedrich von Gärtner, eine königliche Villa für seine Gattin Therese zu erbauen. Ab 1858 diente das Anwesen dem Militär als »Kriegsschule« zur Offiziersausbildung, acht Jahre später wandelte man es in ein Militärlazarett um.

Palais Leopold

1872 übernahm der Enkel von Ludwig I. und Therese, Prinz Leopold, das Anwesen samt riesigem Park und ließ alles nach seinen Vorstellungen aus- und umgestalten. Leopold lebte hier mit seiner Gemahlin Gisela (nach der die Giselastraße benannt wurde), einer Tochter von Sisi. Die österreichische Kaiserin und ungarische Königin »Sisi« Elisabeth, geboren in München als Tochter des Herzogs in Bayern, konnte ihre Tochter allerdings wohl nicht leiden. Sie nannte Gisela eine »rackeldürre Sau« und die Enkelkinder »Ferkelein«.

Die ursprüngliche Größe des Leopoldparks lässt sich auf dem Foto von 1893 erahnen. Da war bereits ein Teil des Landes verkauft, damit sich Schwabing nördlich der Georgenstraße Richtung Westen ausdehnen konnte. Die Vorarbeiten zur Anlage von Franz-Joseph-, Friedrich- und Ainmillerstraße sind deutlich zu erkennen.

Ein Wachsoldat steht vor dem Palais Leopold (Foto um 1900) an der Leopoldstraße

Der weitläufige Park des Palais reichte damals bis an die Kurfürstenstraße. Durch Parzellierung, Teilverkäufe und die neu angelegte Friedrich- und Habsburgerstraße 1892 und 1897 verkleinerte sich die einst 7 ha große Parkfläche drastisch. Drei Jahre nach dem Tod von Prinzessin Gisela 1932 wurde das Palais bis auf einen kleinen Teil abgerissen. Der berüchtigte, zutiefst korrupte NSDAP-Funktionär Christian Weber wünschte sich hier ein Jagdmuseum. Das Museum kam dann doch in den Nordtrakt des Nymphenburger Schlosses. Also plante man zunächst einen Konzertsaal, 1938 dann ein Gästehaus der Stadt München und 1939 schließlich ein Wohnhaus für Hitler. Der Krieg verhinderte alle Pläne.

Studio 15

Nach dem Krieg etablierte sich in dem nicht abgerissenen Gebäudeteil einer der renommiertesten Jazzclubs Europas, das Studio 15 (nach der Hausnummer Leopoldstraße 15). Freddie Brocksieper eröffnete seinen Club 1952 in den Räumen des ehemaligen Hot Clubs. Er schaffte es, die amerikanischen Jazzgrößen nach ihren Konzerten im Kongresssaal des Deutschen Museums in sein Lokal zu lotsen, wo viele sich zu spontanen Sessions bereit erklärten. Das war für viele junge deutsche Musiker wie z. B. Max Greger die einzigartige Möglichkeit, mit ihren Idolen zu jammen und dabei auch zu lernen. Einer, der später ganz groß wurde, durfte sich hier als junger Kerl am Klavier austoben: Udo Jürgens.

Universitätsbauten

1960 suchte die Universität geeignete Flächen für neue Verwaltungs- und Instiutsbauten. Durch Gebietstausch mit der Stadt München kam der Freistaat Bayern in den Besitz des Grundstücks an der Leopoldstraße. Das Studio 15 wurde abgerissen. Zwischen 1963 und 1970 wur-

Jazz-Gigant im Studio 15: Lionel Hampton (l.) jammt mit Drummer Freddie Brocksieper (vorne); am Bass Mihály Farkas, an den Saxofonen Fred Spannuth (stehend) und Max Greger (sitzend), mit dabei auch Sängerin Mariette de Vet (r.)

Das Siegestor

Ein neues Stadttor sollte es sein – und gleichzeitig ein Triumphbogen, der den Siegeswillen der bayerischen Streitkräfte symbolisiert. Heute ist das Siegestor am Ende der Ludwigstraße eines der bekanntesten Münchner Wahrzeichen – und es liegt nicht in Schwabing, sondern in der Maxvorstadt! Denn wie heißt es in einem bekannten Chanson: »Gleich HINTERM Siegestor fängt Schwabing an.« Doch wir wollen hier mal einige Augen zudrücken.

Ludwig I. hasste die Franzosen. Doch für einen Krieg gegen Frankreich fehlte ihm das Geld. Dennoch plante Ludwig I. schon früh ein steinernes Zeugnis seines Siegeswillens über die Franzosen. 1826 schrieb er an seinen in Rom lebenden Kunstagenten, den Bildhauer Martin von Wagner, dass er »ein Stadtthor aus Quadern wie Röm. Triumphpforte aufzuführen vorhabe, ein anderes im Styl der Propyläen«. Nach langem Zögern beauftragte Ludwig I. 1840 seinen neuen Lieblingsarchitekten Friedrich von Gärtner mit einem Triumphbogen nach Vorbild des Konstantinbogens in Rom als Abschluss seiner Ludwigstraße. Dieser dem bayerischen Heere gewidmete Triumphbogen sollte »völlig antik« sein und direkt mit der Feldherrnhalle korrespondieren, mit der seine Via Triumphalis beginnt. 1843 begannen die Arbeiten am Siegestor, das ca. 24 m breit, 12 m tief und 21 m hoch ist und 411 000 Gulden (ca. 32 Mio. Euro) kostete. Nach Gärtners frühzeitigem Tod 1847 übernahm dessen Schüler Eduard Metzger die Arbeiten, die sich nun verzögerten – auch bedingt durch die Abdankung Ludwigs I. 1848.

Das Siegestor 1945 und heute

Zur Einweihung am 15. Oktober 1850 erschien der Stifter und Exkönig nicht.

Trotz der königlichen Vorgaben konnte Gärtner eine pure Kopie des Konstantinbogens vermeiden. Er ließ sich auch vom Titus- und vom Septimius-Severus-Bogen sowie vom Pariser Arc de Triomphe inspirieren. Hohe Kapitelle tragen die Säulen, die die klare vertikale Gliederung betonen. Die fast schwebend wirkende Quadriga, 1852 geschaffen von Friedrich Brugger, Martin von Wagner und Johann von Halbig, betont seine Mittelachse. Die bronzene Bavaria fährt mit ihrem von vier Löwen gezogenen Streitwagen stadtauswärts, quasi dem siegreich heimkehrenden bayerischen Heere entgegen. Ludwig I. selbst verfügte, dass die Quadriga niemals umgedreht werden dürfe. Martin von Wagner, der das Skulpturenprogramm entwerfen sollte, sah sich dem Problem gegenüber, »dass dieser sogenannte Triumphbogen keinen bestimmten Zweck oder eigentümliche Bestimmung hat und folglich allen daran anzubringenden Bildwerken eine nähere Beziehung und Bedeutung fehlt«. Im Gegensatz zu seinen Vorbildern in Rom oder Paris diente das Siegestor keiner Erinnerung an militärische Siege. Ludwig I. wünschte unverbindliche Schlachtenszenen, die den Kampfesmut der Bayern im Allgemeinen unterstreichen sollten, konkrete Siege hatte er sowieso keine vorzuweisen. Schon Zeitgenossen deuteten daher das Siegestor als Zeichen des Sieges der Vernunft über die Waffengewalt.

Ganz unkriegerisch und ohne antikes Vorbild sind auch die runden Medaillons, die die Kampfreliefs ergänzen. Auf ihnen finden sich Allegorien der bayerischen Regierungsbezirke (Oberbayern: Alpenviehzucht; Ober- und Mittelfranken: Handwerk und Viehzucht; Unterfranken: Wein, Getreidebau und Schifffahrt; Pfalz: Wein und Fischfang; Oberpfalz: Hammerwerk; Schwaben: Weberei). Lange nach Ludwigs Tod wurde das Siegestor dann doch seinem Namen gerecht, als 1871 die deutschen Truppen nach dem Sieg über Frankreich in München einzogen. Die Nationalsozialisten missbrauchten das Tor ab 1933 für ihre kultisch inszenierten Paraden.

Nach dem Zweiten Weltkrieg ließ man das schwer zerstörte Siegestor bewusst vereinfacht aufbauen. Auf der Südseite wurde statt der alten Inschrift »Erbaut von Ludwig I. Koenig von Bayern MDCCCL« eine neue, von Wilhelm Hausenstein entworfene Inschrift angebracht: »Dem Sieg geweiht, vom Krieg zerstört, zum Frieden mahnend.« Damit hat das Siegestor heute eine neue symbolische Bedeutung. Seit 1972 thront die von Elmar Dietz wiederhergestellte Quadriga wieder auf dem Siegestor. In den späten 1990er-Jahren wurde das Siegestor für rund 6,5 Mio. DM saniert und restauriert.

Der rosafarbene »Schweinchenbau« an der Leopoldstraße, dahinter liegt die Mensa der LMU (r.)

den die Verwaltung des Studentenwerks und die Mensa errichtet. Eine Bürgerinitiative kämpfte recht erfolgreich gegen Pläne, das gesamte Parkgelände zu bebauen. 1977 entschied der Landtag, dass der Westteil ein öffentlicher Park und nur die Ostseite zur Leopoldstraße bebaut werden soll. Hier eröffnete 1985 der »Schweinchenbau«, ein aus drei Häusern bestehendes Seminargebäude für Pädagogik, Psychologie sowie Musik- und Kunsterziehung. Zwischen Mensa und Seminargebäude steht das 1984 enthüllte, 2,50 m hohe Kunstwerk *Allegorie der Lehre* des Bildhauers Jürgen Goertz. Eine allegorische Frauengestalt sitzt in einem großen aufgeklappten Buch, umgeben von Gegenständen und Werkzeugen, die für die Lehre stehen. Das geplante männliche Pendant *Allegorie der Forschung* wurde nie realisiert. Goertz schuf aber noch fünf Medaillons am Treppenaufgang von der U-Bahnstation zur Mensa. Es sind Porträts bedeutender Professoren der LMU, die in den im Gebäude untergebrachten Fächern tätig waren: der Psychologe Karl Stumpf, die Pädagogen Georg Kerschensteiner und Aloys Fischer, der Theologe Johann Michael Sailer und der Musikwissenschaftler Kurt Huber.

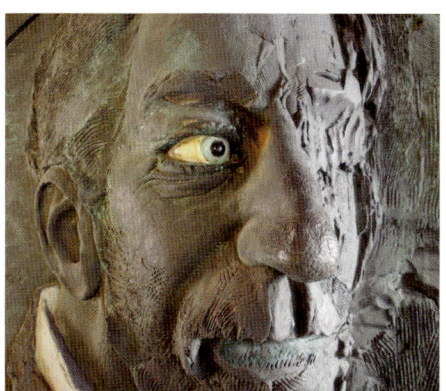

Der Bildhauer Jürgen Goertz schuf die Skulptur *Allegorie der Lehre* vor der Mensa sowie die markanten Portät-Medaillons im Treppenaufgang

1.48 Rudolf-Steiner-Schule • Goethesaal

In einer Baracke ging es 1947 los: Auf dem Gelände des zerstörten ehemaligen Goethesaals an der Leopold-straße 46a wurde Münchens erste Waldorfschule mit vier Klassen, 88 Kindern und fünf Lehrern eröffnet. Der Goethesaal, im typischen anthroposophischen Architekturstil erbaut, war am 25. März 1928 eröffnet worden. Hier fanden Theater, Konzerte und Kinovorführungen statt. Im Februar 1931 stellte Karl Valentin einen »Antrag zur Erstellung eines Bühnenspielbetriebs im Goethe-Saal« und eröffnete am 28. Februar seine Valentin-Bühne. Schon nach acht Wochen fiel am 23. April 1931 der letzte Vorhang, Valentin musste sein Theater schließen und blieb auf einem Stapel Rechnungen sitzen. 1935 wurde die Anthroposophische Gesellschaft, Eigentümerin des Hauses, verboten. 1943 requirierte die Lokalbaukommission der Hauptstadt der Bewegung den Goethesaal als Ersatz für das Deutsche Theater. Am 12. Juli 1944 wurde der Saal dann bei einem Fliegerangriff zerstört. Hier entstand also die erste Waldorfschulen-Baracke. Die Schule wuchs so schnell, dass auf der gegenüberliegenden Straßenseite eine weitere Baracke erbaut wurde. Auf dem Grund des alten Goethesaals wurde unterdessen wieder ein Gebäude mit Klassenzimmern und einem großen Festsaal hochgezogen.

1950 besuchten bereits 422 Kinder die elf Klassen. Es wurde das Grundstück Leopoldstraße 17 angekauft. Der Anthroposoph und Architekt Walter Beck entwarf das Schulgebäude, den ersten Neubau einer Waldorfschule seit Ende des Zweiten Weltkriegs. Der erste Bauabschnitt eröffnete im September 1954, der zweite 1958 und bis 1961 kamen noch Turnhalle und Theatersaal hinzu. Nun fanden 580 Schüler in 17 Klassen Platz. Auch das reichte nicht lange. Weil irgendwann die An- und Umbaumöglichkeiten erschöpft waren, teilte sich die Schule mehrfach: 1979 zog ein Teil nach Daglfing, 1985 wurde die Waldorfschule Gröbenzell gegründet und 1991 die in Ismaning. Die Anthroposophische Gesellschaft ist bis heute in der Leopoldstraße 46a beheimatet.

Tänzer im Big Apple 1968 (o.) und 1973 (u.)

1.49 Big Apple und PN hit-house

Die Legende von Jimi Hendrix begann in Schwabing. Jimi Hendrix und seine Band Experience hatten eines ihrer allererersten Engagements überhaupt vom 8. bis 11. November 1966 im Big Apple Club an der Leopoldstraße 23. Die Band hatte täglich in zwei Shows als Vorgruppe einer Soul-Revue zu spielen. Dabei »erfand« Jimi eher zufällig sein Markenzeichen, das Gitarrenzerschlagen: Am 9. November wurde Jimi im Big Apple von übermütigen Fans in die Menge gezogen. Als er wieder auf die Bühne zurückspringen wollte, warf er zuerst seine Gitarre hoch – sie zerbrach, und Jimi Hendrix flippte vor Wut total aus.

Er schlug alles kurz und klein. Nun flippte das Publikum aus – vor Begeisterung. Und so beschloss das Management, dass Jimi Hendrix künftig gefälligst immer eine Gitarre auf der Bühne zu zerdeppern hatte.

Gegründet wurde das Big Apple von Berlinern 1963, nach dem Vorbild des gleichnamigen »Teenagerschuppens« in West-Berlin. Einer der ersten DJs war der später als B3-Moderator bekannt gewordene Jürgen Herrmann. Im Big Apple spielte man zunächst nur Soul und Black Music. Mit dem Beatles-Hype wurde auch aus dieser Disko ein »Beatschuppen«. Die legendäre Münchner Kommunardenband Amon Düül spielte hier so oft Livegigs, dass die praktisch zum Inventar gehörte. In den 1970ern verkam das Big Apple dann zu einer der üblichen Münchner Promidiscos und schloss Mitte der 70er.

Direkt neben dem Big Apple lag das 1965 gegründete PN hit-house, das zunächst PN Atlantis hieß. PN waren die Initialen des Gründers Peter Naumann. Im PN traten regelmäßig englische Bands auf, oft Coverbands, die bekannte Songs nachspielten, aber auch echte Größen wie die Kinks oder die Hollies. Keine Coverband war auch die Gruppe Daddy, die 1969 ein Konzert spielen sollte. Weil die Musiker nicht genug Material hatten, um einen ganzen Abend zu bestreiten, sperrte Peter Naumann die Jungs einen Nachmittag lang einfach ein, damit sie neue Songs einüben konnten. Mit in die Klausur ging der Filmemacher Haro Senft, der munter die Kamera laufen ließ. Das Konzert wurde ein Erfolg, nur wenig später nannten sich die Daddys um – in Supertramp, und Haro Senft veröffentlichte sein *Supertramp Portrait 1970*, die erste Filmdoku über die später legendäre Gruppe. Im September 1976 rockte eine andere Newcomerband das PN: ACDC.

1.50   Café Leopold

Nach dem Ende seiner Opernkarriere beschloss Sänger Josef »José« Benz, Wirt zu werden. Praktischerweise hatten die Schwiegereltern ihm und seiner Frau ein Haus in der Leopoldstraße 50 geschenkt. Er ließ es umbauen und eröffnete im Frühjahr 1900 das Café Leopold. Von einer Schrammelkapelle begleitet, gab José – bald Papa Benz genannt – Arien aus *Bajazzo* oder der *Schönen Helena* zum Besten. Noch lieber überließ er anderen Künstlern die Bühne, darunter Joachim Ringelnatz, der Brettldiva Mary Irber und Karl Valentin. »Bei Benz trat ich 1908 zum erstenmal auf«, erinnerte sich Valentin, »und gleich nach dem Auftreten sofort wieder ab.« – denn Papa Benz unterbach Valentins *Zungenfertigkeitscouplet* und brüllte: »Was fällt Ihnen ein? Bei meinem Elitepublikum solche Schweinereien!« Später stand Valentin mit seiner Partnerin Liesl Karlstadt dann doch sehr erfolgreich auf dieser Bühne. Papa Benz, der 1928 starb, hatte mit seinem Konzept Deutschlands erste Künstlerkneipe geschaffen. Seine Tochter Mathilde wurde übrigens unter dem Namen Lee Parry ein bekannter Stummfilmstar.

Schwabinger Clubs

Es würde sicher den Rahmen sprengen, hier alle Clubs und Discos aufzuzählen, die in den 60ern und 70ern Schwabing zum brodelnden Hotspot des internationalen Nachtlebens gemacht haben. Um die wichtigsten zu nennen:
• **Hot Club** 1950–1964, der Jazzclub für schwarze Rollkragen tragende Existenzialisten; erst Leopoldstraße 15 (Vorgänger des **Studio 15**), ab 1953 dann Arnulfstraße 52 (im Augustinerkeller)
• **Cracker-Box** 1950–1975, klassischer Ami-Schuppen, in dem z. B. Münchens »Elvis« Richard Rigan auftrat; Leopoldstraße 152
• **Domicile** 1965–1981, einer der bedeutendsten europäischen Jazzclubs; erst Siegesstraße 19, dann Leopoldstraße 19
• **Tiffany** ca. 1960–ca. 1979, Lieblingsclub der Rolling Stones, hier drehte Klaus Lemke Szenen für seinen Film *Idole*; Leopoldstraße 69
• **Piper Club** 1971–1974, wurde allgemeint »Joint« genannt, weil direkt hinter dem Eingang Dealer mit allen möglichen Drogen die Gäste versorgten; Kurfürstenplatz
• **Café Capri** Mitte der 1960er–1984, DIE Italo-Eis-Bar für alle, Stammgäste waren u. a. Nastassja Kinski und Wim Wenders; Leopoldstraße 43
• **Klappe** 1976–1980, hier traf sich die Film- und Musikszene, die Jungs von Kraftwerk gehörten ebenso zu den Gästen wie Patti Smith, Wolf Wondratschek spielte manchmal den DJ, ausgerechnet hier ist heute die Münchner Zentrale von Scientology; Fend-/Ecke Beichstraße
• **Rigan Club** 1978–1986, benannt nach und betrieben von dem Rock 'n' Roller Richard Rigan; Herzogstraße
• **Babalu Bar** 1950er–1994, Leopoldstraße 27, und
• **Babalu Club**, späte 1980er–1994, für einige Jahre das Epizentrum des Münchner Nachtlebens, roter Plüsch meets Technobeats, legendär war Ullos Tanzpalast jeden Montag; Leopoldstraße 19

Konzert im Big Apple 1970

1.51 Erlöserkirche

Das einst erzkatholische München sah sich vor allem gegen Ende des 19. Jh. einem stetigen Zuzug von »Falschgläubigen«, sprich Protestanten, gegenüber. Viele davon aus sozial besseren Kreisen und Intellektuelle, die sich rings um die Hochschulen in der Maxvorstadt und im benachbarten Schwabing ansiedelten. Der seit 1893 genutzte Betraum in der ehemaligen Schwabinger Dorfschule, Haimhauser Straße 1, wurde zu klein. Daher gründete sich 1895 ein Kirchenbauverein und beauftragte Stadtbaurat Theodor Fischer mit der Planung für die sechste evangelische Kirche Münchens. Eine Spendenaktion brachte die nötigen finanziellen Mittel und 1899 konnte der Verein das Grundstück an der Ungererstraße von der Stadt München kaufen. Die Grundsteinlegung erfolgte am 29. April 1900 und schon am 6. Oktober 1901 wurde die Erlöserkirche durch Oberkonsistorialrat D. Prinzing geweiht. Die Bauausführung lag bei der Firma Alois Ansprenger. Architekt Theodor Fischer betonte bei der Schlüsselübergabe, zu seinen Zielen hätte es gehört, die Kirche »bayerisch« und »protestantisch« und als »Heimat für die Gemeinde« zu gestalten. Die Erlöserkirche bildet nicht nur den Abschluss der Münchner Freiheit, sondern auch den der Sichtachse von Ludwig- und Leopoldstraße nach Norden. Sie gilt als eine der schönsten Kirchenbauten Münchens. Obwohl sie recht eindeutig mit Jugendstilelementen spielt, lehnte Fischer diese Kategorisierung ab und nannte Jugendstil ein »albernes Wort«. Die meisten Bildhauerarbeiten führte Ernst Neumeister aus, die Dekorationsmalerei Josef Hellich. Der Bamberger Glasmalereibetrieb August Schmidt führte die Glasmalereien aus. Die große Südemporenorgel wurde 1901 von der Firma G. F. Steinmeyer & Co. erbaut. Erst nach der Weihung wurden der Freskenzyklus von Wilhelm Voltz, das Apsisgemälde von Linda Kögel und das Außenrelief von Hermann Lang fertiggestellt. Zunächst eine Filialkirche der Markuskirche in der Maxvorstadt, wurde die Erlöserkirche 1920 eine selbstständige Pfarrei. Bei einer Renovierung unter German Bestelmeyer, einem erklärten Gegner des Jugendstils, wurde 1938 die Ausmalung »stark vereinfacht«, sprich großzügig überweißelt. Das im Krieg kaum beschädigte Gebäude wurde 1947/48 renoviert – und dabei strich man aus Kostengründen einfach auch die restlichen Wände weiß. In den 1960er-Jahren begann eine Rekonstruktion des Raumes im Sinne von Fischers Konzept, dabei wurden die Wandmalereien wieder freigelegt bzw. wiederhergestellt. Am 4. Juli 1976 fand eine erneute Einwei-

hung statt. In den Jahren 2006 und 2014 erfolgten erneute Sanierungsarbeiten unter der Leitung des Architekten Lederer-Piloty.

Ursprünglich sollte die Erlöserkirche gemeinsam mit den benachbarten Gymnasien (Maximilian und Oskar-von-Miller) die Münchner Freiheit städtebaulich abschließen. Doch durch die heutige Straßenführung sind Kirche und Schulen kein Teil des Ensembles, sondern abgeschnitten.

1.52 Antonienheim

Im Jahr 1925 erwarb die Israelitische Jugendhilfe e. V. ein ehemaliges Bürogebäude mit 20 Zimmern und einem großen Garten in der Antonienstraße 7, das ein Jahr später als Kinderheim eröffnete. Hier kamen elternlose und uneheliche Kinder sowie Kinder aus sozial schwachen Familien unter. Im Souterrain lagen Vorratsräume und Küche, im Erdgeschoss ein Speisesaal, Aufenthaltsräume und ein Betsaal, in den beiden oberen Geschossen befanden sich die Schlafsäle für Mädchen, Jungen und das Personal. Ab 1933 nahm das Heim auch Kinder auf, die von ihren bereits ausgewanderten Eltern nachgeholt werden sollten. Zwei Jahre später übernahm die engagierte Wohlfahrtspflegerin Alice Bendix die Leitung des Heims, zu dem noch eine Krippe, ein Kindergarten, ein Hort und eine Schule für angehende Kindergärtnerinnen gehörte. Bis zum Ausbruch des Zweiten Weltkriegs gelang es der Israelitischen Jugendhilfe einen Teil der Kinder nach England in Sicherheit zu bringen. Doch im November 1941 wurden mit dem ersten Transport 20 Kinder und vier Betreuer nach Kaunas (Litauen) ins Vernichtungslager deportiert. Fast alle Heimkinder wurden ermordet. Die 13 Kinder, die bei der Auflösung am 15. April 1942 noch im Heim lebten, sowie Heimleiterin Alice Bendix kamen erst ins Barackenlager an der Knorrstraße in Milbertshofen, dann ins Sammellager Berg am Laim. Bendix hatte alle Angebote ihrer Familie zur Flucht ins Ausland abgelehnt und ging am 13. März 1943 mit »ihren« Kindern ins KZ. Sie wurde in Auschwitz ermordet. Bereits 1942 hatten die Behörden den Trägerverein gezwungen, das Gebäude an die SS-Organisation Lebensborn zu verkaufen. Man richtete eine Mütterwohnstätte ein. Das Geld erhielt die Israeliti-

sche Jugendhilfe nie. Das Gebäude wurde im Krieg zerstört. Im April 2002 wurde eine Gedenkstele für das Antonienheim errichtet. Weil der heutige Eigentümer die Anbringung direkt am Haus verweigerte, wurde die von Hermann Kleinknecht geschaffene Stele auf dem Gehsteig aufgestellt. Das gegenüberliegende Schulzentrum heißt seit 2004 Berufliches Schulzentrum Alice Bendix.

1.53 Maximiliansgymnasium

Was haben Andreas Baader und Franz Josef Strauß gemeinsam? Beide besuchten das altehrwürdige Maximiliansgymnasium, das drittälteste Gymnasium Münchens. König Max II. hatte es am 12. Mai 1849 gegründet. Zunächst fand der Schulbetrieb im ehemaligen Karmelitenkloster in der Maxburgstraße statt, wo man sich die Räume mit dem Neuen Gymnasium (heute Ludwigsgym-

Das Landgestüt in der Leopoldstraße 93 (Foto ca. 1920)

nasium) teilen musste. 1870 folgte der Umzug in den Mittelbau des Damenstiftgebäudes, Ludwigstraße 14. Doch das »Max« blieb auch hier nicht allein. Das 1864 gegründete Realgymnasium (heute Oskar-von-Miller-Gymnasium, siehe 1.53) zog ebenfalls mit in das Haus. Dass dramatischer Platzmangel die Folge sein musste, lag auf der Hand. 1909 beschloss das zuständige Ministerium einen Neubau in Schwabing nordwestlich des Feilitzschplatzes. Das passende Grundstück zwischen Karl-Theodor-, Leopold- und Siegfriedstraße diente bislang dem königlichen Landgestüt. Durch die Neuanlage von Stury- und Morawitzkystraße trennte man das Gestüt von der Baustelle ab. Architekt Karl Höpfel entwarf den dreiflügeligen Bau, der am 6. Dezember 1912 seiner Bestimmung übergeben werden konnte. 1 500 000 Mark hatte der Bau alles in allem verschlungen. Das Maxgymnasium bezog den Ostflügel mit der repräsentativen Löwentreppe, das Realgymnasium den von einem hohen Turm überragten Westflügel. Verbunden sind die beiden Flügelbauten durch den Südtrakt, in dem sich die beiden Turnhallen befinden. Im Ersten Weltkrieg requirierte das Militär die Schulräume, danach zogen erst Truppen der Räteregierung ein, dann der Freikorps Lützow. Das Max musste

Die Stele erinnert an das Schicksal der Kinder aus dem Antonienheim

Corso Leopold • Union Move

Die Idee war einfach, doch nicht leicht zu realisieren: Statt zwischen Münchner Freiheit und Siegestor nur AN der Leopoldstraße zu flanieren, sollte man das auch mal AUF der Leopoldstraße können. Geboren wurde dies Idee in der Schwabinger Friedensinitiative rund um Ekkehard Pascoe, Thommy Pampuch und Wolfgang Heuss. Im Juli 1994 stellten sie den Corso in der Zeitung *Schwabing Extra* erst-

des öfteren für Fußballfeiern gesperrt wird. Seitdem findet zweimal im Jahr an einem Wochenende im Mai und im September das Straßenfestival statt. Musik, Theater, Literatur und andere kulturelle Veranstaltungen bilden den Schwerpunkt, natürlich gehören aber auch viele Infostände, Gastro-Buden und kommerzielle Anbieter dazu. Entlang der Flaniermeile stehen in regelmäßigen Abständen kleine Bühnen, die von Bands und Solokünstlern bespielt werden.

1995, dem Jahr, in dem der erste Corso Leopold stattfand, gab es noch eine Premiere auf dem Asphalt der Leopoldstraße: den **Union Move**. Diese kleine Antwort auf die Love-Parade in Berlin ging auf eine Initiative der Münchner Veranstalter gegen Drogenmissbrauch (dazu zählten Kunstpark Ost, P1, Ultraschall, Partysan und Pulverturm) zurück. Die Technoparade sollte ein Protest gegen die rigiden Sperrzeiten und Polizeikontrollen sein und gleichzeitig die Clubgeher vor Drogenmissbrauch warnen. Beim Move zogen die Tanzenden beschallt von Lautsprecherwagen mit DJs von der Leopoldstraße über die Ludwigstraße bis zum Odeonsplatz. Ursprünglich ging die Strecke noch weiter bis zur Theresienwiese, da sich aber die meisten Feiernden am Odeonsplatz verabschiedeten, blieb es zuletzt bei dieser Strecke. Der Union Move zog 1997 noch über 100 000 Besucher an, wurde dann aber schnell unbeliebt, vor allem wegen harter Kontrollen und strenger Security. Am Pfingstsamstag 2001 fand der letzte Move unter dem Motto »Music ist the only drug« statt, der nur noch 19 000 (Polizeischätzung) bzw. 30 000 (Veranstalterschätzung) Technofans anzog.

Beim Corso Leopold wird die Straße zur Flaniermeile

mals der Öffentlichkeit vor. Gemeinsam mit Ulricke Bührlein und Benjamin David von München 2000 autofrei (heute Green City e. V.) ließ sich schon ein Jahr später der erste **Corso Leopold** realisieren; Bührlein und David firmieren inzwischen übrigens als Die Urbanauten. Seit dem Jahr 2000 wurde die Flanierstrecke in Zusammenarbeit mit dem **Streetlife-Festival** bis hin zum Odeonsplatz ausgedehnt. Der Hintergrund für die Zusammenlegung von Corso Leopold und Streetlife war, dass die Organisatoren jeweils zweimal im Jahr die Leopold- bzw. die Ludwigstraße für sich beanspruchten, die Stadtverwaltung aber diese wichtige Straßenachse nicht viermal pro Jahr komplett sperren lassen wollte, zumal die Leopoldstraße ohnehin zusätzlich

Der Union Move im Jahr 2000

Das Maxgymnasium

gen umstrukturiert. Nach dem Krieg teilten sich das OvM und das Max die benutzbaren Räume im Schichtunterricht, bis die Schulanlage wieder hergerichtet war. Mit Verordnung vom 22. September 1946 wurde die Oberschule wieder zum Realgymnasium. Die einstige Jungenschule ist seit 1975 auch für Mädchen offen. Am 18. März 1966 wurde das Alte Realgymnasium auf den Namen seines prominentesten Schülers getauft: Oskar-von-Miller-Gymnasium. Miller hatte 1874 sein Abitur an der Schule gemacht. Weitere prominente Schüler waren u. a. der Arri-Gründer August Arnold, Verleger Ernst Heimeran, Schauspieler Thomas Holtzmann, Skistar und Designer Willy Bogner, Ex-OB Christian Ude, Verleger Florian Langenscheidt und Regisseur Romuald Karmakar.

wieder an seinen Ursprung zurück und beim Ludwigsgymnasium einziehen. Der Unterricht fand in Schichten statt oder fiel monatelang aus. Das wiederholte sich auch während des Zweiten Weltkriegs. Die Wehrmacht nutzte das Max ab 1941 als Lazarett, der Schulbetrieb fand schichtweise im benachbarten Realgymnasium statt. Die in den Bombennächten stark beschädigte Schule diente nach Kriegsende als Flüchtlingslager. Der reguläre Schulbetrieb in eigenen Räumen fand erst ab 1949, nach Abschluss des Wiederaufbaus, wieder statt. Wegen schwindender Schülerzahlen öffnete sich das Max ab 1961 auch für Mädchen. Bundesweit bekannt wurde die Schule in den 1960er- und 1970er-Jahren, als hier die Komödien der Reihe *Die Lümmel von der ersten Bank* gedreht wurden. Bis heute ist das Maximiliansgymnasium ein rein humanistisches Gymnasium.

Doch zurück zu Prominenten: Neben Topterroristen wie Andreas Baader und Christof Wackernagel sowie Ministerpräsidenten wie Franz Josef Strauß und Bernhard Vogel besuchten das Max u. a. auch Widerstandskämpfer Randolph von Breidbach-Bürresheim, Schriftsteller Michael Ende, Regisseur Dominik Graf, Physiknobelpreisträger Werner Heisenberg, Deutsches-Museum-Gründer Oskar von Miller sowie Joseph Ratzinger bzw. Papst Benedikt XVI.

Das OvM

1.54 Oskar-von-Miller-Gymnasium (OvM)

Um »junge Leute für die polytechnische Schule zu befähigen«, gründete König Ludwig II 1864 das Königliche Realgymnasium. Realien, also naturwissenschaftliche Fächer und moderne Fremdsprachen, standen auf dem Stundenplan, als das Gymnasium am 1. Oktober 1964 in den Räumen der städtischen Schule an der Luisenstraße 3 eröffnete. Sechs Professoren unterrichteten 37 Schüler. Schon zwei Jahre später zog die Schule in ein umgebautes Wohnhaus an der Luisenstraße 1 und 1871 dann in das Damenstiftgebäude an der Ludwigstraße 14. Dort teilte es sich die Räume mit dem Maximiliansgymnasium. Weil immer mehr Schüler auf das Gymnasium drängten, mussten einzelne Klassen in andere Schulen ausgelagert werden. Der unhaltbare Zustand änderte sich erst, als 1912 der Neubau in Schwabing eröffnet wurde, in dem das OvM zusammen mit dem Maxgymnasium (siehe 1.52) bis heute zu Hause ist. Weil 1918 in der Klenzestraße das Neue Realgymnasium gegründet wurde, hieß die Schwabinger Schule fortan Altes Realgymnasium. Während des NS-Terrorregimes wurde das Gymnasium zu einer Oberschule für Jun-

1.55 Märchenbrunnen

Vor dem Oskar-von-Miller-Gymnasium ragen sieben Zipfelmützen aus dem Boden des Ernst-Toller-Platzes. Sie sind aus grün patinierter Bronze, aus ihren Spitzen quillt Wasser. Die Künstlerin Barbara Hammann gestaltete den Brunnen 1999. Der Brunnenname spielt auf einen Brief des Revolutionärs und Schriftstellers Ernst Toller an, den er im Gefängnis schrieb: »Ich schicke Dir ein Märchenbuch, weil das Märchen uns erlöst von dem Fluch, nichts als Mensch sein zu müssen, weil das Märchen verschwistert ist mit jedem Tier und jeder Blume und jedem Gewässer.« Die Schüler des Gymnasiums nennen den Brunnen »Die sieben Weisen« und sehen statt Zipfelmützen eher geköpfte Flaschen.

Schwabinger Zustände

»Das etwas komische, ziemlich exzentrische und selbstbewusste Schwabing, in dessen Straßen ein Mensch … ohne Palette oder ohne Leinwand oder zumindest ohne eine Mappe sofort auffiel«, schrieb Wassily Kandinsky über seine Wahlheimat, dieses Künstlermekka namens Schwabing. Und natürlich darf in keinem Schwabing-Buch die große Zeit der »Schwabinger Bohème« fehlen. Darüber sind schon viele Bücher geschrieben worden und weitere werden sicher folgen, darum werden wir uns hier ein wenig zurückhalten.

Wie kam es dazu, dass der Ort im Norden Münchens plötzlich zum kreativen Hotspot aufstieg und in einem Atemzug mit dem Montmarte in Paris genannt wurde? Die Antwort ist zunächst denkbar banal: Schwabing wurde auf die gleiche Art zum Künstlerviertel wie bis heute Künstlerviertel entstehen – wegen der billigen Mieten. Studenten, Intellektuelle und eben Künstler wurden durch die Universität und die Kunstakademie in den Norden Münchens gelockt. Beide liegen in der Maxvorstadt, die bis 1906 nicht an der Georgenstraße endete, sondern erst an der Hohenzollernstraße. Wer sich die teuren Wohnungen und Ateliers in München nicht leisten konnten, zog eben ins nahe Schwabing, das keineswegs von Anfang an angesagt war. So maulte Paul Klee nach dem Einzug in das Gartenhaus der Ainmillerstraße 32, dass man »leider nicht in bester Lage, sondern in Schwabing« wohne. Junge Künstler wohnten zu keiner Zeit in bester Lage. Aber sie machten sich die Orte zu eigen. Sie sorgten dafür, dass ein verwegener Freigeist durch die Gassen wehte, den man beispielsweise im konservativen Berlin vergeblich suchte, und dafür, dass eine »Brutstätte der Kultur« entstand, die der »Seltsamkeit ihr Lebensrecht« gönne, wie Erich Mühsam (1878–1934) es formulierte. Die russischen Revolutionäre Leo Trotzki und Wladimir Iljitsch Lenin (der sich als Herr »Meyer« zunächst in der Kaiserstraße ein Zimmer nahm) wurden von dieser (auch politischen) Freizügigkeit Schwabings angezogen.

Man verkehrte im Café Luitpold, Briennerstraße, im Café Stefanie (genannt Café Größenwahn), Amalienstraße, in der Dichtelei und natürlich im Simplicissimus, beide Türkenstraße, besuchte die Vorstellungen von Deutschlands erstem politischen Kabarett den »Elf Scharfrichtern«, Türkenstraße, oder bei Georg »Papa« Steinicke in der Adalbertstraße. Amalien-, Türken-, Adalbertstraße? Richtig. All diese legendären Bohèmetreffs lagen in der Maxvorstadt, doch Schwabing hatte eben die »Weite, die Dehnbarkeit eines Kontinents«, wie René Prévot einst schrieb. Schwabing war nicht nur ein tatsächlich existierender Stadtteil von München, sondern ein Zustand. Dieser Zustand fand in weiten Teilen in der Maxvorstadt statt (siehe *Maxvorstadt – Reiseführer für Münchner*).

Wahnmochings Skandalgräfin

Die Definition als Zustand geht auf eine der schillerndsten Persönlichkeiten der Bohèmejahre zurück: Fanny Gräfin zu Reventlow (1871–1918) die sich später »Franziska« nannte. Die Skandalgräfin wechselte unzählige Male die Adresse, lebte sowohl in der Maxvorstadt als auch in Schwabing. »Wahnmoching« ist in ihrem 1913 veröffentlichten Roman *Herrn Dames Aufzeichnungen oder Begebenheiten aus einem merkwürdigen Stadtteil* das Synonym für dieses Konglomerat aus Maxvorstadt und Schwabing: »Wahnmoching im bildlichen Sinne geht weit über den Rahmen eines Stadtteils hinaus. Wahnmoching ist eine geistige Bewegung, eine Richtung, ein Protest, ein neuer Kult oder vielmehr der Versuche, aus uralten Kulten wieder neue religiöse Möglichkeiten zu gewinnen.«

Die Reventlow, geboren auf Husum, kam 1893 erstmals kurz nach München und kehrte nach einer gescheiterten Ehe 1895 hierher zurück, um ihr Malstudium fortzusetzen. Sie pfiff auf gesellschaftliche Konventionen, lebte die freie Liebe und zog ihren unehelichen Sohn alleinerziehend auf. Sie stand mit allen wichtigen »Schwabingern« in Kontakt: von Theodor Lessing und Friedrich Huch, über Erich Mühsam, Oskar Panizza, Rainer Maria Rilke und Marianne von Werefkin bis zu Alexej von Jawlensky und Frank Wedekind. Ständig finanziell klamm, schlug sie

Fanny zu Reventlow mit ihrem Sohn Rolf

Die Faschingsfeste in der Schwabinger Brauerei waren legendär

sich als Übersetzerin, Sekretärin, Schauspielerin, Aushilfsköchin, Messehostess, Glasmalerin und immer wieder als Prostituierte durch. Meist lebte sie von der Großzügigkeit ihrer Männerbekanntschaften. Gelegentlich schrieb sie auch für den *Simplicissimus*, jene Satirezeitschrift, die Verleger Albert Langen in Zusammenarbeit mit Frank Wedekind 1896 gründete (siehe 1.42).

Der Dichter Wedekind (1864–1918) zählte zweifelsohne zu den schillerndsten Persönlichkeiten Wahnmochings. Mit spitzer Feder schrieb er nicht nur seine von der Zensur bekämpften Dramen, sondern auch bitterböse Texte fürs Kabarett »Elf Scharfrichter« und Satiren für den *Simplicissimus*. Der *Simplicissimus* ritt gnadenlose Attacken auf das Bürgertum und die Krone. Er hatte eine enorme Sogwirkung auf Kreative aus verschiedenen Disziplinen und sorgte dafür, dass dem »Schwabinger« Bohème nie der Nachwuchs ausging. Für ihn zeichneten u. a. Thomas Theodor Heine, Karl Arnold, Olaf Gulbransson und Ferdinand von Reznicek. In der Redaktion arbeiteten u. a. Korfiz Holm, Ludwig Thoma und Frank Wedekind und als Autoren lieferten z. B. Otto Julius Bierbaum, Hermann Hesse, Hugo von Hofmannsthal, Erich Kästner, Heinrich Mann, Thomas Mann, Gustav Meyrink, Arthur Schnitzler und Robert Walser ihre Texte.

Schwabylon und Schlawiner

Für den *Simplicissimus* arbeitete auch Alexander Roda Roda (1872–1945), auf den der Begriff »Schwabylon« zurückgeht. 1905 schrieb der Satiriker, dass sich München in zweierlei Einwohner aufteile: Menschen (also Bayern, Franken, Schwaben, Pfälzer und Tiroler) und Zugroaste (Preißen und alle anderen). Da heißt es dann: »Während die Menschen die innere Stadt München bevölkern, dann Bogenhausen, Giesing, Gern und Nymphenburg – halten sich Preißen und Schlawiner am liebsten in Schwabing auf, im Norden, wo man bei Nacht die Orgien schon von weitem erkennt an den beleuchteten Atelierfenstern. Die Schlawiner und Preißen reden untereinander russisch, kaukasisch und schottisch, es ist eine große Sprachenwirrung, darum heißt der Stadtteil Schwabylon …« Wobei der Begriff Schlawiner in jenen Tagen nicht nur bei Roda Roda als Synonym für Bohèmiens stand.

Noch einmal zurück zu Fanny zu Reventlow. Ihre literarische Aufarbeitung Schwabings erfolgte erst ab 1910, als sie München endgültig verlassen hatte und in Ascona lebte. In *Herrn Dames Aufzeichnungen* beschrieb sie hauptsächlich ihre Erlebnisse mit dem »Kosmiker«-Kreis um Karl Wolfskehl (1869–1948), den man wegen seiner

Schwabinger Zustände

Körpergröße »Zeus von Schwabing« nannte, Ludwig Klages, der Vormund für Fannys unehelichen Sohn wurde, und Alfred Schuler. Bei ihren Treffen in Wolfskehls Wohnung, Römerstraße 16, schwärmten die Kosmiker von einer Wiederbelebung antiker Religionen und Mythen und nannten »ihre« Fanny daher »heidnische Madonna«, »holsteinische Venus« oder »Wiedergeburt der Hetäre«.

Ludwig Kuba malte 1900 das Ölbild *Schüler der Malschule Ažbe arbeiten vor dem Modell.* Im Leopoldpark erinnert eine Büste an den genialen Malprofessor Anton Ažbe

Regelmäßiger Gast der Kosmiker in Wolfskehls »Kugelzimmer«, benannt nach der runden Lampe, war Stefan George (1868–1933). Der Dichter hatte den sogenannten Georges-Kreis ins Leben gerufen, zu dem wiederum auch Wolfskehl zählte. Später scharte George wie ein Hohepriester junge Männer um sich, die bei ihm willig diverse Schreibübungen absolvierten und sich dem Meister dann ebenso willig körperlich hingaben. Theodor Lessing nannte George spöttisch »Weihestefan«, denn dieser »legte Wert auf Form und Kleid. Band sich, wozu wir Leichtfüßigen keine Neigung hatten, sorgsam vor dem Spiegel eine Halskrause, blickte in die Modemagazine, betrachtete neue Schmuckformen, lobte Tuche und Seiden, bespiegelte aufmerksam im Glase die gute Ordnung seiner Krawatte«.

Zumindest was Haltung und Kleidung anging, war auch Thomas Mann (1875–1955) wie Stefan George ein Exot in Schwabing. »Ich bin ein Mensch von Erziehung, ich trage saubere Wäsche und einen heilen Anzug und finde schlechterdings keine Lust dabei, mit ungepflegten jungen Leuten an absinthklebrigen Tischen anarchistische Gespräche zu führen«, so distanzierte er sich von der Bohème. Thomas Mann zog mehrmals innerhalb Schwabings um, in der Feilitzschstraße vollendete er seine *Buddenbrooks*. In der Erzählung *Gladius Dei*, die mit den berühmten Worten »München leuchtete« beginnt, beschrieb er den Geist Schwabings – den Geist vielleicht. Doch wenn man genau liest, muss man auch hier feststellen, dass die Orte, die Mann beschreibt, in der Maxvorstadt liegen. Im Gegensatz zu Thomas fühlte sich sein Bruder Heinrich Mann (1871–1950) mehr zu den Bohèmiens hingezogen, er stürzte sich mitten rein ins Geschehen.

Von Kandinsky bis Klee

Natürlich prägten nicht nur Literaten die Bohème. Durch die Kunstakademie hatte sich München zur weltbedeutenden Kunstmetropole entwickelt. Die Malerfürsten Lenbach, Kaulbach und Stuck beherrschten zwar die Szene. Doch von München gingen wichtige Impulse für die moderne Kunst des 20. Jh. aus. Ernst Ludwig Kirchner, Giorgio de Chirico, August Macke, Alfred Kubin, Lovis Corinth, Ernst Oppler oder Paul Klee, Wassily Kandinsky, Alexej Jawlensky, Gabriele Münter, Marianne von Werefkin und Franz Marc studierten und arbeiteten hier – um nur ein paar Namen zu nennen. Im Umkreis der Akademie siedelten sich auch viele private Kunstschulen an, die (welch Skandal!) sogar Frauen aufnahmen und unterrichteten. Fanny zu Reventlow zählte zu jenen »gschlamperten Malweibern«. Sie sowie Kandinsky, Jawlensky und viele andere besuchten die bekannteste und wichtigste Malschule jener Tage, die von Anton Ažbe (1862–19905) in der Georgenstraße 16. Ažbe galt als genial, nicht wenige verließen die Kunstakademie, um bei ihm zu studieren. Später gründete Kandinsky in der Hohenzollernstraße 21 eine Künstlergruppe, die auch Malschule war, die »Phalanx«. Hier studierte Gabriele Münter, Kandinskys spätere Lebensgefährtin.

Die große Zeit der Schwabinger Bohème endete abrupt mit dem Ersten Weltkrieg. Statt Freigeist wehte danach vor allem Reaktionäres durch Schwabings und Münchens Straßen. Bis schließlich einer, der wahnsinnig gerne zu den Schwabinger Zirkeln gehört hätte, aber sowohl an der Kunstakademie als auch von den Bohèmiens abgelehnt worden war, allem endgültig den Garaus machte: Adolf Hitler.

Zur Sache, Schätzchen!

In der Nachkriegszeit genoss Schwabing eine Renaissance als Künstlerviertel, wobei da schon der Kommerz überwog. Das Nachtleben pulsierte mit einer lebendigen Clubszene. Diskotheken und kleine Liveclubs machten Schwabing zum Amüsierviertel. Vor allem die Hip-

pieszene entdeckte die Gegend um die Münchner Freiheit für sich.

Künstlerisch stachen in der Nachkriegszeit die vielen kleinen neuen Theater hervor, die diesmal wirklich in Schwabing lagen/liegen, darunter die Lach- und Schießgesellschaft, Heppel und Ettlich, Theater 44 oder das Rationaltheater. Auch der junge deutsche Film trug zu einem neuen Schwabingfeeling bei: *Zur Sache, Schätzchen* von May Spils, der 1968 in die Kinos kam, dreht sich um einen lässigen Schwabinger Lebenskünstler (Werner Enke) am Vorabend der 68er-Unruhen. Uschi Glas wurde durch den Film zum Star.

Filmschaffende wie Werner Herzog, Edgar Reitz, Alexander Kluge, Peter Schamoni, Bernd Eichinger, Helmut Dietl und Volker Schlöndorff leb(t)en und arbei(te)ten hier. Ebenso viele Schauspieler. Und in den bairischen

Regisseurin May Spils (Mi.) mit Werner Enke und Uschi Glas bei den Dreharbeiten von *Zur Sache, Schätzchen*

Komödien von Regisseur Klaus Lemke, der mit Cleo Kretschmer und Wolfgang Fierek das Traumpaar des Münchner Films kreierte, wirkte ganz München wie ein Teil Schwabings. Nicht zu vergessen die beliebten Vorabendserien, allen voran *Der Bastian* in den 1970ern mit Horst Janson und natürlich Helmut Dietls *Monaco Franze* mit Helmut Fischer und *Kir Royal* in den 1980ern … Helmut Dietl war es dann auch, der 1997 mit dem Film *Rossini – oder die mörderische Frage, wer mit wem schlief* einen – wenn auch sehr späten – bittersüßen Abgesang auf die Schwabinger Kreativszene der Nachkriegszeit schuf. Vorlage für das Filmlokal *Rossini*, Lieblingstreff der Bussibussi-Schickeria Schwabings, war der Edelitaliener Romagna Antica in der Elisabethstraße 52. Ein Denkmal für die Münchner Studentenszene der 1960er setzte Edgar Reitz mit seiner 13-teili-

Schwabinger Zustände

gen Serie *Zweite Heimat – Chronik einer Jugend* von 1992.

Schwabing – das sind Zustände!

Als einzige wichtige Künstlergruppe der Avantgarde nach 1945 konnte sich die 1957 gegründete Gruppe SPUR etablieren, die sich 1965 auflöste. Literarisch schlug sich der neue Schwabingboom in dem 1951 erschienenen Gedichtband *In der Traumstadt* von Peter Paul Althaus (1892–1965) nieder. Althaus, kurz PPA genannt, hatte vor dem Krieg das Kabarett Zwiebelfisch betrieben. Nun schrieb er: »Schwabing ist kein Zustand. Schwabing – das sind Zustände.«

PPA hatte 1948 den heute noch existierenden Künstlerkreis »Seerose«, benannt nach einem gleichnamigen Lokal in der Feilitzschstraße 32, gegründet und sich selbst zum »Bürgermeister der Traumstadt« ernannt. Münchens OB Hans-Jochen Vogel sprach PPA daher immer als »Kollegen« an. In der Wohnung des Malers Oswald Malura in der Kaulbachstraße 75 fanden auch nach PPAs Tod bis 1977 Traumstadt-Treffen statt. Unter dieser Adresse sitzt seit 2010 der Verein »Rettet die Traumstadt!«, der sich bemüht, der Traumstadt neues Leben einzuhauchen. Am 1. Mai 2014 kürte der Verein den damals noch amtierenden Münchner Oberbürgermeister und Urschwabinger Christian Ude zum Nachfolger PPAs und damit zum neuen »Bürgermeister der Traumstadt«.

Althaus zählte 1961 zu den Preisträgern des erstmals verliehenen Schwabinger Kunstpreises. Das Kulturreferat

Publikationen der SPUR Künstlergruppe

der Stadt München hatte auf Initiative des wegen seiner NS-Vergangenheit durchaus umstrittenen Schriftstellers Florian Seidl und Hans Dürrmeier, damals Mitgesellschafter der Süddeutschen Zeitung, die Auszeichnung ins Leben gerufen, um Personen oder Institutionen zu ehren, die ihren Sitz in Schwabing haben oder deren Leistungen »im Sinne der Schwabinger Tradition« stehen. Die Preise werden heute durch eine fünfköpfige Jury ermittelt. Seit 2013 werden drei Preise zu je 5 000 Euro vergeben, zuvor waren es zwei zu je 5 000 Euro und ein undotierter Ehrenpreis.

»Ja, in Schwabing gibt's a Kneipn …«

Und heute? Der Name Schwabing zieht immer noch in aller Welt. Doch selbst alteingesessene Schwabinger müssen zugeben, dass der »Zustand« keiner mehr ist. Der Schritt von angesagt zu überkandidelt ist nur ein kleiner. Schwabing musste das als Erstes erleben, was heute unter dem Schlagwort Gentrifizierung in aller Munde ist: die Luxusmaximierung um jeden Preis und vor allem auf Kosten der kreativen Szene. Das Schwabing-Bashing und die Abgesänge begannen bereits in den späten 1970ern. Wer jung und kreativ war, zog Anfang der 80er längst nicht mehr nach Schwabing, sondern nach Haidhausen. Nicht umsonst sang die Spider Murphy Gang 1981 so treffend: »Ja, in Schwabing gibt's a Kneipn, die muaß ganz was bsonders sei, da lassns solche Leit wie mi und mi erst gar net nei. In d'Schickeria, in d'Schickeria.« Das lässt sich zwar wunderbar auch allgemein verstehen, bezog sich bei der Gang aber ganz konkret auf den einst angesagten Club Klappe, dessen Türsteher die Bandmitglieder abgewiesen hatte. Die Klappe musste 1980 schließen, weil sich der Bruder des Wirts Mischa auf der Toilette zu Tode gekokst hatte. Das nahm Münchens einziger CSU-OB Erich Kiesl zum Anlass, die Sperrstunde durchzusetzen und das einst feierverwöhnte, die Nacht

Vor dem Café Münchner Freiheit sitzt der Monaco Franze. Die Bronzestatue des Schauspielers Helmut Fischer in seiner Paraderolle schuf Bildhauer Nikolai Tregor.

zum Tag machende München versank bis in die 90er-Jahre in tiefster Provinzialität.

Eine böse Zeile dichtete auch die Biermösl-Blosn: »Und Schwabing, du Münchens Genitalbereich | exhibitioniert, prostituiert, geschlechtskrank, aber reich | du Stadtteil der Münchner Künstler, der großen | stattm Hirn bloß noch Gschäftssinn drin in da Hosn …« Von der »schönsten Tochter« hin zum geldgeilen »Flitscherl«? Dass entlang der Leopoldstraße heute keine jungen, aufstrebenden Künstler mehr ihre Bilder zum Verkauf anbieten, sondern hoch professionelle Mainstreammaler, dürfte niemand leugnen. Ebenso, dass es kaum noch Kunstgalerien in Schwabing gibt. Aber Wandel gehört dazu. Immer noch haben etliche Künstler ihre (Wohn-)Ateliers in Schwabing. Und die junge Off-Theaterszene rings um Vereinsheim und Lustspielhaus mischt inzwischen gehörig die bundesdeutsche Kulturlandschaft auf. Es bleibt also spannend …

Der Bildermarkt auf der Leopoldstraße in den 1960ern

Auf Wikipedia hat man sich die Mühe gemacht, jene Literaten zusammenzutragen, die zumindest zeitweise in Schwabing lebten – wobei man auch hier die Maxvorstadt mit einbeziehen muss –, sowie deren literarische Werke, die sich explizit auf Schwabing oder München beziehen (Titel und Entstehungsjahr in Klammern):

Peter Paul Althaus (*In der Traumstadt*, 1951), Paul Alverdes, Alfred Andersch (*Der Vater eines Mörders*, 1980), Anonymus (*Der Weg ins neue Reich*, 1913), Anita Augspurg, Hugo Ball, Johannes R. Becher (*München in meinem Gedicht*, 1946), Leo Benario (*Die neue Religion*, 1912), Margarete Beutler (*Leb wohl, Bohème*, 1911), Otto Julius Bierbaum (*Prinz Kuckuck*, 1908), Helene Böhlau (*Halbtier*, 1899), Bertolt Brecht, Lena Christ (*Erinnerungen einer Überflüssigen*, 1912), Michael Georg Conrad (*Was die Isar rauscht*, 1888), Anna Croissant-Rust, Albert Daudistel (*Die lahmen Götter*, 1924), Max Dauthendey, Ludwig Derleth (*Proklamationen*, 1904), Otto Falckenberg (*Das Buch von der Lex Heinze*, 1900), Lion Feuchtwanger (*Erfolg*, 1930), Leonhard Frank (*Die Räuberbande*, 1914), Friedrich Freksa (*Der rote Föhn*, 1925), Alexander Moritz Frey (*Solneman der Unsichtbare*, 1920), Ludwig Ganghofer, Stefan George, Marie Amelie von Godin (*Unser Bruder Kain*, 1919), Claire Goll (*Der gestohlene Himmel*, 1962), Oskar Maria Graf (*Wir sind Gefangene*, 1927), Hans von Gumppenberg, Johannes von Günther, Max Halbe (*Die Elixiere des Glücks*, 1942), Franz Hessel (*Der Kramladen des Glücks*, 1913), Alfred Walter Heymel, Rolf von Hoerschelmann (*Leben ohne Alltag*, 1947), Friedrich Huch, Ricarda Huch, Norbert Jacques (*Dr. Mabuse, der Spieler*, 1922), Hermann Jaques (*Münchens Ende*, 1903), Erich Kästner, Bernhard Kellermann (*Yester und Li*, 1904), Eduard von Keyserling (*Beate und Mareile*, 1909), Klabund (*Marietta*, 1920), Ludwig Klages, Wolfgang Koeppen (*Tauben im Gras*, 1951), Annette Kolb (*Daphne Herbst*, 1928), Alfred Kubin (*Die andere Seite*, 1909), Isolde Kurz (*Vanadis*, 1931), Gustav Landauer, Heinrich Lautensack, Gert Ledig (*Faustrecht*, 1957), Mechtilde Lichnowsky (*Der Lauf der Asdur*, 1936), Josef Maria Lutz (*Das himmelblaue Fenster*, 1948), Carl Georg von Maassen (*Der grundgescheute Antiquarius*, 1920 ff.), Heinrich Mann (*Die Jagd nach Liebe*, 1925), Thomas Mann (*Doktor Faustus*, 1947), Kurt Martens (*Roman aus der Décadence*, 1897), Ret Marut (= B. Traven), (*Der Ziegelbrenner*, 1917–1921), Gustav Meyrink, Christian Morgenstern, Erich Mühsam (*Namen und Menschen*, 1949 posthum), A. de Nora (*Nazi Semmelbachers Hochzeitsreise*, 1910), Oskar Panizza (*Abschied von München*, 1897), Anton von Perfall (*Die Malschule*, 1907), Georg Queri, Friedrich Percyval Reck-Malleczewen (*Bockelson*, 1937), Hans Reiser (*Yatsuma*, 1926), Gabriele Reuter (*Aus guter Familie*, 1895), Fanny Gräfin zu Reventlow (*Herrn Dames Aufzeichnungen*, 1913), Rainer Maria Rilke, Joachim Ringelnatz (*Mein Leben bis zum Kriege*, 1931), Roda Roda (*Schwabylon oder der sturmfreie Junggeselle*, 1921), Eugen Roth, Josef Ruederer (*Das Erwachen*, 1916), Oscar A. H. Schmitz (*Wenn wir Frauen erwachen*, 1913), Rudolf Alexander Schröder, Alfred Schuler, Ina Seidel (*Drei Städte meiner Jugend*, 1960), Willy Seidel (*Jossa und die Junggesellen*, 1930), Sigi Sommer (*Und keiner weint mir nach*, 1953), Edgar Steiger, Ludwig Thoma (*Münchnerinnen*, 1923), Ernst Toller (*Eine Jugend in Deutschland*, 1933), Karl Valentin, Jakob Wassermann (*Die Geschichte der jungen Renate Fuchs*, 1901), Frank Wedekind, Wilhelm Weigand (*Wunnihun*, 1920), Karl Wolfskehl, Ernst von Wolzogen (*Das dritte Geschlecht*, 1899).

Englischer Garten Nord
stark verkleinerter Kartenausschnitt

Schwabinger Bach

Oberstjägermeisterbach

Seebach

Eisbach

Rumfordschlössl

Chinesischer Turm

Ökonomiegebäude

Entenbach

Monopteros

Libellenteich •

Entenfallweiher •

Schwammerweiher •

Freiman

2.15

2.14

2.1 Englischer Garten

Zunächst wünschte der Kurfürst eigentlich nur einen Militärgarten vor den Toren der Stadt. Karl Theodor regierte seit 1777 eher widerwillig Bayern, denn nachdem der letzte bayerische Wittelsbacher kinderlos verstorben war, musste Karl Theodor aus Mannheim nach München umziehen, um Kurfürst zu werden. Mehrfach versuchte Karl Theodor, das ungeliebte Bayern bei den Österreichern gegen die österreichischen Niederlande einzutauschen, was aber misslang. Dafür hassten die Münchner ihren Regenten fortan aufs Herzlichste. Dabei verdanken die Münchner dem Kurfürsten enorm viel. Unter anderem diesen kleinen Militärgarten, der die Keimzelle zu etwas gigantisch Großem wurde. Der aus Massachusetts stammende bayerische Kriegsminister Benjamin Thompson (ovales Bild oben), später zum Reichsgrafen von Rumford geadelt, hatte die Ausgangsidee. 1789 verfügte Karl Theodor, dass in jeder bayerischen Garnisonsstadt

Militärgärten anzulegen seien, damit die Soldaten in ihrer Freizeit Gemüse züchten könnten und nicht auf dumme Gedanken kämen. Als Gelände hierfür bestimmte er die Wiese neben dem neuen Wohngebiet Schönfeldvorstadt (heute Teil der Maxvorstadt rings um die Schönfeldstraße). Der erste Spatenstich erfolgte im Juli. Schon einen Monat später, am 13. August 1789, dem heute offiziellen Geburtsdatum des Englischen Gartens, gab Karl Theodor die Order, das Gebiet östlich des Militärgartens in einen öffentlichen Park umzuwandeln. Unter der Oberaufsicht von Benjamin Thompson ging Höfgärtner Friedrich Ludwig von Sckell daran, den Garten im englischen Stil anzulegen – der englische Stil orientierte sich an der Natur, tat so, als wäre es eine natürlich entstandene Landschaft –, im Gegensatz zum bis dahin sehr beliebten französischen, geometrisch angelegten Garten. 1792 wurde die Anlage den Münchnern übergeben. Es war der erste Park dieser Art in ganz Europa. 1798 übernahm Reinhard Freiherr von Werneck die Leitung des Gartenprojekts. Unter ihm wurde der Garten 1799 ein enormes Stück nach Norden um die Gebiete der Hirschau bis hinauf zum Aumeister erweitert, ein Jahr später kam der inzwischen aufgelassene Militärgarten hinzu und Werneck ließ den Kleinhesseloher See anlegen. 1804 ernannte Max Joseph, der neue Kurfürst, Ludwig von Sckell zum Leiter der bayerischen Hofgärtintendanz. Sckell prägte entscheidend das heutige Erscheinungsbild des Englischen Gartens und behielt den Intendantenposten bis zu seinem Tod 1823. Heute wird der Englische Garten durch den Isarring, ein Teilstück des Mittleren Rings, durchschnitten. Eine Initiative kämpft seit 2010 dafür, den Verkehr in einen Tunnel zu verbannen, um die Parkteile wieder zu vereinen. Das Gebiet zwischen Isarring und Prinzregentenstraße ist der am häufigsten besuchte Teil des Englischen Gartens. Hier stehen auch die bekannten Bauten. Meist wird der ganze Garten fälschlicherweise Schwabing zugeschlagen, dabei gehört die »Keimzelle« südlich der Linie zwischen Tivoli- und Ohmstraße zum Lehel. So auch der

Der Chinesische Turm

Chinesische Turm, der Monopteros und die legendäre Nackertenwiese am »Eisbach«, der hier in Wahrheit der Schwabinger Bach ist. Im Norden, also wirklich in Schwabing, gibt es noch ein FKK-Gelände an der Schwabinger Bucht.

Chinaturm

Dennoch hier ein paar Worte zum Wahrzeichen des Gartens, dem Chinesischen Turm. Er wurde 1789/90 nach dem Vorbild der »Großen Pagode« im königlichen Schlossgarten Kew Gardens in London, die sich wiederum an einer Pagode aus dem Xiangshan-Park in Peking anlehnt, erbaut. Den 25 m hohen Holzturm baute Joseph Frey nach Plänen von Baptist Lechner. Der heutige Turm ist längst nicht mehr der originale, denn er brannte mehrfach ab. Zuletzt im Juli 1944. Der heutige, originalgetreu errichtete Turm stammt aus dem Jahr 1952. Der Biergarten am »Chinaturm«, wie die Münchner ihn einfach nennen, fasst 7 000 Gäste und ist damit der zweitgrößte Münchens. Seit 1989 findet hier wieder jährlich am dritten Sonntag im Juli zwischen 6 und 10 Uhr morgens der Kocherlball statt. Der Kocherlball geht auf eine Veranstaltung der Münchner Hausangestellten aus dem 19. Jh. zurück. Man traf sich am Sonntag in aller Herrgottsfrühe zwischen 5 und 8 Uhr zum Tanz am Chinaturm, denn danach mussten alle sofort wieder an die Arbeit.

Brücken

Im englischen Garten warten über 100 Brücken und Stege darauf, überquert zu werden. Von Altschwabing aus betritt man den Englischen Garten über die Gunezrainerbrücke. Sie ist komplett aus Eisenbeton mit einem 12 m weitem Bogen, erbaut 1906. Hier stand einst eine Holzbrücke. Eine Auswahl an weiteren Brücken:

Oberstjägermeisterbach
- Carl-Theodor-Brücke
- Riedelsteg
- Prinz-Carl-Brücke
- Blaue Brücke
- Effnerbrücke
- Fasanensteg
- Entenfallbrücke

Schwabinger Bach
- Ohmbrücke (Fortsetzung der Ohmstraße)
- Martiusbrücke (Fortsetzung der Thiemestraße mit der von Bussen genutzten Teerstraße durch den Englischen Garten)
- Liebergesellsteg (Fortsetzung der Liebergesellstr.)
- Zistlersteg
- Sulzbrücke
- Alte-Heide-Steg
- Aumeisterbrücke

Bäche

Drei Bäche durchfließen nebeneinander den Englischen Garten. Von der Innenstadt aus beginnt der **Schwabinger Bach** als Fortsetzung des Köglmühlbachs direkt am Altstadtring, Von-der-Tann-Straße. Der Schwabinger Bach fließ auf einer Länge von 6 670 m an der Gartenwestseite bis zum Aumeister, von da an heißt er Schwabinger Altbach, der schließlich nach 5,2 km bei Garching in die Isar mündet.

Der **Eisbach** tritt beim Haus der Kunst im Lehel aus seinem unterirdischen Bett. Auch er ist eine Ableitung aus der Isar. Der Eisbach verläuft im östlichen Gartenteil rund 3 000 m, bis er hinter dem Tivolikraftwerk wieder in die Isar mündet.

Der dritte große Bachlauf ist der **Oberstjägermeisterbach**, der etwa in Höhe der Himmelreichstraße aus dem Eisbach ausgeleitet wird. Nach 5 500 m mündet er beim Aumeister in den Schwabinger Bach.

Der 642 m lange Seebach ist ein Kanal, der vom Oberstjägermeisterbach abzweigt und den Kleinhesseloher See speist.

Ein kleines Vogelschutzgebiet ist die Insel im Reitbach, einer ca. 200 m langen Ausleitung des Oberstjägermeisterbaches nördlich des Ernst-Penzoldt-Wegs.

Ökonomiegebäude (o.) und Rumfordschlössl (u.)

Südlich an den Turm schließen sich die **Ökonomiegebäude** an, die einstmals als landwirtschaftlicher Musterbetrieb gedacht waren. Hier hat heute die Verwaltung des Englischen Gartens ihren Sitz.

Rumfordschlössl

Auch nicht auf Schwabinger Grund steht das Rumfordhaus, gerne auch Rumfordschlössl genannt. Das Gebäude im klassizistischen Stil entwarf Baptist Lechner 1791. Es diente zunächst als Offizierskasino, dann für höfische Zwecke. Nach dem Zweiten Weltkrieg wurde das stark heruntergekommene Rumfordschlössl renoviert, dabei unterteilte man den großen Saal, aus dem fast das ganze Gebäude bestand, in zwei Stockwerke und mehrere Räume. 1966 wurde das Schlössl dem Kreisjugendring München-Stadt als Freizeitheim überlassen. Heute ist es unter dem Namen »Natur- und Kulturtreff« bekannt, die Schwerpunkte liegen bei Umweltpädagogik, Kinderkultur und Hausaufgabenbetreuung.

Seit Jahren kämpfen Initiativen dafür, dass der Englische Garten durch einen Tunnelbau wiedervereinigt wird

Bootsverleih am Kleinhesseloher See

Wintervergnügen für Schlittschuhläufer am Tivoli 1910

2.2 Tivoli

Der Name Tivoli tauchte erstmals 1808 auf. Der Münchner Bankier Raphael Kaula hatte seine von Stadtbaumeister Hoechl im klassizistischen Stil erbaute Sommerresidenz zwischen dem Lehel und Schwabing so genannt. Im gleichen Jahr erbaute Adrian von Riedl in unmittelbarer Nachbarschaft an einem Seitenkanal des Eisbachs seine »Neumühle« (siehe 2.3). 1830 wurde das Kaula-Anwesen zur Ausflugswirtschaft »Zum Tivoli« umgebaut. Tivoli, eigentlich eine Stadt bei Rom, war damals eine beliebte Bezeichnung für Vergnügungsparks. Die Besucher erwartete hier neben einem Kaffeepavillon ein Karussell und ein vom Eisbach gespeistes Schwimmbad. Schon neun Jahre später kaufte die benachbarte Ludwigs-Walzmühle den Tivoli auf, der Gastronomiebetrieb blieb bis 1923 erhalten und wurde danach abgerissen.

2.3 Ludwigs-Walzmühle • Tucherpark

Adrian Riedl, der Erbauer des Isardamms, kaufte 1808 ein ca. 30 Tagwerk großes Grundstück neben dem Sommerhaus des Bankiers Raphael Kaula. Er ließ sich eine Getreidemühle bauen, die mit dem Wasser eines eigens dafür angelegten 300 m langen Seitenkanals des Eisbachs betrieben wurde. Noch vor Fertigstellung verkaufte Riedl sein »Neumühle« genanntes Anwesen. 1837 erwarb der Unternehmer Christian August Erich für 41 000 Gulden die Neumühle, ließ ein weiteres Mühlengebäude errichten und gründete die Ludwigs-Walz-Mühl-AG. Prompt bekam Erich Ärger mit den Münchner Müllern, denn seine Mühle stand auf Schwabinger Grund, und er verkaufte sein Mehl trotzdem auch nach München. 1873 übernahm eine neue Aktiengesellschaft das Anwesen, das fortan den Namen »Kunstmühle Tivoli« trug. Die Mühle blieb noch bis zum

Das Park-Hilton steht auf dem Gelände der Mühle

Neubauten konkurrieren mit den Bauten von Sep Ruf

![Ansicht der Ludwigs-Walzmühle aus dem Jahr 1855, Lithografie von W. Stähle](Ludwigs-Walzmühle zu Tivoli bei MÜNCHEN.)

Ansicht der Ludwigs-Walzmühle aus dem Jahr 1855, Lithografie von W. Stähle

31. März 1969 in Betrieb, wurde dann abgerissen und mit dem Parkhotel Hilton nach Plänen des Münchner Architekten Sep Ruf bebaut.

Statt um feines Mehl geht es auf dem Gelände inzwischen längst um das große Geld: 1969 erwarb die Bayerische Vereinsbank (heute UniCredit Bank bzw. HypoVereinsbank) das Areal, wo sie ihr technisches Zentrum und mehrere Verwaltungsgebäude sowie ein Sportzentrum mit Schwimmhalle und Tennisplätzen errichtete. Die Planung der Anlage übernahm Architekt Sep Ruf. Ab 2013 entstanden auf dem Gelände zusätzlich der Bürokomplex »Tivoli Office« und die Wohnanlage »Tivoli Garden« mit 30 Eigentumswohnungen. Das einstige Tivoli wurde nach Hans Christoph von Tucher, von 1959 bis 1968 Vorstandssprecher der Bank, in Tucherpark umbenannt.

Skulpturengarten Tucherpark

In den Grünflächen zwischen den Bürokomplexen des Tucherparks befindet sich ein frei zugänglicher Skulpturengarten mit Brunnen und Plastiken, die zur Kunstsammlung der Bayerischen Vereinsbank, heute UniCredit Bank, gehören. Die Werke im Einzelnen sind: *Zwillingsplastik* von Isamu Noguchi (1972), *Zeichen 74* von Bernhard Heiliger (1975), *Große Torfigur* von Fritz Koenig (1986), *Ying-Yang-Brunnen* von Otto Wesendonc (1986), *Junge mit Schwan* von Lothar Dietz (1953), *Windhunde* von Gailliard-Sansonetti (1897) und *Die Last* von Elfe Gerhart.

Der *Ying-Yang-Brunnen* im Tucherpark

2.4 Kleinhesselohe

Sie wollten Bier und eine Wurschtsemmel! Als der Englische Garten Ende des 18. Jh. angelegt wurde, mussten die Arbeiter und Gärtner versorgt werden. Also errichtete der Parkwächter Joseph Tax auf einer sumpfigen Wiese mit vielen Haselstauden südöstlich des Dorfs Schwabing im Jahr 1790 eine kleine Bierzapferei, die ab 1791 den Namen »Heselloh« bekam. Der Name leitete sich ab von »Hesel« = Hasel(staude) und »Lohe« = lichter Wald, also ein lichter Wald von Haselstauden; dazu kam

Am Kleinhesseloher See

dann das »Klein-« im Gegensatz zu Großhesselohe bei Pullach. Schnell wurde der Ausschank ein Erfolg, bald bot man auch andere Getränke und kleine Speisen an. Dank eines hölzernen Tanzschuppens entwickelte sich Kleinhesselohe zu einer beliebten Ausflugsgaststätte im neuen Park, zumal Gartenarchitekt Reinhard von Werneck 1803 in der Nähe dann den Kleinhesseloher

Das Seehaus im Jahr 1938

See anlegte. Ab 1807 erweiterte Wernecks Nachfolger Friedrich Ludwig von Sckell den See auf seine heutige Größe von 86 410 m². Dabei entstanden die drei kleinen Inseln, die Königs-, die Regenten- und die Prinzeninsel. Das Wasser rückte damit direkt an die kleine Wirtschaft heran. Das schmucke Bootshaus mit Speisegaststätte, das Gabriel von Seidl 1882/83 errichtete, musste 1935 einem Neubau von Rudolf Esterer weichen. 35 Jahre später riss man dann Esterers Ausflugswirtschaft nieder und wollte einen repräsentativen Neubau verwirklichen, der aber zu teuer wurde. Also mussten sich Aus-

flügler bis 1985 mit provisorischen Behelfsbauten begnügen. Seitdem steht nun das heutige Seehaus nach Entwürfen von Ernst Hürlimann und Ludwig Wiedemann am Kleinhesseloher See.

Weitere Seen und Teiche

Im nördlichen Teil des Gartens fließt der Oberstjägermeisterbach durch den **Schwammerlweiher**, in dem eine kleine Insel liegt. Der Bach durchfließt dann den **Entenfallweiher**, der wiederum den Libellenteich speist. Das Wasser fließt vom **Libellenteich** zurück in den Bach.

2.5 Sckell-Denkmal

Der Staub vergeht, der Geist besteht« oder »Auch du, Lustwandler, ehre das Andenken des Biedermannes«, solche schönen Sprüche zieren den Fuß des Sckell-Denkmals direkt am Nordufer des Kleinhesseloher Sees. Leo von Klenze entwarf und Bildhauer Ernst von Bandel schuf das Denkmal, das 1824 errichtet wurde, ein Jahr nach dem Tod Friedrich Ludwig von Sckells. Auf einem quadratischen Sockel ragt eine 6 m hohe, korinthische Säule empor, aus der in ca. 2 m Höhe Frauengestalten heraustreten. Ganz oben auf dem Kapitel dient ein Pinienzapfen als dekorativer Abschluss. Die heutige Säule ist jedoch nicht das Original. Wind und Wetter hatten der Säule so zugesetzt, dass die 1932 entfernt werden musste. Sieben Jahre später schuf der Bildhauer Georg Pezold die Kopie, die heute noch steht.

2.6 Werneck-Denkmal

Am Nordostufer des Sees befindet sich das Werneck-Denkmal zu Ehren von Reinhard von Werneck. König Ludwig I. gab es in Auftrag, den Entwurf machte Leo von Klenze. Doch welcher Steinmetz oder Bildhauer das 1838 errichtete Werk schuf, ist nicht überliefert. Das Denkmal aus Kelheimer Muschelkalk ist 6,38 m hoch.

2.7 Eisenwerk Maffei

Sehr zum Ärger von Chefgärtner Friedrich Ludwig von Sckell, der den Englischen Garten als reines Erholungsgebiet sah, zog die Industrie in den Park. 1814 genehmigte man dem Betreiber der Hofhammerschmiedmühle, in der Hirschau am Eisbach einen Eisenhammer zu betreiben. Diesen Lindauschen Eisenhammer kaufte 1838 der Geschäftsmann Joseph Anton von Maffei für 57 000 Gulden. Das Hammerwerk lag zwar verkehrstechnisch sehr ungünstig, aber energiemäßig äußerst günstig, denn der Eisbach lieferte die nötige Wasser-

kraft. Maffei ließ das Werk zu einer modernen Fabrik ausbauen und warb aus England Ingenieure, Werkmeister und Vorarbeiter an, die gemeinsam mit den einheimischen Arbeitern Lokomotiven bauten. Am 9. September 1841 verkündete Maffei seiner Majestät, dass die erste bayerische Lok fertig sei und bat untertänigst um einen Namen für sie. König Ludwig I. antwortete: »Mit vielem Vergnügen erfuhr ich des Dampfwagens Erbauung aus München und dem ausgesprochenen Wunsch gemäß, dass ich ihm einen Namen geben möchte, soll er ›Der Münchener‹ heißen.« Mit dem Münchener kam Maffei auf Erfolgskurs. Den großen Durchbruch brachte 1851 der Sieg einer Maffei-Lokomotive beim Simmering-Wettbewerb, der internationale Aufträge nach sich zog. Obwohl sie Eisenbahnen herstellte, besaß die Firma allerdings bis 1901 keinen Gleisanschluss. Die fertigen Loks mussten auf Pferdewagen durch den Englischen Garten bis zum Hauptbahnhof gezogen werden. Die dann gebaute Gleistrasse entspricht dem heutigen Ernst-Penzoldt-Weg. »Die neue Bahn hat zwar der Maffei'schen Fabrik großen Kostenaufwand – ca. 150 000 M. – bereitet, doch werden sich diese Kosten lohnen, da von jetzt ab die kostspieligen Transporte der Lokomotiven durch die Stadt mit Straßenlokomotiven entfallen und auch alle für die Fabrik bestimmten Waggons direkt dort hingeschafft werden können, die Beförderung mit Fuhrwerk also entfällt«, schrieb die Augsburger Abendzeitung am 10. März 1902.

Bis 1908 verließen 8 165 Lokomotiven das Werk. Neben Loks produzierte man auch Dampfturbinen, stählerne Eisenbahnbrücken und insgesamt 44 Dampfschiffe. Der erste Schaufelraddampfer wurde auf den Namen »Ma-

Das Maffeische Eisenwerk 1848

ximilian« getauft und fuhr ab 1851 auf dem Starnberger See. Zeitweise beschäftigte Maffei mehr als 2000 Arbeiter. Die brauchten Unterkünfte. Zum Teil errichtete Maffei Werkswohnungen (wie an der Gyßlingstraße). Findige Bauunternehmer zogen entlang der Straßen günstige Mietskasernen hoch. Und so verwandelte sich das zuvor ländliche Schwabing in eine Arbeitersiedlung. Doch Ende des Ersten Weltkriegs drohte der wirtschaftliche Abstieg. 1926 übernahm Carl August Canaris die Geschäftsführung. Er erweiterte die Produktpalette, man produzierte nun auch Sattelschlepper und Straßen-

walzen. Canaris setzte auch ganz auf Motorkraft. Bislang eingesetzte Ochsen und Pferde überließ er dem Betriebsrat. Der wiederum gab sie der Betriebskantine, die in der eigenen Schlachterei das Zeitalter der Arbeitstiere endgültig beendete. Trotz Canaris' Modernisierungen konnte das Werk nicht gerettet werden. 1931 übernahm der Konkurrent Krauss die Firma, führte sie zu Krauss-Maffei zusammen und verlegte sie nach Allach. Die Fabrikanlagen in der Hirschau wurden ab 1935 sukzessive abgerissen.

Zugpferde oder Dampftraktoren schleppten die fertigen Lokomotiven vom Maffei-Werk in der Hirschau quer durch München (hier vor der Kunstakademie) bis zum Hauptbahnhof, Foto von 1896

2.8 Tivoli-Kraftwerk

Das Kraftwerk ist das letzte Überbleibsel der Lokomotivenfabrik Maffei. Es wurde 1895/96 errichtet. Drei Turbinen, zwei Wasserräder und eine 300 PS starke Dampfmaschine lieferten die nötige Energie. 1901 baute man drei Francis-Turbinen ein, jede leistete 330 PS. 1931, nach der Fusion von Krauss und Maffei und der Fabrikstillegung, ging zunächst auch das Kraftwerk außer Betrieb. 1948 reaktivierte es die Tivoli-Kunstmühlen AG als Stromlieferant für ihre Getreidemühle. Seitdem heißt es Tivoli-Kraftwerk. Seit dem Ende der Tivoli-Kunstmühle 1969 betreibt die Tivoli-Grundstücks AG das Kraftwerk, der Strom wird ins öffentliche Netz eingespeist. Die inzwischen denkmalgeschützte Anlage wurde 1986 technisch generalüberholt. Zwei der alten Turbinen ersetzte man durch neue, die nun 620 PS Leistung bringen. Eine alte Turbine von 1901 ist aber noch

heute einsatzbereit und kommt gelegentlich für Demonstrationszwecke zum Einsatz.

2.9 Hirschau

Wie der Name verrät, gab es einst in den wildreichen Isarauen nördlich der Stadt zahlreiche Hirsche. Die Landesherren nutzten das Gebiet zur Jagd. Die Hirschau, früher auch Hirschanger genannt, reichte einst bis heran an den Hofgarten. Heute versteht man darunter das Gelände, das zwischen 1798 und 1804 als Fortsetzung des Englischen Gartens bis zum Aumeister erschlossen

und kultiviert wurde. Seit 1808 heißt das Gebiet offiziell Hirschau. Heute lockt hier eine beliebte Gastwirtschaft zahlreiche Ausflügler. Das Gasthaus wurde 1839 erbaut, hieß zunächst Zum Hasenstall und wurde eifrig von den Arbeitern der nahe gelegenen Maffeischen Maschinenbauanstalt frequentiert. Langsam kamen aber auch Sonntagsausflügler. 1874 ließen die Eigentümer durch den Baumeister Josef Wolf zwei weitere Stockwerke auf das Haus setzen. Doch noch 1891 hieß es über die Hirschau: »Diese Wirtschaft steht ganz abseits. Werktags kommen nur Maffei-Arbeiter zum Essen. Die Gassenschenke ist nur für diese da. Ohne Maffei wärc das Gasthaus nicht lebensfähig.« Um noch mehr Ausflügler anzulocken, richtete man drei Jahre später zwei Kegelbahnen ein. 1902 kam ein eingeschossiger Anbau hinzu. Das komplette Anwesen wurde 2001 für ca. 2 Mio. Euro saniert. Seit 2013 betreibt Wiesnwirt Ludwig Hagn die Hirschau, die im Biergarten 1 300 Plätze bietet.

2.10 Lodenfrey-Park

Von der Maxvorstadt nach Schwabing zog es den Tuchmacher Johann Georg Frey. Frey betrieb seit 1842 eine Manufaktur für Wollstoffe in der Adalbertstraße. Acht Jahre später zog er an die Tivolistraße um. Die Geschäfte florierten, und so erwarb er 1870 ein Gelände an der Osterwaldstraße nördlich des Kleinhesseloher Sees, wo Frey eine große Fabrik erbauen ließ. Der Schwabinger Bach lieferte die Energie für die Walkmühle. Obwohl Frey verschiedene Stoffe produzierte, wurde Loden der Verkaufsschlager. Auch das Militär kaufte gerne die robus-

ten Lodenstoffe für Uniformen. 1919 beschäftigte das Werk rund 300 Mitarbeiter. Ab 1927 produzierte man nicht mehr nur Stoffe, sondern fertigte Kleidung. Der Lodenmantel aus Schwabing eroberte die Welt. Während der NS-Diktatur rühmte sich die Firma, die »Kleiderkammer für den braunen Soldaten, für Hitler-Jungens und Hitler-Mädels« zu sein. In der Nachkriegszeit blieb Lodenfrey höchst erfolgreich. Die Belegschaft stieg in den 1950ern zeitweise auf über 1000 Angestellte. Doch in den 1980ern verlegte Frey die Produktion Schritt für Schritt in Billiglohnländer. Um die freien Flächen und 14 Gebäude des Fabrikgeländes optimal zu nutzen, gründeten Herbert und Bernhard Frey die Lodenfrey-Park GmbH. Die rund 25 000 m² Nutzfläche sind an rund 100 Unternehmen aus den unterschiedlichsten Branchen vermietet.

Die alten Fabrikhallen wurden saniert und neu vermietet

2.11 Street Art Isarring

Im Mai 2014 gestalteten Street-Art-Künstler der Writers Corner München (WCM) die Unterführung zwischen Liebergesell- und Osterwaldstraße mit fantasievollen Motiven. In WCM haben sich Graffitikünstler unterschiedlichster Stilrichtungen aus München zusammengeschlossen, um eine Interessenvertretung gegenüber Städten und Kommunen zu haben und neue Freiflächen erschließen zu können. An den zuvor betongrauen Wänden finden sich nun Arbeiten von Sckre, Kent, BeastieStylez, Trus, Besoir, Stean, Zwist, Nuke, Poas, Pyser, Fader, Neso, Kürls, ThrillKiss, Reyn, Kult Sanz, Nasca, Shor und Crimp.

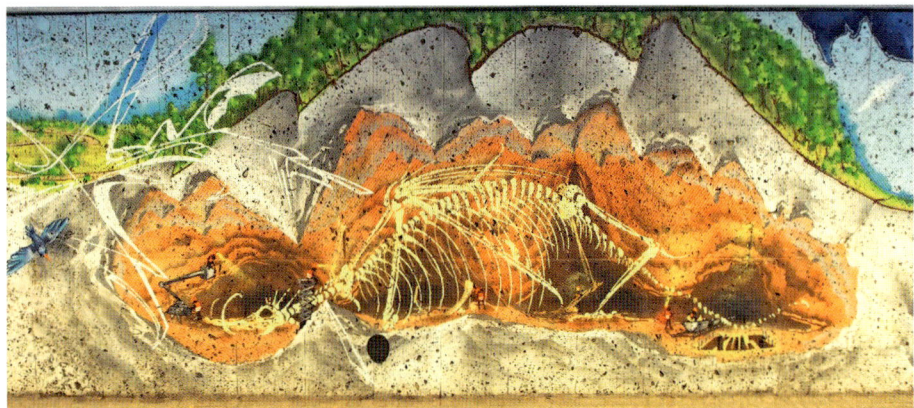

2.12 Wasserturm

Der kleine 1766 errichtete Wasserturm am Schwabinger Bach gehörte ursprünglich zum Gohrenschlösschen. Später kaufte *Simplicissimus*-Zeichner Olaf Gulbransson das Gebäude und nutzte es als Atelier. Es wurde ein beliebter Treffpunkt der Autoren und Zeichner des *Simplicissimus*. Der Turm gehörte zu dem Grundstück, das Gulbransson 1906 in der Keferstraße 10 erworben hatte. Das Haupthaus wurde das berühmte »Kefernest«. »Unser Haus // Es schläft allein am grünen Bach / Mit dunklem, wettermüdem Dach. / Es weiß nichts von der großen Stadt, / Weil's kleine, schiefe Fenster hat, / Jetzt aber kommen ich und du / Und schieben seine Riegel zu«, dichtete Gulbransson auf sein Kefernest. Es fiel 1982 der Abrissbirne zum Opfer. Der alte Wasserturm hingegen steht heute noch. 1923 zu einem Wohnhaus umgebaut, beherbergt er heute ein kleines Hotel.

Der Wasserturm 1918

Blick auf die Ostfassade des neuen Schlosses Biederstein, Aquarell von Ferdinand Le Feubure um 1830

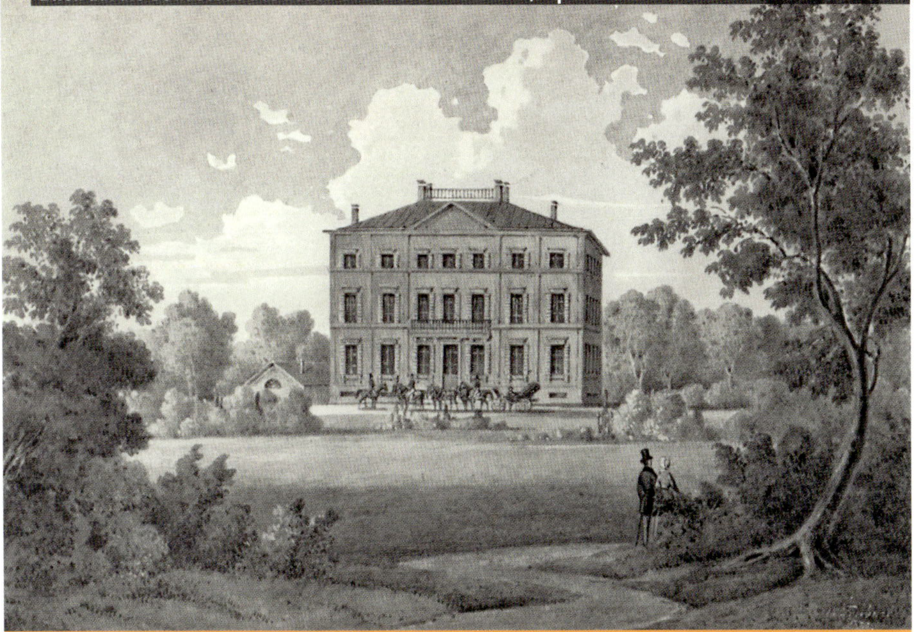

2.13 Biederstein

Kurfürst Max Emanuel zeigte sich einfallsreich, wenn es darum ging, neue Geldquellen zu erschließen. So verlieh er 1723 »öde Gründe« in der Schwabinger Heide als Bauland an verdiente Angestellte. Der kurfürstliche Rat Riederauer gehörte zu denen, die sich einen schmucken Landsitz errichteten. Das Anwesen kam 1781 an den Baron Karl Albrecht von Aretin, der er aber drei Jahre später an Kurfürst Karl Theodor verkaufte. Karl Theodor erhob es zur Hofmark mit niederer Gerichtsbarkeit und verlieh es umgehend an seinen Kabinettssekretär Stephan von Stengel, der seinem Gut den Namen »Biederstein« (»bieder« bedeutete damals auch brav, tapfer, wacker) gab. Stengel konnte sich nicht ganz zwanzig Jahre an seinem Schlösschen erfreuen, dann wurde er versetzt und verkaufte es an Kurfürst Max IV. Joseph, der es 1803 von seinem Hofbaumeister Franz Thun um- und ausbauen sowie einen englischen Landschaftsgarten mit einem kleinen See anlegen ließ, bevor er es seiner Gattin Karoline schenkte. Kaiser Napoleon Bonaparte und Zar Alexander von Russland waren hier zu Gast.

Ab 1824 errichtete Leo von Klenze ein neues, großes Schloss Biederstein. Hierhin zog sich Königin Karoline nach dem Tod Max I. Joseph mit ihrem Hofstaat zurück. Im Schlosspark stand zudem ein Belvedere von Karl Fischer. Die Wittelsbacher hatten nach dem Ersten Weltkrieg keine Verwendung mehr für Schloss Biederstein, sie verkauften das Anwesen 1934. Das Neue Schloss

Die Luftaufnahme von 1895 zeigt den Biedersteiner See mit den beiden Schlössen

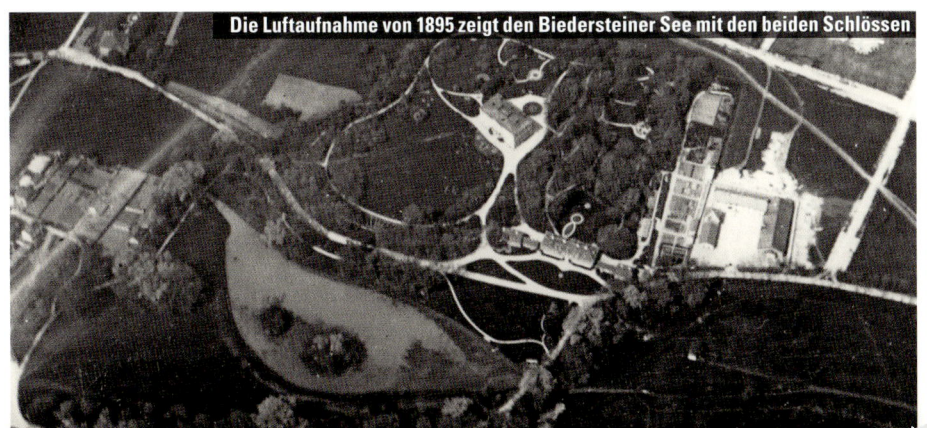

Das Studentenwohnheim Biederstein

Der letzte Rest des Schlosses ist dieses Tor an der Ecke Mannlicher/Biedersteiner Straße

wurde abgerissen. Auf dem Gelände war bis 1945 die SS-Reitschule zu Hause. Das Alte Schloss fiel 1944 den Bomben des Zweiten Weltkriegs zum Opfer. Herzog Luitpold Emanuel in Bayern verkaufte das Ruinengrundstück 1945. Der einst vom Schwabinger Bach gespeiste Biedersteiner See wurde zugeschüttet.

Das Gelände wurde mit dem Isarring sowie Wohn- und Geschäftshäusern bebaut, so einer Studenten-Wohnsiedlung, die 1952–56 nach Plänen der Münchner Architekten Otto und Harald Roth unter der Mitwirkung von Charles Crodel entstand. Die fünf einzelnen, zum Teil miteinander verbundenen Bauten stehen als Zeugnis der frühen Nachkriegsarchitektur unter Denkmalschutz. 2009/2010 ließ das Studentenwerk München die gesamte Anlage durch das Architekturbüro ffc architekten generalsanieren. Seitdem gibt es 168 Wohnheimplätze,

davon 33 Einzelapartments mit Koch- und Sanitärzelle. Haus Nr. 30 erhielt 2011 den Münchner Fassadenpreis verliehen. Im Wohnheim Biederstein sind seit der Gründung Studenten der Kunstakademie untergebracht, die mit kulturellen Aktionen für Leben im Heim sorgen. Berühmt-berüchtigt ist der Keller-Fasching, der bekannteste Münchner Studentenfasching. Einst hatte das Heim den Ruf, die letzte Kommune Münchens zu sein, nicht nur, weil hier zwischenzeitlich Uschi Obermaier lebte. Das Wohnheim galt als eine der Keimzellen zu den blutigen Studentenunruhen Ostern 1968. In den 1970ern erkämpften sich die Bewohner das Selbstbenennungsrecht, um über die Neuvergabe der Wohnplätze entscheiden zu können; sie konnten es bis 2009, als es endgültig entzogen wurde.

2.14 Stauwehr Oberföhring

Zwischen Schwabing und Oberföhring verkehrte ab 1896 an dieser Stelle eine Drahtseilfähre. Die Planungen für ein Stauwehr zur Stromerzeugung begannen 1918 durch die Mittlere Isar GmbH unter der Leitung von Theodor Rümelin. 1924 wurde das Projekt fertiggestellt. Das Wehr staut die Isar auf ca. 6 m Höhe an und leitet dann den Großteil des Wassers in den Mittleren Isarkanal, der nach 64 km bei Landshut wieder in die Isar mündet. Das Bauwerk ist 78,5 m lang, die vier Bögen haben eine Spannweite von je 17 m und eine Höhe von je 5,7 m. Das Stauwehr und 54 km des Kanals gehören der E.ON Wasserkraft GmbH. Direkt unterhalb des Wehrs existiert ein kleines Wasserkraftwerk, über das Kanalwasser wieder in die Isar geleitet wird.

2.15 Münchner Sommertheater

Das 1990 gegründete Münchner Sommertheater ist ein freies Ensemble unter der Leitung von Regisseurin und Gründerin Ulrike Dissmann. Seit der Gründung zeigt die Truppe jedes Jahr im Juli eine klassische Komödie im Amphitheater des Englischen Gartens, das 1985 errichtet wurde. Bei schlechtem Wetter finden die Vorstellungen in einer Remise der Mohr-Villa in Freimann statt. Der Eintritt ist stets frei, die Kosten trägt eine Stiftung.

2.16 Aumeister

Dem Aumeister kamen einst wichtige Aufgaben zu: Er besaß den Schlüssel zum Tor der Schwabinger Brücke, über die man in den Auwald und zu den reichen Fischgründen gelangte. Der Aumeister überwachte außerdem das Weiderecht und hegte das Wild. Ursprünglich stand das Aumeisterhaus im nördlichen Lehel. Mit der Anlage des Englischen Gartens verlegte man das Haus 1810/11 an die Stelle eines ehemaligen hölzernen Gartenwirtschaftsgebäudes. Hofmaurermeister Joseph Deiglmayr errichtete ein neues, zweigeschossiges Wirtschaftsgebäude im klassizistischen Stil, in dem der Aumeister auch die Teilnehmer an den großen Hofjagden des Prinzregenten zu bewirten hatte. Weil sich mit Speis und Trank gut Geld verdienen ließ, baute der Aumeister seine Gastwirtschaft aus. Seitdem strömen bis heute die Ausflügler zum Aumeister und seinem Biergarten, der 2 500 Gästen Platz bietet.

2.17 Tennisclub Iphitos

Prinz Albert von Bayern, der Südafrikaner Hugo Naude, Sportpionier Richard Blaul und 17 weitere Mitstreiter gründeten 1892 dem ersten Münchner Tennisclub und richteten auf dem Gelände des alten Rosipalparks den ersten Lawn (Rasen-) Platz ein. Tennis war damals eine völlig neue Trendsportart, die von England aus den Kontinent eroberte. Als Namensgeber wählte man den legendären König Iphitos, der 776 v. Chr. die Olympischen Spiele der Antike revitalisierte. Trotz (oder wegen) hoher Mitgliedsbeiträge fand der Verein regen Zulauf und richtete große Turniere aus. 1913 zog der Club auf ein Gelände an der Belgrader Straße beim Schwabinger Krankenhaus. 1930 konnte Iphitos von einer Sportplatzgesellschaft ein Tennisgelände am Aumeisterweg 10 in Freimann am Rand des Englischen Gartens übernehmen, wo der Münchner Tennis- und Turnierclub (MTTC) Iphitos heute noch zu Hause ist. Der Club ist vor allem durch die Ausrichtung der BMW Open international bekannt. Als Verein feierte er 1990 seinen größten Sieg, als die Herrenmannschaft, angeführt von Michael Stich, die Deutsche Meisterschaft gewann.

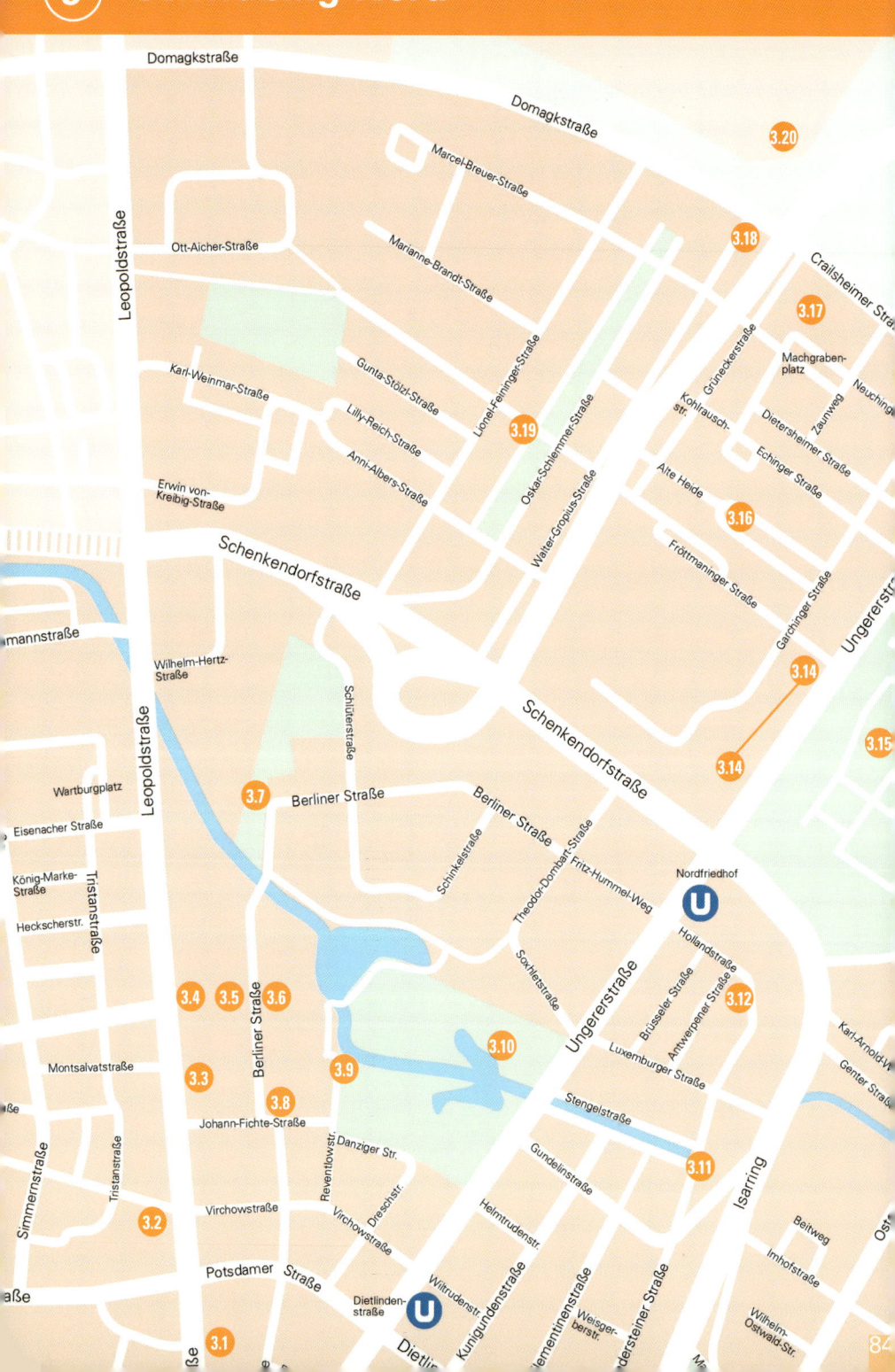

Domagkstraße

Domagkstraße

Marcel-Breuer-Straße

Leopoldstraße

Ott-Aicher-Straße

Marianne-Brandt-Straße

3.20

3.18

Crailsheimer Stra

3.17

Machgraben-platz

Neuching

Grüneckerstraße

Kohlrausch-str.

Dietersheimer Straße

Zaunweg

Echinger Straße

Karl-Weinmar-Straße

Gunta-Stölzl-Straße

Lilly-Reich-Straße

Lionel-Feininger-Straße

3.19

Oskar-Schlemmer-Straße

Anni-Albers-Straße

Walter-Gropius-Straße

Alte Heide

3.16

Erwin von-Kreibig-Straße

Schenkendorfstraße

Fröttmaninger Straße

Garchinger Straße

Ungererstr

3.14

mannstraße

Wilhelm-Hertz-Straße

Leopoldstraße

Schülerstraße

Schenkendorfstraße

3.14

3.15

Wartburgplatz

3.7

Berliner Straße

Berliner Straße

Eisenacher Straße

Schinkelstraße

Theodor-Dombart-Straße

Fritz-Hummel-Weg

Nordfriedhof

König-Marke-Straße

Tristanstraße

Heckscherstr.

Hollandstraße

3.4 3.5 3.6

Berliner Straße

Soxhletstraße

Brüsseler Straße

Antwerpener Straße

3.12

Montsalvatstraße

Ungererstraße

Luxemburger Straße

Karl-Arnold-W

3.3

3.10

Simmernstraße

3.8

Johann-Fichte-Straße

3.9

Stengelstraße

Genter Stra

Tristanstraße

Reventlowstr.

Danziger Str.

Dreschstr.

Gundelinstraße

3.11

Isarring

3.2

Virchowstraße

Virchowstraße

Helmtrudenstr.

Beitweg

Imhofstraße

Ost

Potsdamer Straße

Wiltrudenstr.

Kunigundenstraße

Weiger-berstr.

dersteiner Straße

Wilhelm-Oswald-Str.

3.1

Dietlinden-straße

Dietl

lementinenstraße

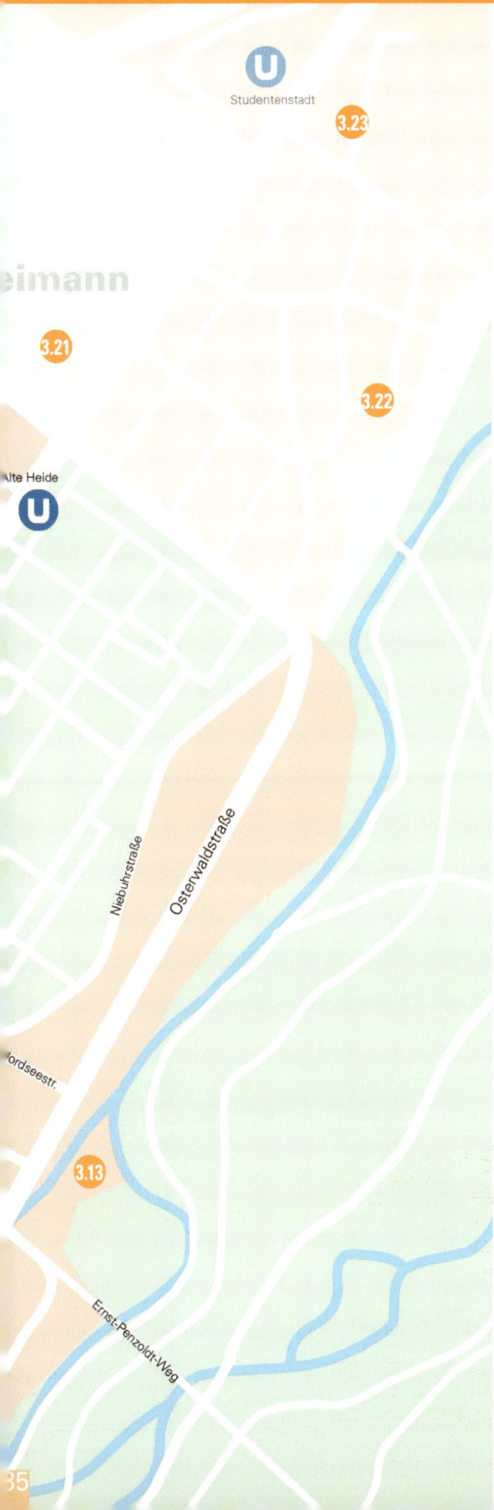

3.1 Theodor Dombart

Schwabing war seine Passion, obwohl er gebürtiger Franke war. Theodor Dombart kam am 8. Oktober 1884 in Erlangen als Sohn eines Gymnasialdirektors zur Welt. Die Familie zog bald nach München und Dombart besuchte das Maximiliansgymnasium, wo er 1904 sein Abitur machte. Schon früh interessierte er sich für die Gegend, in der er lebte, beobachtete den rasanten Wandel des noch ländlich geprägten Schwabings zum pulsierenden Stadtviertel einer großen Metropole. Dombart sammelte Daten, Materialien und fotografierte sich quer durch die alten Gassen und neuen Straßen, wenn ihm das Studium der Architektur an der TU dazu Zeit ließ. 1913 veröffentlichte er »Schwabing. Briefliche Plaudereien«, im gleichen Jahr nahm er an Ausgrabungen in Tell Halaf teil, einer prähistorischen Siedlung im Norden Syriens. 1918 heiratete er die Tochter des Orientalisten Fritz Hommel. Das Ehepaar zog in die Leopoldstraße 114, wo Dombart bis zu seinem Tod 1969 lebte. Theodor Dombart übernahm nach seiner Habilitation eine Professur für Geschichte der Baukunst und Architektur im Alten Orient an der LMU, 1927 wurde er außerordentlicher Professor und 1940 außerplanmäßiger Professor. Neben Werken über orientalische Architektur veröffentlichte Dombart zahlreiche Bücher über Schwabing, den Englischen Garten und auch über Milbertshofen. 1967 erhielt er den Ehrenpreis des Schwabinger Kunstpreises.

3.2 Maria vom Guten Rat

Kardinal Michael Faulhaber hatte kurz nach dem Zweiten Weltkrieg die Idee, die Augustiner-Eremiten mit der Seelsorge des Wallfahrtsorts Maria Eich zu beauftragen und dem Orden ein neues Kloster in Schwabing zu ge-

Wo heute die Kirche Maria vom Guten Rat steht, sah es 1912 noch so aus

ben. Das Erzbischöfliche Ordinariat kaufte 1953 das Grundstück an der Hörwarthstraße, auf dem ab 1956 die neue Kirche nach Plänen des Architekten Josef Wiedemann realisiert wurde. Kardinal Joseph Wendel weihte Maria vom Guten Rat ein Jahr später. Für das neue Pfarrgebiet beschnitt man das der Pfarreien St. Ursula und St. Georg (Milbertshofen). Im frei stehenden Beton-campanile hängen vier Bronzeglocken, deren Tonfolge auf die Glocken der nahen Erlöserkirche abgestimmt sind. Die Orgel von 1964 stammt aus der Berliner Orgel-werkstatt Karl Schuke. Erweiterungsbauten wie ein Kindergarten und das Pfarrheim kamen erst in den 1970ern hinzu. Die Augustiner gaben 1994 die Pfarrei auf. Das Erzbischöfliche Ordinariat kaufte die Anlage und übertrug die Seelsorge der Diözese.

3.3 Schwabinger See • Schwabinger Güterbahnhof

Der rund 2,7 ha große, L-förmige Schwabinger See wurde Ende der 1980er-Jahre künstlich angelegt, als die Münchener Rückversicherungs-Gesellschaft das Areal neu bebaute. Durch den See fließt der Nymphen-burg-Biedersteiner Kanal, sein Abfluss zum Schwabinger Bach wird »Schwarze Lacke« genannt, die auch das benachbarte Ungererbad speist. Die beiden kleinen Inseln im See sind nicht zugänglich, sie dienen als Rückzugsgebiet für Wasservögel. Das Gelände diente früher als Güterbahnhof. Die erste, 8,8 km lange Eisenbahnstrecke von Moosach über Milbertshofen nach Schwabing wurde am 1. Oktober 1901 eröffnet. Die östliche Anbindung erfolgte am 5. Juli 1909, als die Lokalbahn München-Ost – wegen der vielen Krautfelder im Osten »Krautexpress« genannt – nach Ismaning in Betrieb ging. Das Passagieraufkommen blieb sehr überschaubar, der Bahnhof diente hauptsächlich als Güterbahnhof. Zwischen 1912 und 1972 wurde das Heizkraftwerk des Schwabinger Krankenhauses über ein Stichgleis, das durch die Heckscherstraße verlief, mit Kohle versorgt. Am Schwabinger Bahnhof sollte auch 1923 der Marsch des Hitler-Ludendorff-Putsches enden, der am 9. November an der Feldherrnhalle von der Landespolizei gestoppt werden konnte. Hitler hatte ursprünglich geplant, in Schwabing einen Zug Richtung Berlin zu besteigen, um dort das »marxistisch-jüdische« System zu beseitigen.

Die Ladehalle des Schwabinger Güterbahnhofs im Jahr 1910

3.4   Panorama Schwabing

siehe S. 88 f.

3.5   Schwabylon • Schwabinger Tor

Das Konzept und vor allem die Optik waren gewagt. Zu gewagt? Am 9. November 1973 eröffnete an der Leopoldstraße das Schwabylon, eine auffällige Stufenpyramide, auf der mit knalligen Farben eine aufgehende Sonne gemalt war. Innen gab es keine Treppen, sondern nur Rampen. Der Augsburger Landmaschinenhändler Otto Schnitzenbaumer hatte den spektakulären Bau von Architekt Justus Dahinden entwerfen und für 160 Mio. DM erbauen lassen. Justus Dahinden sagte über das Farbkonzept: »Die aufgehende Sonne an der Stufenpyramide des Schwabylon soll mehr sein (…) als bloße originelle Fassadengraphik. Hier soll die funktionale Zweckarchitektur durch einen übergeordneten künstlerischen Eingriff entfremdet und humanisiert werden.« Neben dem eigentlichen Schwabylon mit 86 Läden, Boutiquen und Galerien, zwölf Restaurants, einem Biergarten samt alten Kastanien, einer Spielhalle,

Neubaugebiet Schwabinger Tor

Das Schwabylon zierte das Cover von *The Sound Of Munich* der Münchner Band Merricks aus dem Jahr 1997

Kino, Sportanlagen, römischen Thermen, Sauna, Solarium, Schwimmbad und einer Kunsteisbahn gehörten zu dem Gesamtkomplex noch ein Hotel samt Ladenzentrum sowie hohe Büro- und Apartmenthäuser. Eine Sensation war der dreistöckige Nachtclub Yellow Submarine inmitten eines 600 000 l Wasser fassenden Glastanks, in dem mehr als 30 lebende Haifische schwammen. Doch es zeigte sich, dass das Konzept zu gewagt war. Schon 14 Monate später wurde den letzten Ladenmietern gekündigt, das Schwabylon stand leer und wurde 1979 abgerissen. Die Versicherung DBV-Winterthur bebaute das Grundstück mit einem Verwaltungsgebäude.

Zunächst blieben die Wohngebäude, die Tiefgarage, das Hotel und der Nachtclub (allerdings ohne Haibecken) erhalten. Hotel und Nachtclub sowie der benachbarte Großmarkt Metro mussten letztlich 2011 schließen und wurden 2013 abgerissen, denn auf dem Areal entstand das komplett autofreie Neubauquartier Schwabinger Tor. Der Grundstückseigentümer Jost Hurler Beteiligungs- und Verwaltungs GmbH & Co. KG investiert(e) rund 400 Mio. Euro in das 4,2 ha große Gelände. Seit Baubeginn im Jahr 2013 entstehen hier u. a. ein Hotel mit 320 Zimmern in 14 Stockwerken, Gebäude mit 270 Wohnungen und 20 000 m^2 Büroflächen. Die ersten Gebäude waren 2015 bezugsfertig.

Übrigens ist das Gelände für FC Bayern Fans historischer Boden: Ab 1907 existierte hier ein Sportplatz, auf dem die Bayern ihre Heimspiele austrugen (siehe 3.6).

Panorama Schwabing

Der Rundbau an der Leopoldstraße nördlich der Münchner Freiheit (oberer Bildrand) ist das Schwabinger Panorama-Atelier, 1895

Das Bild oben zeigt die Maler des Borodino-Panoramas im Atelier. Franz Roubaud stammte aus Odessa, hatte an der Akademie in München studiert und bereits zwei große Panoramen gemalt. Auch Michael Zeno Diemer hatte schon mehrere große Panoramen produziert, u. a. das heute noch in Innsbruck zu besichtigende Panorama der Schlacht am Berg Isel. Neben vielen anderen arbeitete auch Karl Hubert Frosch mit, einer der erfahrensten Panorama-Maler, der an mindestens 18 Produktionen beteiligt war, nicht nur in Münchner Ateliers, sondern auch in Frankfurt, Amsterdam und Milwaukee.

Ein Riesengemälde für den Zaren

Mit der Eisenbahn vom Schwabinger Güterbahnhof aus und zuletzt mit einem Ochsenkarren wurde das letzte der großen Panoramagemälde, das in München hergestellt wurde, bis nach Moskau gefahren. Der russische Maler Franz Alexejewitsch Roubaud hatte es im Auftrag des Zaren Nikolaus I. zum Anlass des 100. Jahrestags der Schlacht bei Borodino in einem Schwabinger Panorama-Atelier produziert. Es war in München nur einige Tage Anfang Juni 1912 für das Publikum zu sehen und wurde dann zusammengerollt, in eine 15 m lange Kiste verpackt und mitsamt dem »faux terrain«, der dreidimensionalen Bodengestaltung, in ein hölzernes Panoramagebäude nach Moskau transportiert.

Einige der bedeutendsten Münchner Panoramen-Maler hatten sich noch einmal zusammengefunden, um das 115 m lange und 15 m hohe Gemälde im Schwabinger Atelier an der Helmholtzstraße (heute Berliner Straße) herzustellen. Franz Roubaud, Michael Zeno Diemer und Karl Hubert Frosch.

Allons enfants de la patrie!

Text: Franz Schiermeier, Autor der Publikation *Panorama München, München als Zentrum der Panoramenherstellung*

Blick auf den Sportplatz des FC Bayern, den Schwabinger Güterbahnhof und das Panorama von der Leopoldstraße

Münchner Panoramen für die ganze Welt

Die bis zu 120 m langen und 15 m hohen Panoramen haben Ende des 19. Jahrhunderts das Publikum begeistert. Die Panoramen entwickelten sich zu einem Massenmedium, in ihrer Wirkung nur vergleichbar mit dem Kino im 20. Jh. Auf riesigen Rundgemälden wurden die Schlachten des Deutsch-Französischen Kriegs von 1870/71 dargestellt, antike Städte, ferne Landschaften und Szenen aus der Bibel. München wurde für die Produktion dieser Panoramen zu einem der wichtigsten Zentren weltweit. Hier gab es die Künstler wie Louis Braun, Michael Zeno Diemer und Franz Roubaud, reichlich Kunststudenten der Akademie und die notwendigen Panorama-Gebäude und Ateliers auf der Theresienhöhe, an der Goethestraße und an der Theresienstraße. In Schwabing – nahe der Akademie, von der auch die zahlreichen Helfer kamen – gab es bis zu drei große Panorama-Ateliers gleichzeitig.

Über einen Zeitraum von ca. 30 Jahren wurden mehr als 40 Panoramen in München bzw. von Münchner Künstlern produziert. Nicht nur für den deutschen Markt. Philipp Fleischer malte in Schwabing Panoramen für London, Glasgow und Manchester, ein Hohenzollern-Panorama für Berlin und das Kaiser-Franz-Joseph-Rundgemälde für Wien. Vor allem aber waren die Panoramen – wenn sie zugkräftige Themen hatten und professionell gemalt waren – ertragreiche Geschäftsmodelle für Investoren. Auch alle federführenden Maler sind reich geworden. Fleischer hat sich aber dann doch mit dem Bau seines Künstler-Schlosses an der Ismaningerstraße in Bogenhausen übernommen und musste den halb fertigen Bau wegen Zahlungsunfähigkeit aufgeben. Heute residiert dort der Bundesfinanzhof.

Übrig geblieben ist von der »Panoramania« in München selbst nichts. Und nur wenige Gemälde der Münchner Künstler haben sich erhalten: in Innsbruck, Altötting, Murten, Peebles bei Edinburgh, Sebastopol, Moskau und Atlanta.

Philipp Fleischer im Schwabinger Atelier

Die **Seeschlacht** von **TRAFALGAR**

gemalt von Prof. PH. FLEISCHER
ENTREE à Pers. 1 Mk Soldaten u Kinder die Hälfte

Lokalderby zwischen den Bayern und dem TSV 1860 an der Leopoldstraße am 28.11.1915, im Hintergrund sieht man den Güterbahnhof und das Panorama-Atelier

3.6 FC Bayern

Es gab Streit: Die 1897 gegründete Fußballmannschaft des MTV München 1879 war wütend über die Entscheidung der Vereins-General-versammlung, dem Verband Süddeutscher Fußball-Vereine nicht beizutreten. Am 27. Februar 1900 diskutierten die Herren darüber hit-zig im Gasthaus Bäckerhöfl, bis es elf Männern reichte. Sie verließen um 21.30 Uhr das Lokal, zogen weiter ins Schwabinger Weinhaus Gisela, um dort den FC Bayern München zu gründen. Der Mitgliedsbeitrag sollte eine Mark betragen, als Vereinsfarben wählte man Blau-Weiß. Zunächst trainierte man am Schyrenplatz in Untergiesing, dann schenkte die Firma Wamsler dem FC 1904 ein Grundstück an der Clemensstraße als Sportplatz. Weil der Verein 1906 dem Münchner Sport-Club

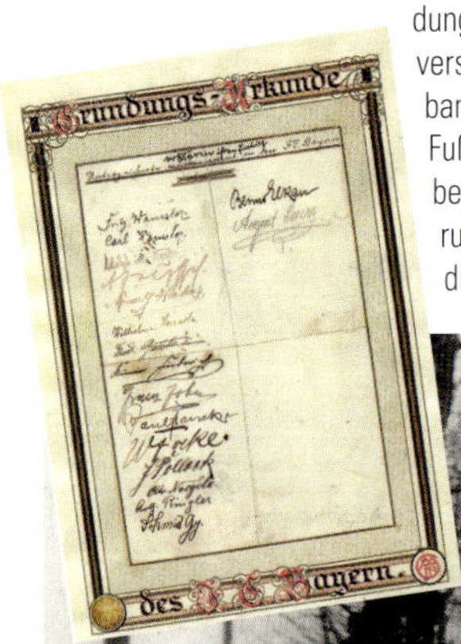

Der Maler Botho Schmidt und seine Tochter bei einem Ausflug zu Münchens erster überdachten Fußballtribüne. Oben links die Gründungsurkunde des FC Bayern München.

beitrat, musste er die Farben wechseln, aus Blau-Weiß wurde Rot-Weiß, und die Bayern hatten den Spitznamen »Rothosen« weg. 1907 zogen die Bayern um an die Karl-Theodor-Straße, dort konnten sie nicht lange bleiben und fanden eine neue Heimat an der Leopoldstraße. Beim Eröffnungsspiel vernichteten sie Wacker München mit 8:1, gleichzeitig wurde die erste Tribüne auf einem Münchner Sportplatz eingeweiht. Der FC Bayern blieb bis 1921 an der Leopoldstraße, zog dann an den Teutoniaplatz/Schwere-Reiter-Straße und 1925 schließlich an die Säbener Straße in Obergiesing.

3.7 Obelisk

Den achteckigen Obelisk aus schwarzem Granit an der Berliner Straße hat der Bildhauer Leo Kornbrust, seinerzeit Professor an der Münchner Kunstakademie, im Jahr 1985 geschaffen. In die Oberfläche sind Texte der Schriftstellerin Felicitas Frischmuth, Ehefrau des Bildhauers, eingraviert. Die Steinsäule misst 850 x 60 x 60 cm.

3.8 Tantris

Ein Luxusgourmet-Tempel mitten in einem denkbar unattraktiven Industriegebiet im Schwabinger Norden? Der Bauunternehmer Fritz Eichbauer wählte den Ort für sein Tantris bewusst, denn hier rings um die Berliner Straße gab es abseits der engen Münchner Straßen ausreichend Parkplätze! Eichbauer beauftragte den Architekten Justus Dahinden mit dem Entwurf. 1971 eröffnete das Tantris, schon zwei Jahre später erkochte Chefkoch Eckart Witzigmann den ersten Michelin-Stern, ein Jahr später kam der zweite hinzu – damals deutschlandweit einzigartig. Nachdem Witzigmann mit dem Aubergine 1978 sein eigenes Lokal eröffnete, übernahm Heinz Winkler die Tantris-Küche und erkochte einen dritten Michelin-Stern. Dieser dritte Stern ging 1991 verloren, nachdem Winkler sein eigenes Restaurant eröffnete. Doch sein Nachfolger Hans Haas, der seitdem die Küche leitet, hält bis heute das extrem hohe Niveau und die zwei Sterne.

Das Restaurantinnere wurde 2004 von Stephan Braunfels originalgetreu restauriert, es steht seit 2012 unter Denkmalschutz. Die an asiatische Fabelwesen erinnernden Betonskulpturen vor dem Entree schuf der Schweizer Künstler Bruno Weber.

3.9 Berolinabrunnen

Nackert ist die Dame, die auf den Trümmern einer zerbrochenen Säule sitzt. Die Berlinola symbolisiert die Stadt Berlin. Eine Inschrift auf einer Bronzetafel klärt auf, was die Dame da macht: »Die Berolina trennt mit ihrer Hand den aufsteigenden Wasserstrahl und symbolisiert so die über viele Jahre geteilte Stadt.« Der Bildhauer Ernst Andreas Rauch schuf die Brunnenanlage 1980 an der Johann-Fichte-Str. 14, als der Mauerfall noch völlig unvorstellbar war.

3.10 Ungererbad

Ein erfrischendes Bad im herrlich weichen Wasser der Würm genossen viele Wasserratten im Norden Münchens, seit der Nymphenburg-Biedersteiner-Kanal Pasing mit Schwabing verband. So existierten einige kleine Bäder und Militärschwimmschulen entlang des Kanals. An der Stelle des heutigen Ungererbades stand um 1850 eine Badehütte auf einem Grundstück des Deutschamerikaners Johann Baptist Correvont, die fünf Jahre später erstmals als »Schullerbad« erwähnt wurde. Der Münchner Unternehmer August Ungerer er-

Die elektrische Straßenbahn 1890 am »Zielbahnhof« beim Ungererbad

warb das Bad 1869 und begann ab 1875, das Bad über Jahre hinweg zu einem großen Naturbad auszubauen. Die Anlage wurde parkähnlich gestaltet mit großen Liegewiesen, kleinen Hügeln, Teichen, Springbrunnen, Grotten und üppigem Baumbestand sowie einem Café. Damals verlangten Sitte und Moral drei getrennte Bereiche: für Frauen, Männer und Jugendliche. Bis zu 20 000 Besucher fasste das Ungererbad. Ganz cleverer Geschäftsmann ließ Ungerer eine elektrische Straßenbahn anlegen – die erste in München und die dritte deutschlandweit. Sie verband vom 1. Juli 1886 bis Juni 1895 die Münchner Freiheit, die Endstation der Pferdetram, wo Ungerer rein zufällig ein Café besaß, mit dem Schwimmbad. Im Jahr 1921 übergab Ungerer sein Bad gegen eine lebenslange Leibrente an die Stadt München. 1929 wurde das Bad zum Familienbad umgebaut und später immer wieder erweitert. Nach schweren Kriegsschäden begann der Wiederaufbau des Bades ab 1951. Eine aufwendige Sanierung und Umgestaltung im Jahr 1998 sorgte für das heutige Erscheinungsbild mit drei großen Becken (»Mariensee«, »Kaiserbecken«, »Luitpoldsee«), einem Erlebnisbecken mit Schwimmkanal, Kinderbecken, diversen Sportanlagen und FKK-Bereichen. Das heutige Ungererbad ist kein Naturbad mehr, wegen Verunreinigungen speist die Würm längst nicht mehr die Becken.

3.11 Nymphenburg-Biedersteiner-Kanal

Der Kurfürst hatte sehr ehrgeizige Pläne: Max Emanuel wollte die Schlösser Nymphenburg, Schleißheim, Dachau, Biederstein und die Stadtresidenz mit einem Kanalsystem verbinden. Sein erklärtes Ziel: Diese Wasserwege sollten eine echte Alternative zu Pferdekutschen darstellen und sich sowohl für den Personenverkehr als auch den Warentransport eignen. Max Emanuel hatte schon 1687–1691 durch den Schleißheimer Kanal die Würm und die Amper mit dem Schwabinger Bach verbinden lassen. Danach kam eine Verbindung zum Dachauer Schloss. Bei diesen Arbeiten kamen türkische Kriegsgefangene zum Einsatz. Als jedoch 1701 der Kanal von Pasing zum Schloss Nymphenburg angelegt wurde, waren diese Türken bereits längst in ihre Heimat entlassen worden. Dennoch blieb im kollektiven Gedächtnis der Münchner die Verbindung Kanalarbeiten und Türken präsent. Nur so ist es zu erklären, dass der Kanalabschnitt, der ab 1702 zwischen Milbertshofen und Stadtresidenz gegraben wurde, den Namen Türkengraben bekam – wovon sich die heutige Türkenstraße ableitet –, obwohl die Kriegsgefangenen seit 1699 nicht mehr da waren. Den Türkengraben mussten in Wahrheit Soldaten der Infanterie ausheben, 12 km lang bis hin zum Nymphenburg-Biedersteiner-Kanal.

Gaststätte Brunnwart

Die Würm versorgte fortan nicht nur das gesamte Wassersystem des Nymphenburger Schlossparks, sondern beispielsweise auch den Olympiasee und das Ungererbad. Der Kanal durchquert den Münchner Norden bis zum Schwabinger See. Den letzten Kanalabschnitt zwischen See und Schwabinger Bach nennt man Schwarze Lacke. An ihr liegt kurz vor der Bacheinmündung die 2009 errichtete, privat betriebene Kleinwasserkraftanlage am Biederstein, die mit einer Wasserkraftschnecke eine Leistung von 40 kW erzeugt. Direkt neben dem Kraftwerk befindet sich das Gasthaus Brunnwart. Hier wurde 1793 ein Pumpwerk für das Schloss Biederstein erbaut. Das heutige Haus entstand um 1900 im neobarocken Stil.

Am Nymphenburg-Biedersteiner-Kanal befand sich auch die Färberei und Chemische Waschanstalt Ferdinand Götz sowie die 1867 errichtete Lederfabrik Biederstein der Gebrüder Isidor und Julius Hesselberger.

Die Lederfabrik Hesselberger im Jahr 1907

Die Kurfürstenstraße entspricht dem Verlauf des ehemaligen Türkengrabens, der 1811 wieder zugeschüttet wurde. So sah es 1902 noch an der Kurfürstenstraße aus. Im Hintergrund die neu gebaute Elisabethschule.

3.12 Holländisches Meisje mit Klompen

Mitten im holländischen Viertel, in der Hollandstraße, ist ein »echt Nederlands meisje« zu Hause: 1955 wurde der vom Münchner Bildhauer Erich Hoffmann gestaltete Brunnen eingeweiht, der ein nach vorne schreitendes nacktes Mädchen zeigt. Sie ist dank der Haube sofort als Niederländerin zu erkennen. Letzte Zweifel beseitigen dann die typischen Klompen (Holzschuhe). Einen trägt das Mädchen noch am Fuß, den anderen hält sie hoch und lässt Wasser daraus fließen.

3.13 Germaniabad

An der Schwarzen Lacke, kurz vor der Einmündung des Nymphenburg-Biedersteiner-Kanals in den Schwabinger Bach ließ Lodenfabrikant Johann Georg Frey im Jahr 1876 das Germaniabad anlegen. Da der Nymphenburg-Biedersteiner-Kanal von der Würm gespeist wurde (und noch wird) und das Würmwasser weicher und wärmer ist als das der Isar, waren überall entlang des Kanals Badeanstalten entstanden. Das elegante Bad richtete sich an eine wohlhabende Klientel und bot mehrere Becken sowie ein attraktives Freizeitprogramm. So zwei Bassins, »durch welche die Würm fließt«, ein Bassin Würm und Quelle, ein Bassin Ausfluss des Biedersteiner Sees, Würm und Quelle, ein Bassin im Quellengarten, drei große Wasserfälle, eine Felsengruppe mit 16 »beständig thätigen Douchen«, eine Felsengrotte mit Wasserfällen, ein Damenschwimmbad mit »Douchen«, ein kleines Schwimmbad für Familien und Institute sowie Badehütten.

Da jedoch die nahe gelegene Hesselbergsche Lederfabrik expandierte und daher erhöhten Wasserbedarf hatte, musste das Germaniabad bereits 1897 schließen.

Erlebnisbad anno damals: das Germaniabad im Jahr 1895

3.14 Röm.-kath. Allerheiligenkirche Griech.-orth. Allerheiligenkirche

Es begann in einer Waschküche. In ihr wurden jahrelang die Messen für die Bewohner der Siedlung Alte Heide gelesen. Doch als die Gemeinde schließlich auf über 400 Mitglieder wuchs, gründete man am 1. Mai 1927 die Kuratie Allerseelen. Gegenüber dem Nordfriedhof wurde eine Notkirche nach Plänen von Richard Steidle errichtet und 1929 geweiht. Nach dem Ende des Zweiten Weltkriegs verweigerten die Stadtplaner den Ausbau der Kirche. Also beschloss Josef Kardinal Wendel den Neubau einer Pfarrkirche ein Stück weiter nördlich. Die von Karl Kergl entworfene Allerheiligenkirche an der Ungererstraße 187 wurde am 17. November 1957 geweiht. Das große Wandgemälde im Altarraum, das rechts die »große Schar der Erlösten« zeigt und links den Auszugs Israels aus Ägypten, schuf die Starnberger Künstlerin Ingeborg Sedlmayr 1980.

Die kleine, alte Kirche überließ man der griechisch-orthodoxen Gemeinde. So kam ein Stück Griechenland nach Schwabing: Die Allerheiligenkirche an der Ungererstraße 131 steht innen wie außen optisch ganz in der Tradition griechisch-orthodoxer Kirchen. Das alte Gebäude wurde Anfang der 1990er abgerissen und zwischen 1993 und 1995 durch den von der Firma Brannekämper entworfenen Neubau ersetzt. Der Innenraum wurde über Jahre hinweg von Christofanis Voutsinas ausgemalt, die dreitürige Ikonostase aus Eichenholz schuf Chouvardas. Auf dem Tonnengewölbe des Kirchenschiffs thront eine große Kuppel, auf dem ca. 25 m hohen Turm eine kleine.

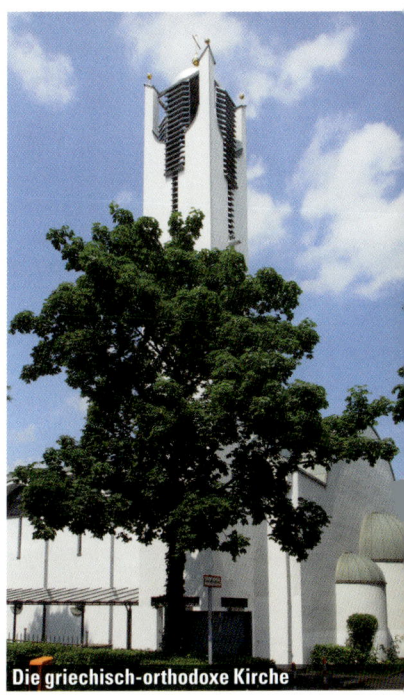

Die griechisch-orthodoxe Kirche

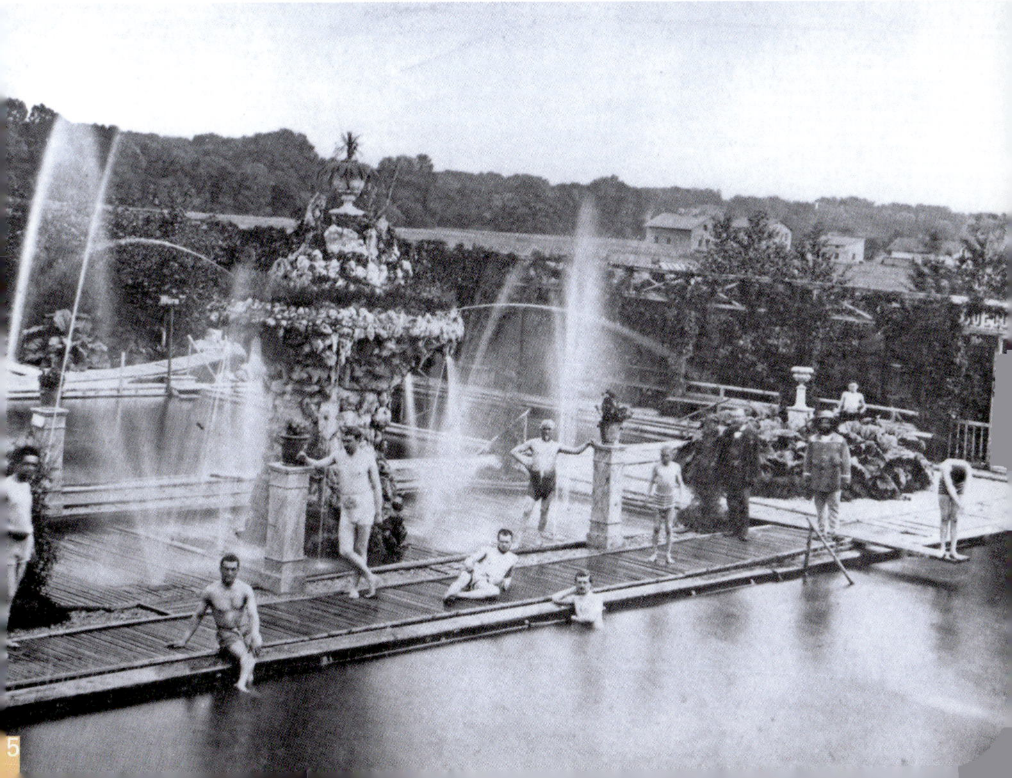

Die Aussegnungshalle im Jahr 1900

Über Jahrhunderte bestatteten die Schwabinger ihre Toten rings um die Dorfkirche. Die nahe Nikolaikirche des Leprosenhauses hatte ihren eigenen Friedhof für die Aussätzigen. Mit dem Bevölkerungswachstum stieg auch die Zahl der Toten, und der kleiner Kirchhof reichte nicht mehr. 1884 eröffnete die Gemeinde an der Freisinger Landstraße (heute Ungererstraße) den »Neuen Schwabinger Friedhof«. Nach der Eingemeindung beschloss die Stadt, den Friedhof großzügig zu erweitern und beauftragte Stadtbaurat Hans Grässel mit der Planung.

440 900 Mark kostete das Projekt, das zwischen 1896 und 1899 realisiert wurde. Hans Grässel ließ sich bei den bunten Mosaiken in der Kuppel der Aussegnungshalle von Vorbildern aus Ravenna leiten. Sphinxe mit Hahnenköpfen an der Außentreppe spielen auf Byzanz an. In den Seitenflügeln befinden sich die Leichenhalle, Sektionssäle und die Verwaltung. Die ursprünglich 26 ha große Friedhofsanlage wurde insgesamt neun Mal um zusätzliche 12 ha erweitert.

Die Freitreppe und die Aussegnungshalle verewigte Thomas Mann in seiner Novelle *Tod in Venedig*, wenn auch in leicht veränderter Form. Dort begegnet Hauptprotagonist Gustav von Aschenbach ein seltsamer Mann in Wanderkleidung, der ihn »so kriegerisch, so gerade ins Auge hinein« anblickt, dass es Aschenbach schaudert, Todesahnungen und vor allem Reiselust auslöst.

Der Ehrenhain für die Luftkriegsopfer mit dem Mahnmal von Hans Wimmer erinnert an die 2099 in einem Massengrab bestatteten Getöteten der Bombennächte.

Berühmte Tote

Zu den bekannten Persönlichkeiten, die auf dem Nordfriedhof ihre letzte Ruhe fanden, gehören u. a.:

Peter Paul Althaus (Dichter)
Annette von Aretin (1. TV-Ansagerin des BR)
August Arnold (Filmproduzent, Regisseur)
Karl Arnold (Karikaturist)
Philip Arp (Schauspieler, Regisseur)
Gert Bastian (Brigadegeneral, Symbolfigur der Friedensbewegung)
Franziska Bilek (Karikaturistin)
Beppo Brem (Volksschauspieler)
Franz von Defregger (Maler)
Sammy Drechsel (Sportreporter, Kabarettist)
Constanze Engelbrecht (Schauspielerin)
Leonhard Frank (Schriftsteller)
Hermann Frieb (Widerstandskämpfer)
Klaus Havenstein (Schauspieler)
Trude Hesterberg (Kabarettistin)
Heinrich Hoffmann (Hitlers Lieblingsfotograf)
Peter Igelhoff (Musiker)
Gisela Jonas-Dialer (»Schwabinger Gisela«, Chansonette)
Günther Kaufmann (Schauspieler)
Eduard von Keyserling (Schriftsteller)
Kathi Kobus (Simplicissimus-Wirtin)
Wolfgang Koeppen (Schriftsteller)
Max Littmann (Architekt, u. a. Hofbräuhaus, Oberpollinger)
Georg Lohmeier (Schriftsteller, Schauspieler)
Ernst Mach (Physiker, Philosoph, Namensgeber für die dreidimensionale Kennzahl der Geschwindigkeit)
Georg Marischka (Schauspieler, Regisseur)
Wilhelm Olschewski (Widerstandskämpfer)
Peter Pasetti (Schauspieler)
Ludwig Petuel sen. und jun. (Industrielle)
Toni Pfülf (SPD-Politikerin)
Bally Prell (Unterhaltungskünstlerin, *Schönheitskönigin von Schneizlreuth*)
Mady Rahl (Schauspielerin)
Barbara Rudnik (Schauspielerin)
Carl-Heinz Schroth (Schauspieler)
Oswald Spengler (Philosoph)
Robert Vorhoelzer (Architekt)
Kurt Weinzierl (Schauspieler, Kabarettist, Regisseur)
Albert Weisgerber (Maler)
Annemarie Wendl (Schauspielerin, »Else Kling« aus der *Lindenstraße*)
Eduard Zimmermann (Journalist, Fernsehmoderator)

3.16   Alte Heide

Die im Norden Münchens ansässigen Industriebetriebe Krauss-Maffei, BMW und Deutsche Reichsbahn gründeten 1918 die gemeinnützige Wohnungsbaugesellschaft »Alte Haide« (mit A und nicht mit E, wie es nach damaliger Schreibweise schick war), um ihren Beschäftigten Wohnraum nahe der Betriebsstätten zu bieten. 1920 findet sich dann erstmals die Bezeichnung »Alte Heide« in der heute korrekten Schreibweise im Adressbuch der Stadt München. Es war das erste große Wohnprojekt Münchens nach dem Ersten Weltkrieg. Die ersten beiden Häuser wurden 1919 nach Plänen des Architekten Theodor Fischer beim Nordfriedhof an der heutigen Ungererstraße errichtet, 1927 war die komplette Siedlung mit ihren 786 Wohnungen bezugsfertig. Dazu kamen moderne Gemeinschaftsanlagen wie die Zentralbadeanstalt und eine Wäscherei sowie Gasthäuser, Läden und eine Schule. Für München absolut untypisch: Die Siedlung diente keinem Immobilienspekulanten zur Gewinnmaximierung, sondern war nur mit dem Ziel entstanden, bezahlbaren Wohnraum zu schaffen. Die Siedlung zwischen Ungererstraße und A9 liegt sowohl auf Freimanner als auch auf Schwabinger Gebiet.

Die Pestalozzischule in der Alten Heide 1927

3.17 Emilienhof

Namensfindung leicht gemacht: Emilie hießen sowohl die Gattin als auch die Tochter des Bauunternehmers Karl Stöhr. Da lag es für Stöhr nahe, seine von 1952 bis 1958 erbaute Wohnanlage zwischen Dietersheimer, Wandlet-, Domagk- und Garchinger Straße auf den klingenden Namen »Emilienhof« zu taufen.

3.18 Osram GmbH

Einst war die Firma Osram in Berlin beheimatet. 1919 gliederte die Deutsche Gasglühlicht AG ihr erfolgreiches Glühlampengeschäft aus und gründete die Osram GmbH KG. Osram ist ein Fantasiename, den sich der Chemiker Carl Auer von Welsbach ausgedacht hatte. Siemens & Halske sowie die AEG wurden 1920 Mitgesellschafter, und schon in den frühen 1930er-Jahren gehörte Osram zu den weltweit führenden Leuchtmittelherstellern. Nach dem Zweiten Weltkrieg fiel die Entscheidung, den Firmensitz von Berlin nach München zu verlegen. 1954 zog Osram zunächst in gemietete Räume in der Windenmacherstraße im Zentrum. Der Platz reichte bald nicht mehr aus. Also wurde ein Neubau in Untergiesing (Hellabrunner Straße 1) geplant. Nach Plänen des Architekten Walter Henn und unter der Mitarbeit von Dieter Ströbel entstand 1963-65 der äußerst schlichte, kubische, sechsgeschossige Stahlskelettbau mit seiner Aluminium-Glas-Vorhangfassade. Der Verwaltungsbau gilt als eines der bedeutendsten Beispiele früher Großraumbüroarchitektur in Deutschland. 2012 kam das Aus für den Standort Giesing: Die Osram-Zentrale zog um nach Nordschwabing in das Hochhaus M-Pire von Murphy/Jahn, einen Teil der Arbeitsplätze verlegte man auf den Business-Campus nach Garching.

3.19 Parkstadt Schwabing

Ab dem Jahr 2000 entstand zwischen Autobahn A9, Mittlerem Ring, Leopold- und Domagkstraße ein komplett neues Stadtviertel, das zwar schon sehr weit vom Kern Alt-Schwabings entfernt ist, sich aber dennoch Parkstadt Schwabing nennt. Auf einer Fläche von rund 400 000 m² wurden rund 1 500 Wohnungen – davon 500 Sozialwohnungen –, drei Kindertagesstätten, eine Kinderkrippe sowie zahlreiche Büro- und Verwaltungsgebäude, Läden, Restaurants und Hotels gebaut. Etwa 12 000 neue Arbeitsplätze entstanden in dem Areal. Architektonisch ist die gesamte Parkstadt dem Bauhaus gewidmet, was sich auch in den Straßennamen widerspiegelt. Als markante Eckpfeiler begrüßen die beiden von den Chicagoer Architekten Murphy/Jahn entworfenen und 2004 fertiggestellten Highlight Towers jeden Autofahrer, der von Norden über die A 9 nach München kommt. Tower 1 mit seinen 33 Geschossen ist 126 m hoch, Tower 2 mit 28 Stockwerken misst 113 m. Gegenüber liegt das Münchner Tor, ein 2003 nach Plänen des Architekturbüros Allmann Sattler Wappner fertiggestellter Bürokomplex der Munich Re. Er besteht aus einem Flachbau und einem 85 m hohen Büroturm.

Der Bär steht vor der Langenscheidt-Zentrale, im Hintergrund die Highlight Towers

3.20 Domagkateliers

Das klingt ganz nach dem Schwabing, wie man es sich vorstellt: Künstlerkolonie! Sogar die größte in ganz Europa! Ja, das waren die Domagkateliers tatsächlich einmal. Nur liegen sie nicht auf der Schwabinger Seite der Domagkstraße, sondern auf der Freimanner, und die große Zeit ist auch leider vorbei. 1993 etablierte sich in den Hallen der ehemaligen Funkkaserne, die 1936 bis 1938 errichtet worden war, ein kunterbuntes Mit- und Nebeneinander von Künstlern und Musikern. Die Mieten waren billig, Ateliers, Ausstellungsräume, Werkstätten und Kneipen wurden in Selbstverwaltung betrieben. Im Jahr 2005 kaufte die Stadt München das Gelände vom Bund, damals arbeiteten mehr als 300 Künstler aus 35 Nationen hier. Damit war das Ende der Domagkateliers praktisch beschlossene Sache. 2007 lief die Zwischennutzung der alten Funkkaserne als Künstlerkolonie aus. Die Stadt begann 2008 mit den Arbeiten zum Neubauprojekt »Domagkpark«. Von dem ursprünglichen Versprechen der Stadt, 20 000 m² für Künstler zu reservieren, ist nicht viel geblieben. Das Gelände wird dicht mit Wohnungen bebaut. Ein bitterer Schlag für die Münchner Kunstszene, der zu heftigen Protesten führte. Einzig Haus 50 wurde saniert und ab 2009 wieder für Künstler zur Verfügung gestellt. Hier gibt es nun 99 Ateliers, die für jeweils fünf Jahre vermietet werden. Über die Vergabe entscheidet der Stadtrat.

3.21 Neuer Israelitischer Friedhof

Nordwestlich des Nordfriedhofs liegt auf der anderen Straßenseite – und damit auch schon nicht mehr in Schwabing, sondern in Freimann – der Neue Israelitische Friedhof. Auch hier war Stadtbaurat Hans Grässel für die Planung verantwortlich. Der Alte Israelitische Friedhof in Sendling hatte keine Kapazitäten mehr, daher wurde zwischen 1906 und 1908 an der Ungererstraße der Neue errichtet. Grässel hielt sich bei der Planung eng an die strengen kultischen Vorschriften, denen jüdische Friedhöfe unterliegen. Er schuf auf dem rund 5 ha großen Areal eine Art Waldfriedhof, der von einer 2,5 m hohen Mauer umgeben ist. Der Friedhof bietet eine Kapazität für ca. 10 000 Gräber, momentan gibt es rund 7 500.

Berühmte Tote

Lehmann Bernheimer (Unternehmer, Kunsthändler)
Kurt Eisner (erster bayer. Ministerpräsident)
Gustav Landauer (Schriftsteller, Theoretiker des Anarchismus)
Kurt Landauer (Präsident des FC Bayern)
Eugen Leviné (Revolutionär)
Joseph Schülein (Brauereibesitzer, Unions- und Löwenbräu)
Julius Spanier (Kinderarzt, Präsident der Israelit. Kultusgemeinde)

Der Neue Isrealitische Friedhof im Jahr 1920

3.22 Nikodemuskirche

Die evangelische Gemeinde in der Alten Heide ist beinahe so alt wie die Siedlung selbst. Am Ostermontag 1924 fand der erste evangelische Gottesdienst in einem Betsaal im Konsumhaus, Echinger Straße 35, statt. Ein Jahr später gründete sich der »Evangelische Verein Alte Heide«. Doch erst am 4. Juni 1961 konnte die nach Plänen von Wilhelm Becker errichtete Nikodemuskirche an der Echinger Straße 20 geweiht werden. Die Orgel von Wilhelm Stöberl wurde 1983 eingebaut. 2008 beschloss die »Zukunftskonferenz« der Gemeinde, einen Kirchenneubau in Auftrag zu geben. 2011 wurde ein Architektenwettbewerb ausgeschrieben und ein Preisträger gekürt. Zwei Jahre später nahm der Kirchenvorstand aus Kostengründen Abstand von einem Neubauprojekt.

Grabmal auf dem Neuen Israelitischen Friedhof

3.23 Studentenstadt Freimann (StuSta)

Angesichts stetig steigender Zahlen von immatrikulierten Studenten und parallel dazu immer teurer werdenden Unterkünfte, entwickelte Egon Wiberg, Rektor der LMU, die Idee für eine Studentenstadt und gründete den »Verein Studentenstadt München«. Am Rande des Englischen Gartens, Ecke Ungererstraße/Frankfurter Ring, stellte der Freistaat Bayern ein 8 ha großes Grundstück zur Verfügung. Den ausgeschriebenen Wettbewerb gewann Ernst Maria Lang mit dem Architekturbüro Lang und Pogadl im Jahr 1960. Ein Jahr später begannen die Bauarbeiten in vier Abschnitten, die sich bis 1975 hinzogen. Zunächst entstand die sogenannte Altstadt mit 627 Einzelzimmern in mehreren zwei- und dreistöckigen Häusern und zwei neunstöckigen Hochhäusern. Später kam die Neustadt mit ihren sieben- bis 21-stöckigen Häusern hinzu.

Die StuSta verfügt heute über 2 478 Wohnplätze in 14 Häusern, eine Kinderkrippe sowie eine Mehrzweckhalle und ist die größte Studentensiedlung Deutschlands. Ihre Straßen sind nach Widerstandskämpfern der Weißen Rose benannt. Da sich der Wohnungsmarkt gerade für Studenten in München keineswegs entspannt hat, kamen 2001 Containergebäude mit neuen Unterkünften hinzu. 2005 entstand dann eine Versuchsanlage aus sieben »micro compact homes«, autarken Wohneinheiten auf 6,50m² Grundfläche. Die Wohnanlage wird von Studenten in Zusammenarbeit mit dem Münchner Studentenwerk selbstverwaltet. Die StuSta veranstaltet seit mehreren Jahren das StuStaCulum, das größte studentische Theater- und Musikfestival Deutschlands.

Neuschwabing

Gibts auch, liegt aber im Stadtbezirk Milbertshofen-Am Hart.

Ein dreidimensionaler Orientierungsplan aus Bronze am Eingang zur StuSta

Petuelring

U
Petuelring

St.-Blasien-Str.

Birnauer Straße

Fürstenbergstr.

Sailerstraße

Lerchenauer Straße

Schleißheimer Straße

Giselherstraße

4.21

Burgunderstr.

4.22

Luitpoldpark

Gartenstraße

Bamberger Str.

4.23

Ibertshofen

Winzererstraße

Brunnerstraße

Borschtallee

Ackermannstraße

Gustav-Lan-
dauer-Bogen

Therese-Studer-Straße

Felix-Fechenbach-
Str.

Karl-Theodor-Straße

4.26

Centa-Herker-
Bogen

Hiltenspergerstraße

Ange

4.35

Hildeboltstraße

Leonhard-
Frank-Str.

Elisabeth-Kohn-Str.

Schwabing-West

Destou

4.37

Saarstraße

4.27

Clemensstraße

Erich-Kästner-Straße

Ackermannstraße

Lissi-Kaeser-Str.

Petra-Kelly-Str.

4.36

Adams-Lehmann-Str.

Winzererstraße

Friedrich-Loy-
Straße

4.29

Hiltenspergerstraße

Mittermeyerstraße

Herzogstra

Rankestraße

4.

Farinellistraße

Emanuelstra

Schwere-Reiter-Straße

U

Hohenzollernstraße

4.30

4.41

Infanteriestraße

4.38

Barbarastraße

Schleißheimer Straße

4.31

Bauerstraße

Ambacher
Straße

Heßstraße

4.34

4.32

Horscheltstr.

4.39

4.33

Theo-Prosel-Weg

Wormser
Straße

Elisabethstraße

Krum-
bacherstr.

Jakob-Klar-

Elisabe

Kathi-Kobus-Straße

Winzererstraße

Agnesstraße

Hiltenspergerstraße

Adelheidstraße

Tengstraße

4.42

4.40

Keuslinstraße

Georgenstraße

Isabella

Schwarzmannstraße

Josephsplatz

U
Josephs...

Neureut

Dachauer Straße

10

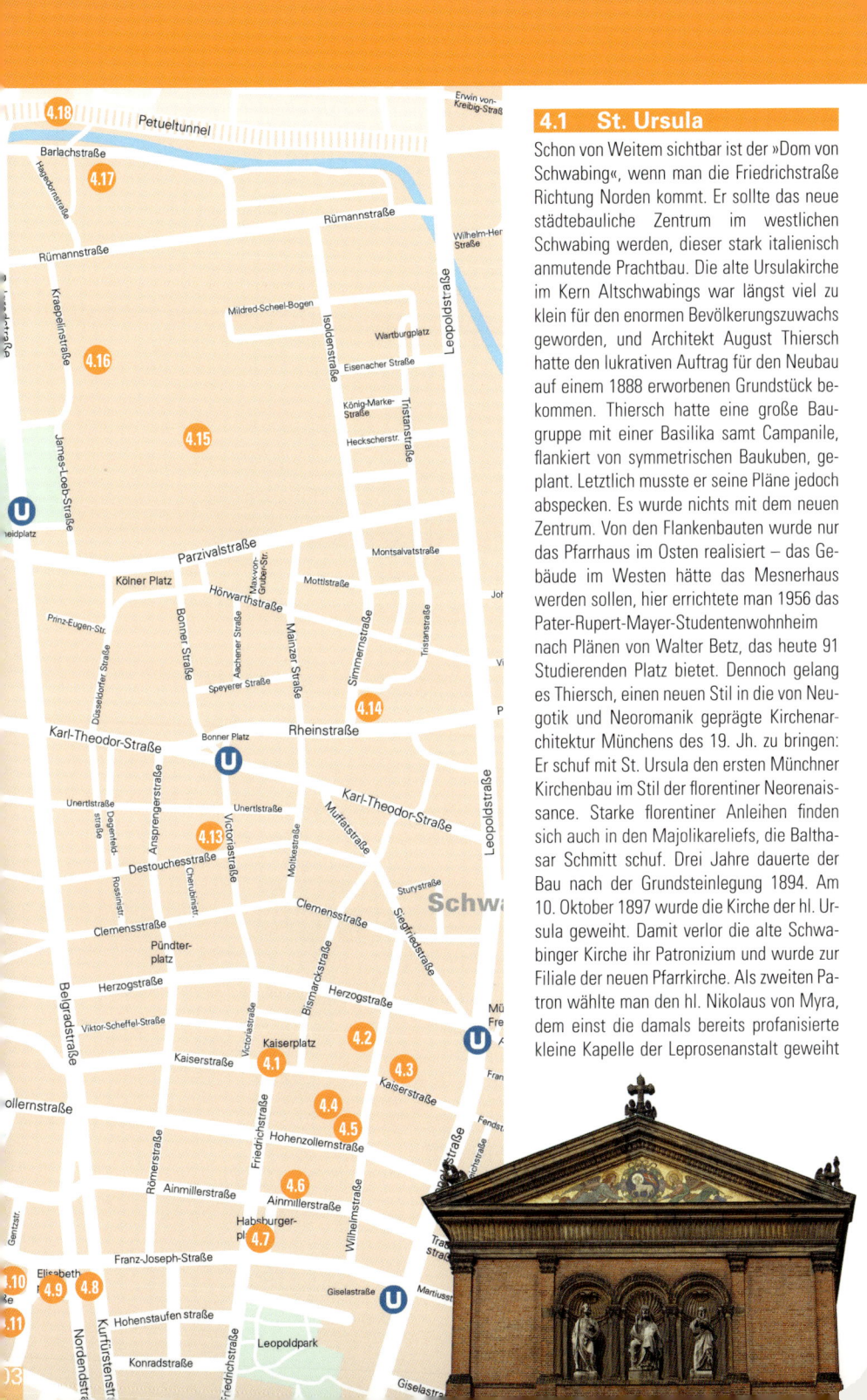

4.1 St. Ursula

Schon von Weitem sichtbar ist der »Dom von Schwabing«, wenn man die Friedrichstraße Richtung Norden kommt. Er sollte das neue städtebauliche Zentrum im westlichen Schwabing werden, dieser stark italienisch anmutende Prachtbau. Die alte Ursulakirche im Kern Altschwabings war längst viel zu klein für den enormen Bevölkerungszuwachs geworden, und Architekt August Thiersch hatte den lukrativen Auftrag für den Neubau auf einem 1888 erworbenen Grundstück bekommen. Thiersch hatte eine große Baugruppe mit einer Basilika samt Campanile, flankiert von symmetrischen Baukuben, geplant. Letztlich musste er seine Pläne jedoch abspecken. Es wurde nichts mit dem neuen Zentrum. Von den Flankenbauten wurde nur das Pfarrhaus im Osten realisiert – das Gebäude im Westen hätte das Mesnerhaus werden sollen, hier errichtete man 1956 das Pater-Rupert-Mayer-Studentenwohnheim nach Plänen von Walter Betz, das heute 91 Studierenden Platz bietet. Dennoch gelang es Thiersch, einen neuen Stil in die von Neugotik und Neoromanik geprägte Kirchenarchitektur Münchens des 19. Jh. zu bringen: Er schuf mit St. Ursula den ersten Münchner Kirchenbau im Stil der florentiner Neorenaissance. Starke florentiner Anleihen finden sich auch in den Majolikareliefs, die Balthasar Schmitt schuf. Drei Jahre dauerte der Bau nach der Grundsteinlegung 1894. Am 10. Oktober 1897 wurde die Kirche der hl. Ursula geweiht. Damit verlor die alte Schwabinger Kirche ihr Patronizium und wurde zur Filiale der neuen Pfarrkirche. Als zweiten Patron wählte man den hl. Nikolaus von Myra, dem einst die damals bereits profanisierte kleine Kapelle der Leprosenanstalt geweiht

gewesen war. Die dreischiffige, 60 m lange Basilika verfügt über Querhaus, Vierung und Staffelchor. Rundbogige Säulenarkaden trennen die drei Schiffe des Langhauses. Über der quadratischen Vierung thront eine 42 m hohe Kuppel. Der Campanile mit seiner venezianischen Spitze ragt 64 m hoch in den Himmel.

Die einst farbigen Kirchenfenster zerbarsten in den Bombennächten des Zweiten Weltkriegs und wurden durch einfach Bogenfenster ersetzt. Die ansonsten weitgehend unbeschädigte Kirche wurde 1956 sowie 1977–1980 restauriert, die Sanierung des Turms erfolgte 2009–2011. Die 1984 gebaute Chororgel stammt aus der Werkstatt von Winfried Albiez und war die letzte Arbeit des Meisters, der im selben Jahr verstarb.

4.2 Wilhelmschule • Ricarda-Huch-Realschule

Weil Schwabing als Wohnort so attraktiv geworden war und der Zuzug anhielt, sah man sich 1887 gezwungen, ein neues Schulhaus am damaligen Westrand der Bebauung zu errichten. 134 000 Mark kostete das schlichte Gebäude mit den 11 Klassenzimmern, das schon fünf Jahre später um ein repräsentatives, deutlich größeres Gebäude ergänzt wurde. Den Neubau im Stil der Neorenaissance entwarf Carl Hocheder d. Ä., er bot 16 Räume auf drei Etagen. Schon zur Jahrhundertwende reichte auch das kaum noch aus. 1 323 Schülerinnen und Schüler drängten sich in 26 Klassen. 1906 waren es schon 1 598 in 28 Klassen. Im Ersten Weltkrieg diente die Wilhelmschule dem Militär. Wie von den anderen Schwabinger Volksschulen auch, wurde der Unterricht an die Schule in der Simmernstraße verlegt. 1917 gab das Militär die Wilhelmschule wieder frei. Doch während der Revolution 1918/19 musste der Unterricht wieder ausfallen, da die Schule erneut als Soldatenunterkunft diente. Auch im Zweiten Weltkrieg kamen die Soldaten (1939 bis 1945), der Unterricht konnte erst nach Kriegsende wieder aufgenommen werden. Da die Wilhelmschule kaum beschädigt worden war, diente sie nun als Ausweichquartier für alle möglichen anderen Schulen. Hier waren bis 1961 Klassen des Sophie-Scholl-Mädchengymnasiums untergebracht, bis 1949 ein Tagesheim für Oberschülerinnen, die Wirtschaftsoberschule und die Wirtschaftsaufbauschule sowie die katholische und die evangelische Bekenntnisschule. Dazu kam noch der seit 1928 existierende Kindergarten. Kindergarten und -hort befinden sich seit 1972 in dem unmittelbar angrenzenden ehemaligen Feuerwehrhaus in der Wilhelmstraße 31.

Das Schulgebäude in der Wilhelmstraße 29 beherbergt heute zwei Schulen: die Grundschule und die Ricarda-Huch-Realschule. Letztere ging aus der völlig überfüllten Mädchen-Mittelschule am Salvatorplatz hervor, von der man einige Klassen 1961 in die frei gewordenen Räume der Wilhelmschule verlegte, nachdem das Sophie-Scholl-Gymnasium ausgezogen war. 1964 wurde die Filiale zur selbstständigen Schule, die man ein Jahr später nach der Schriftstellerin Ricarda Huch benannte. Nach einer gründlichen Sanierung zwischen 1978 bis 1982 öffnete sich die Schule auch Buben.

4.3   TÜV Süd

1866 wurde ein Dampfkesselüberwachungsverein im damals bayerischen Mannheim gegründet, um »Mensch, Umwelt und Sachgüter vor den nachteiligen Auswirkungen der Technik zu bewahren«.
Explodierende Dampfkessel kosteten immer mehr Menschenleben
und verursachten enorme Sachschäden. Dass kontrollierte Kessel
sicherer waren als unkontrollierte, lag auf der Hand, und der Verein
fand regen Zulauf. 1874 beauftragte der bayerische König den Verein offiziell mit der Durchführung von technischen Prüfungen.
Inzwischen hatten sich in ganz Deutschland Dampfkesselrevisions-
vereine gegründet. Aus ihnen gingen die Technischen Über-
wachungsvereine (TÜV) hervor. Die repräsentative Stadtvilla in der
Kaiserstraße 12b ist der Stammsitz des TÜV Süd. Im Hofbereich
entstanden zwischen 2007 und 2009 zwei moderne Bürogebäude
nach Plänen von Lanz Architekten.

4.4.   Trambahndepot

1876 richtete die Straßenbahnge-
sellschaft auf den »Hörmann-Wie-
sen«, heute das Gelände an der
Wilhelmstraße zwischen Kaiser-
und Hohenzollernstraße, ein Tram-
depot mit Pferdeställen und Wa-
genremisen ein. Nach der
Elektrifizierung der Tram im Jahr
1896 baute man das Depot um und
vergrößerte es. Doch mit dem U-
Bahnbau zu den Olympischen Spielen kam das Aus. Die Tramlinien 3, 6
und 8 wurden stillgelegt, das Tram-
depot aufgelöst.

4.5   Theater 44

Fast 50 Jahre lang gehörte das Theater 44 in
der Hohenzollernstraße zu den festen Größen der Münchner Bühnen. 1959 hatte Horst
A. Reichel sein Theater ins Leben gerufen,
weil er 800 Mark Schulden hatte und mit einem Theater das Geld schnell zusammen-
bringen wollte. Eigentlich eine Schnapsidee,
doch sie funktionierte. Das Theater zog
mehrmals um, von der Amalien- in die
Schleißheimer und schließlich in die Hohenzollernstraße 20.
Gespielt wurde hauptsächlich klassische
Moderne und Zeitgenössisches, gerne Io-
nesco oder Beckett. Die Bühne diente vielen
heute bekannten Schauspielern als Sprung-
brett, in jungen Jahren traten hier u. a. Katja
Flint, Margarethe von Trotta, Otto Sander
und Heiner Lauterbach auf. Zum 50-Jährigen
schlossen Horst A. Reichel und seine Frau
Irmhild Wagner das Theater 44 Ende Mai
2009. Zum Abschied spielte man Sartres *Ge-
schlossene Gesellschaft*, jenes Stück, das
einst die Eröffnungsproduktion war.

4.6   Jugendstil in Schwabing

siehe S. 106

Jugendstil in Schwabing

Das Haus Ainmillerstraße 22 (auf der Karte Punkt 9)

Das Jahr 1896 bescherte den deutschen Zeitungskiosken zwei wegweisende neue Publikationen, die beide aus München kamen: *Simplicissimus* und *Jugend*. Beide setzten auf Literatur, waren kulturkritisch und satirisch, beide beschäftigten bedeutende bildende Künstler für die Illustrationen. Während aber der *Simplicissimus* des Verlegers Albert Langen vor allem für die Literatur der damals blutjungen Moderne enorm wichtig war, wurde die *Jugend* so stilbildend für die Ästhetik, Kunst, Design und Architektur der frühen Moderne, dass nach ihr gleich eine ganze Kunstrichtung benannt wurde – eben der Jugendstil. Gründer der *Jugend* waren der Verleger Georg Hirth und der Schriftsteller Fritz von Ostini.

Die Heimatstadt der *Jugend* wurde auch ein wichtiges Zentrum des Jugendstils. Zu den einflussreichsten Künstlern zählten Otto Eckmann, Hermann Obrist, Richard Riemerschmid, Bruno Paul und Peter Behrens, die meist in mehreren Disziplinen zu Hause waren und als Maler, Gestalter, Innendekorateure, Bildhauer arbeiteten. Und natürlich gehörten auch die Architekten August Endell, Bernhard Pankok und Martin Dülfer zu den wichtigsten Vertretern des Münchner Jugendstils. Etliche ihrer Bauten haben zum Glück die Bombennächte des Zweiten Weltkriegs und die Abrissbagger der anschließenden »Zweiten Zerstörung Münchens« in der Nachkriegszeit überlebt. Viele davon in Schwabing, denn das Viertel, vor allem Schwabing-West, erlebte genau in der Zeit des Jugendstils einen Bauboom. Die meisten Perlen des Münchner Jugendstils sind inzwischen aufwendig saniert und renoviert worden. Dabei wurden die ursprünglichen Farben durch Analysen bestimmt und wieder aufgetragen. Das Ergebnis mag manche überraschen. Fest steht jedenfalls, dass der Jugendstil in München kein zart-pastellenes Pflänzchen war.

Ein Bummel zu den Highlights des Münchner Jugendstils in Schwabing lohnt sich immer. Natürlich können wir hier nur eine Auswahl ohne Anspruch auf Vollständigkeit anführen.

Map labels:

Herzogstraße · Münchner Freiheit · Feilitzschstraße · Occamst. · Kaiserstraße · Siegesstraße · Werneckstraße · Seest. · Hohenzollernstraße · Friedrichstraße · Leopoldstraße · Nikolaistr. · Ainmillerstraße · Römerstraße · Wilhelmstraße · Habsburgerplatz · Trautenwolfstraße · Franz-Joseph-Straße · Elisabethplatz · Martiusstraße · Thiemestraße · Gedonstraße · Leopoldpark · Konradstraße · Nordendstraße · Kurfürstenstraße · Friedrichstraße · Giselastraße · Georgenstraße · nkenstraße · Leopoldstraße · ulbachstraße · Ohmstraße · Straße · 'sisstraße · ndstraße

1 **Friedrichstraße 3** Das 1903 gebaute Haus mit dem Gesicht im Giebel, das empört das Maul aufreißt, entwarf Hans Thaler.

2 **Georgenstraße 10** Der Privatgelehrte Friedrich Wilhelm von Bissing (1873–1956) ließ sich 1903 von dem Schweizer Architekten Ernst Robert Fiechter (1875–1948) sein Palais bauen. Auffällig ist, dass hier praktisch kein Stuck zum Einsatz kam, die Malerei ist direkt auf den Putz angebracht. Die Medaillons am Erker zeigen Bissings liebste Geistesgrößen: Schiller, Raffael, Donatello, Sophokles.

3, 4 **Konradstraße 14 & 16** Die Gebäude mit den blauen Schwertlilien stammen von den Architekten

Friedrichstraße 3

Georgenstraße 10

Jugendstil in Schwabing

![Franz-Joseph-Straße 19 Rückfassade]
Franz-Joseph-Straße 19 Rückfassade

Paul Liebergesell (1871–1932) und Feodor Lehmann. In Haus Nr. 14 lebte der Komponist Ermanno Wolf-Ferrari.

5, 6, 7 **Friedrichstraße 18, Franz-Joseph-Straße 21 & 23** Auch wenn es auf den ersten Blick nicht so aussieht, stammen doch alle Gebäude vom selben Architekten: Max Langheinrich (1869–1924). Sowohl die kräftigen Farben an der Franz-Josef-Straße wie auch der im Kontrast dazu komplett dezente Creme-Ton der Friedrichstraße gelten als »gesicherte Farbigkeit«. In der Friedrichstraße 18 war von 1925 bis 1933 die Satirezeitung *Simplicissimus* zu Hause.

Franz-Joseph-Straße 23

8 **Franz-Joseph-Straße 19** Die »Pfauen-Apotheke« gehört wohl zu den bekanntesten Münchner Jugendstilbauten. Das Haus entstand 1904 nach Plänen des ungarischen Architekten Ferenc Nyilas. Hier sollte man nicht vergessen, sich auch das Hinterhaus anzusehen. Dazu einfach ein paar Schritte nach rechts in die Friedrichstraße und gleich nach dem Haus Nr. 18 links in den Leopoldpark abbiegen. Nach ein paar Metern findet man hier die fulminante Pfauenhaus-Rückseite.

9 **Ainmillerstraße 22** Jede Menge Gold kam bei dem Haus, 1898–1900 nach den Plänen von Henry Helbig (1872–1943) und Ernst Haiger (1874–1952) gebaut, zum Einsatz. Eines der bekanntesten Münchner Jugendstil-Motive findet sich über dem Hauseingang: Das Relief, auf dem Adam und Eva sich gegenüberliegend anschmachten.

10 **Ainmillerstraße 20** Eine komplett andere Interpretation von Jugendstil als der gülden prunkende Nachbar bietet diese Haus. Es wurde 1900 nach Plänen von Eugen Hönig (1873–1945) und Karl Söldner (1871–1946) erbaut.

11 **Franz-Joseph-Straße 38 / Römerstraße 2:** Beim großen Eckhaus von Max Langheinrich lohnt sich ein Blick auf die Details: Spitzohrige Fledermäuse bilden den Abschluss an achteckigen Säulen und über den Fenstern an der Römerstraße findet sich ein Fries aus Affenköpfen.

12 **Elisabethplatz** Der 1901 fertiggestellte Schulbau im

Ainmillerstraße 20

Isabellastraße 22

Franz-Joseph-Straße 19

Franz-Joseph-Straße 38

Fassadendetail an der Elisabethstraße

Römerstraße 11

strengen Jugendstil mit den Märchenmotiven im Stuck stammt von Theodor Fischer.

Weiter Richtung Westen gibt es noch einige Jugendstilbauten zu bewundern, in Klammern stehen die Architekten und Baujahre, sofern feststellbar:

Elisabethstraße 3, 5, 7, 9, 11, 13, 16 (A.: Franz Popp, 1907), 25, 30, 34–38, 44

Bauerstraße 16, 22, 34, 36

Isabellastraße 11 (A.: Georg Guinin; 1915), 13, 17, 19, 20 (A.: Heinrich Stengel, Paul Hofer; 1909), 22 (A.: Adolf Wentzel; 1907), 25 (A.: Max Langheinrich; 1907), 27 (1907), 29 (1900), 30, 33, 35 (1909).

Jakob-Klar-Straße 1, 4, 7, 8 (A.: Adolf Wentzel; 1908), 9, 14 (A.: Josef Huber; 1911).

Tengstraße: 14, 22, 24, 25, 26, 27, 33, 35, 37, 43, 45

13 Römerstraße 11 Ägyptisches trifft auf griechisch-römische Antike an der Fassade dieses Hauses, das 1899 vom Architekten-Duo Helbig und Haiger geschaffen wurde. Direkt daneben, Haus Nr. 13, stand übrigens ein weiterer herrlicher Jugendstilbau, der erst 1966 ohne Not abgerissen wurde.

14 Römerstraße 15 Das um 1900 gebaute Haus mit dem geflügelten Wesen im Giebel, das einen Delfin reitet, stammt von den Architekten Hönig und Söldner.

15 Friedrichstraße 25 & 26 Das Haus Nr. 25 wurde 1904/05 von Georg Persch erbaut, gegenüber liegt ein weiterer Bau von Max Langheinrich, der 1904 fertiggestellt wurde.

Und noch viele weitere Jugendstil-Bauten kann man hinter der Kirche St. Ursula entdecken:

Jugendstil in Schwabing

Römerstraße 15

Nikolaistraße 15

Herzogstraße 4 (A.: Paul Puschner, 1907), 8, 57 (A.: Paul Breitsameter, Anton Wörz; 1907), 58 (A.: Heinrich Stengel, Paul Hofer; 1911), 59 (A.: H. Stengel, P. Hofer; 1910), 60 (A.: H. Stengel, P. Hofer; 1911), 61 (A.: Berthold Neubauer; 1912), 62 (A.: Max Deschl; 1911), 63 (A.: P. Breitsameter; 1907), 64 (A.: M. Deschl; 1911), 65 (A.: P. Breitsameter; 1907), 66, 81, 82 (1900), 83 (1909), 95 (A.: M. Deschl, 1911).

Clemensstraße 2 (A.: R. Böhm; 1903), 8, 10, 26, 28, 32, 34, 36, 38 + 40, 41 (A.: Eduard Herbert; 1907), 43 (A.: Carl Evora; 1910), 47, 51, 66, 68 (1904), 70 (A.: Fritz Sedlmair; 1912), 71 (A.: Gerhard Welzel; 1900), 72 (A.: G. Welzel; 1902), 76 (A.: Adolf Wentzel; 1911), 78, 80, 127 (A.: Andreas Aigner, Paul Breitsameter; 1903).

16 Leopoldstraße 77 Direkt an der Münchner Freiheit ließ sich Architekt Martin Dülfer 1903 dieses Schmuckstück als Wohnhaus erbauen. Prominente Bewohner waren außerdem: *Biene Maja*-Autor Waldemar Bonsels, die SPD-Reichstagsabgeordnete Toni Pfülf sowie die Volkssängerin Bally Prell, besser bekannt als »Schönheitskönigin von Schneizlreuth«.

17 Nikolaistraße 15 Der Hingucker bei diesem 1905 errichteten Haus, dem letzten Münchner Jugendstilbau Martin Dülfers, ist der Pfau mit den vergoldeten »Augen« in seinem prächtigen Gefieder.

Trautenwolfstraße Auch hier gibt es ein paar interessante Jugendstilbauten, nämlich die Hausnummern 3 (um 1900), 4, 5, 6 (A.: Otho Orlando Kurz & Eduard Herbert), 7 und 8 (1900).

18 Martiusstraße Kaum eine andere Straße in Schwabing bietet so eine geballte Fülle an Jugendstil auf wenigen Metern. Die detailreich dekorierten Häuser mit den Nummern 1, 3, 5, 7 an der Straßennordseite sowie 4 und 6 an der Südseite ließ der Architekt und Bauunternehmer Anton Hatzl 1906–08 erbauen.

Martiusstraße Südseite

Leopoldstraße 77

Gedonstraße 4–6

19 **Gedonstraße 4–6** Zwischen 1904 und 1907 entstand dieses hochherrschaftliche Haus mit den auffälligen Stuckleisten, auf denen sich Bienen aneinanderreihen. Es wurde 2013 restauriert und erstrahlt seitdem in alter Farbenpracht. Auch das ist ein Dülfer-Bau.

20 **Ohmstraße 13–17, mit Königinstraße 85** Diese Gebäude von Martin Dülfer, gebaut zwischen 1904 und 1907, sind längst nicht mehr so verspielt und belegen, dass der Architekt sich langsam vom Jugendstil verabschiedete.

Martiusstraße Nordseite

Die Bronzefigur eines kleinen Bubs mit den abstehenden Ohren und seines quirligen Hundes steht auf einem Sockel aus Stein. Der Bildhauer Anton Hiller gestaltete 1929 den Brunnen am Habsburgerplatz.

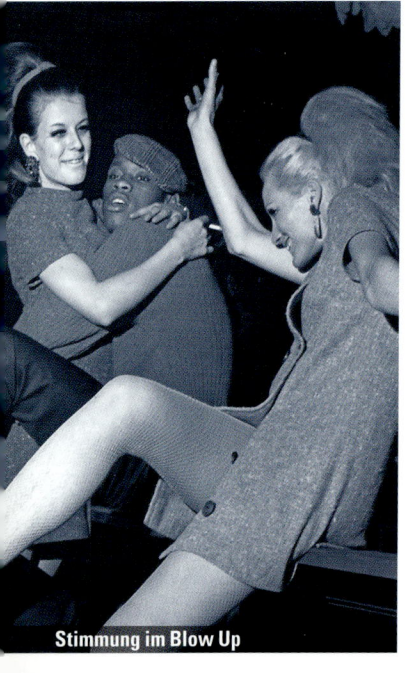

Stimmung im Blow Up

4.8 Schauburg • Blow Up

Warum die Schauburg heute wieder Schauburg heißt, liegt an der ursprünglichen Nutzung des Gebäudes: Es wurde 1926 unter diesem Namen als Lichtspielhaus eröffnet. Entworfen hatte das Kino mit seinen 1 020 Plätzen Hanns Atzbeck. Vierzig Jahre lang liefen die Geschäfte ganz gut, dann wurde das Kino in ein Privattheater umgewandelt. Das Theater hielt sich nur ein Jahr, bevor es bankrott ging. Nun traten die »Könige von Schwabing«, die Brüder Anusch und Temur Samy, gemeinsam mit dem Sänger Peter Kraus auf den Plan. Sie übernahmen die Schauburg 1967 und eröffneten darin eine der legendärsten Diskotheken Deutschlands, das Blow Up. Der Name bezog sich auf den Film *Blow Up* von Michelangelo Antonioni. Damals nannte man so etwas noch »Beatschuppen«. Rund 2 000 Gäste passten hinein und tanzten im Licht der 250 Scheinwerfer, die (damals eine Sensation) im Rhythmus der Musik zuckten. Wie beim New Yorker Guggenheim Museum war eine an den Außenwänden spiralförmig verlaufende Gangway angebracht, die zu verschiedenen Ebenen führte. Über die Eröffnung schrieb der

Konzert auf vielen Ebenen im Blow Up

Spiegel am 30. Oktober 1967: »Kundschaft mit engelsanften Hippie-Gesichtern sprengt die Notausgänge auf, zerdrückt Brillengläser und Kellerfenster und überrennt die Kasse. Flower-Power – jetzt auf teutonisch. Dreieinhalbtausend sind schon drinnen, tausend mehr, als die Polizei genehmigt. Behangen mit Glöckchen und Papierblumen, schieben sie sich auf stufenlosen Trampelpfaden dem Zentrum der Transpiration entgegen. Von oben her überschüttet man sie mit Licht und Lärm: Erstmalig werden deutsche Twens getroffen von jenem elektronisch gesteuerten Geflacker aus 250 Schein- und Bildwerfern, das amerikanische Pioniere der Bewusstseinsvernebelung längst schätzen wie eine Prise LSD; das Kreischen wilder Paviane, die Phonart von Starfightern und Luftschutzsirenen überbrückt die Pausen zwischen Beat und Beat.«

Im Blow Up war immer für Überraschung gesorgt, so installierte man auch mal auf der Tanzfläche einen Pool und stellte den Gästen Badehosen und Bikinis zur Verfügung. Und wenn die Gäste die

Die Lichtshow im Blow Up war damals revolutionär

Wände bemalen wollten, bitte sehr. Zu den Bands und Künstlern, die hier live auftraten, gehörten Pink Floyd, Yes, Jimi Hendrix und Sammy Davis jr. Nach nur fünf Jahren war es dann vorbei mit dem Blow Up. 1972 schloss der Laden und eine Supermarktkette sollte Nachmieter werden. Dagegen gründete sich eine Bürgerinitiative, die befürchtete, der Supermarkt würde dem gegenüberliegenden Elisabethmarkt das Wasser abgraben.

Nach einigen Jahren Leerstand kaufte die Stadt schließlich das Gebäude und wandelte es in ein kommunales Kinder- und Jugendtheater um. Das Theater, das nun einzog, war bereits 1953 von Siegfried Jobst und Annemarie Jobst-Grashey als »Münchner Märchenbühne« gegründet worden und hatte seine ersten Aufführungen im Schwabinger Goethe-Saal. 1968 übernahm die Stadt München das inzwischen »Theater der Jugend« genannte Haus und gliederte es den Kammerspielen an. Weil der alte Saal den feuerpolizeilichen Ansprüchen nicht mehr genügte, sah man sich in den 1970ern nach neuen Räumen um, erwarb schließlich die alte Schauburg und nach umfangreichen Renovierungs- und Umbauarbeiten konnte das Theater mit der Uraufführung von *Das Märchen vom Starken Hans* 1977 eröffnen. Das Theater sorgte auch am neuen Standort immer wieder für Aufregung und Diskussionen, denn neben pädagogischen Ansätzen gehörten auch Provokation und Protest immer zum Spielplan. Ab 1983 wurde die Schauburg von den Kammerspielen künstlerisch vollkommen

selbstständig. 1990 ließ die Stadt das Haus zu einem modernen Theater mit multifunktionalem Raumkonzept umgestalten. Bühne und Zuschauerraum können je nach Produktion variabel in Form und Größe angepasst werden, damit ist die Schauburg bis heute einer der modernsten Theaterbauten Europas. Die Arbeiten hierzu dauerten drei Jahre, in dieser Zeit bespielte das Theater den Kolpingsaal in der Au. Seit Januar 2004 sind die Schauburg, die Kammerspiele und die Otto-Falckenberg-Schule ein gemeinsamer Eigenbetrieb der Landeshauptstadt München. Intendant seit 1990 ist der Niederländer George Podt.

4.9 Elisabethmarkt

Die Anwohner lieben ihn, ihren kleinen Markt am Elisabethplatz, der Schwabing-West ein urbanes Zentrum gibt. Offiziell gegründet wurde er 1903, doch seine Geschichte ist ein wenig älter. Er ging aus dem 1880 neu eröffneten Markt am Maffeianger (zwischen Arnulf- und Marsstraße) hervor. Der Markt in der Maxvorstadt musste jedoch Straßenbauprojekten weichen und wurde daher zum 1. Oktober 1903 auf den Elisabethplatz verlegt. Zum Markt gehörten ein paar feste Stände sowie Tagesverkaufsplätze, die der Magistrat alle fünf Jahre versteigerte oder verlosen ließ. Die Markthalle überstand den Zweiten Weltkrieg nicht, sie wurde auch nicht wieder aufgebaut, sondern durch die kleinen Verkaufshäuschen ersetzt, die heute noch das Marktbild prägen. Der 3 000 m² große Elisabethmarkt ist heute einer der vier ständigen Münchner Lebensmittel- und Blumenmärkte (neben Viktualienmarkt, Wienermarkt und Pasinger Viktualienmarkt) und wird von den Markthallen München verwaltet. Beliebter Mittelpunkt ist das kleine

Den Trinkbrunnen am Westrand des Elisabethmarkts mit dem auf einer Kugel balancierenden Bären schuf der Bildhauer Georg Müller 1936. Verschiedene Sprüche sind in die Vierkantsäule aus Kirchheimer Muschelkalk eingraviert. So z. B. »Korn gibt Brot«, »Alles Leben fließt«, »Froh und munter auf und runter« und auch das etwas seltsame »Raub macht Durst«.

Milchhäusl aus dem späten 19. Jh. an der Nordendstraße. Es hatte einst edukativen Charakter, sollte ein Bollwerk zur »Eindämmung des Völkergifts Alkohol« darstellen: Der Arzt und Abstinenzler Carl Brendel ließ es erbauen und wachte persönlich darüber, dass jeden Morgen ab 5 Uhr Milch ausgegeben wurde. Auf lange Sicht gesehen scheiterte Brendel mit seinem Konzept, denn längst ist in dem Milchhäusl eine Gastwirtschaft mit Biergarten zu Hause.

Auf dem Platz steht auch eine der wenigen erhaltenen Burgfriedensäulen Münchens mit dem eingemeißelten Münchner Kindl. Sie stammt aus dem Jahr 1460, und stand ursprünglich am Hohenzollernplatz, denn bis zur Eingemeindung Schwabings endete dort das Stadtgebiet Münchens.

Stark verwittert, aber noch erkennbar, ist das Münchner Kindl auf der Burgfriedensäule aus dem 15. Jh. am Elisabethplatz.

4.10 Elisabethschule

Dem aufmerksamen Betrachter fällt auf, dass sich am Elisabethplatz keine Kirche befindet, wie man es bei einem Ortszentrum erwarten würde, sondern Schulen: das Gisela-Gymnasium und die Elisabethschule. Theodor Fischer schuf die Elisabethschule, ausgestattet mit 30 Lehrsälen und zwei Schülerwerkstätten, Kindergarten, Brausebad und Suppenküche, die 1901 den Betrieb als Volksschule aufnahm. Für Buben und Mädchen gab es, wie damals üblich, zwei getrennte Eingänge. Damit das Schulhaus auch wirklich den Platz und die Umgebung dominiert, entwarf Fischer den mächtigen Uhrenturm. Doch schon vier Jahre später begann man, die Schule gewerblich zu nutzen. Mit Kriegsbeginn 1914 wurde das Gebäude zweckentfremdet und vom Militär als Rekruten-Depot VI genutzt, das zum 2. Ersatzbataillon des 2. Infanterieregiments gehörte. Im Haus befand sich auch ein Musterungsbüro. Hier meldete sich am 16. August 1914 ein gewisser Adolf Hitler als Kriegsfreiwilliger, der in der nahen Schleißheimer Straße ein Zimmer zur Untermiete bewohnte und sich als Postkartenmaler durchschlug. Kurz zuvor war Hitler noch von den Behörden seiner österreichischen Heimat als wehruntauglich ausgemustert worden.

Mit dem regulären Lehrbetrieb ging es erst 1919 weiter. Als Berufsschule diente das Haus den unterschiedlichsten Ausbildungszweigen – Kupfer- und Kesselschmiede, Bau- und Kunstschlosser, Schuh- und Hutmacher, ja sogar Musiker und Tänzer drückten hier die Schulbank.

Heute ist hier die Städtische Berufsschule für Fahrzeug- und Luftfahrttechnik zu Hause. Das Gebäude ist (zumindest außen) ein gutes Beispiel für den Münchner Jugendstil. Ein genauerer Blick lohnt sich auf die Fassade, hier finden sich im Stuck verschiedene Märchenmotive.

Der Froschkönig an der Fassade

4.11 Gisela-Gymnasium

Als die Schule am 21. September 1904 den Betrieb für 273 Schüler aufnahm, war sie noch eine Kreisrealschule. Das Gebäude, 1903/04 nach Plänen von Cajetan Pacher erbaut, beherbergte 23 Klassenzimmer, eine Sporthalle und zeitweise sogar einen Botanischen Garten. Doch mit Schwabing wuchs auch die Schülerzahl drastisch an, 1910 hatte sie sich schon verdreifacht. Ein Jahr später baute man an. Ab 1920 wurde die Gisela-Schule Seminarschule, in der man angehende Lehrer in den Fächern Geschichte, Deutsch, Sozialkunde, Chemie und Biologie ausbildete. Neun Jahre später wurde die Schule zur Oberrealschule erhoben. 1943 musste der Schulbetrieb kriegsbedingt eingestellt werden. Man

nutzte das Gebäude als Kaserne und Lazarett, die Schüler wurden als Luftwaffenhelfer im Flak-Dienst verheizt. Rund 200 Schüler starben dabei. Nach schweren Bom-

benschäden baute man die Schule 1947 wieder auf und erweiterte sie gleichzeitig um zwei Sporthallen. Ab 1971 führte die Schule das Kollegstufensystem ein und ist seitdem ein naturwissenschaftlich-technologisches und sprachliches Gymnasium. Obwohl schon Ende der 1950er-Jahre einige wenige Mädchen aufgenommen wurden, öffnete sich das Gymnasium erst 1981 komplett der Koedukation. In genau diesem Jahr schafften die United Balls, die ehemalige Schülerband des Gisela-Gymnasiums, mit der Punk-Hymne *Pogo in Togo* einen Tophit, der sogar die Nummer 1 in Australien und Neuseeland wurde.

Seit 1984 bietet das Gymnasium vier für Hörgeschädigte ausgestattete Klassenzimmer. Im Schuljahr 2013/14 recherchierte ein Schülerseminar die Biografien der 45 ehemaligen jüdischen Schüler und Lehrer des Gymnasiums während des NS-Regimes. Ihnen zu Ehren wurde am 10. November 2014 im Eingangsbereich ein Denkmal eingeweiht.

4.12 Agnespost

Auffällige, an die Gotik erinnernde Spitzbögen, die in skurrilen Figuren gipfeln, sind das Markenzeichen der Agnespost in der Agnesstraße 1–5. Das fünfgeschossige Postamt wurde 1925/26 nach Plänen von Robert Vorhoelzer und Franz Holzhammer, zwei der bedeutendsten Vertreter der bayerischen Postbauschule, erbaut. Am 5. Juli 1955 erschütterte ein grausames Verbrechen die Öffentlichkeit: In der Schalterhalle der Agnespost tötete eine Paketbombe den 51-jährigen slowakischen Exilpolitiker

Matuš Cernák sowie einen zufällig anwesenden 38-jährigen Verleger und eine 74-jährige Witwe, die ihre Rente abholen wollte. 20 Menschen wurden verletzt. Der Bombenanschlag konnte nie geklärt werden, auch wenn der Verdacht nahelag, dasss der tschechoslowakische Geheimdienst das Höllenpaket losgeschickt hatte.

4.13 Seehundbrunnen

Dieser Seehund ist zoologisch gesehen eigentlich gar kein Seehund, sondern ein Seelöwe. Doch der Brunnen heißt nun mal fälschlicherweise Seehundbrunnen. Das bronzene Tier, 1936 von Emil Manz geschaffen, sitzt auf einem knospenartigen Steinsockel und spritz munter Wasser in die Luft. Es handelt sich dabei um Trinkwasser.

4.14 Simmernschule

Es zeichnete sich schon 1906 ab, dass dringend eine neue Schule für den Norden der Stadt benötigt wurde. Doch erst drei Jahre später begannen die Bauarbeiten an der Simmernstraße 2 nach den Plänen des Bauamtmanns Wilhelm Bertsch. 1911 nahm die Volksschule den Unterricht auf und hatte gleich eine Premiere zu feiern: Sie war die erste Simultanschule Bayerns, also die erste Schule, in der katholische und evangelische Kinder zusammen unterrichtet wurden. Zwischen 1916 und 1921, als viele Schulen zu Lazaretten oder Unterkünften umfunktioniert wurden, musste das Haus ausquartierte Nachbarschulen mit aufnehmen und Schichtunterricht einführen. 1927 eröffnete ein Kindergarten im Gebäude. Nach dem Zweiten Weltkrieg diente das bombenbeschädigte Haus zunächst als

Gefangenenlager. Der reguläre Schulbetrieb wurde im September 1945 wieder aufgenommen, gleichzeitig liefen die Instandsetzungsarbeiten, es musste das ausgebombte Wilhelm-Mädchen-Gymnasium aufgenommen werden, und der Nordflügel wurde als Flüchtlingsunterkunft umfunktioniert. 1952 verließen die letzten Flüchtlinge das Haus, 1961 zog das Mädchen-Gymnasium aus. Von 1986 bis 1988 wurde die Simmernschule renoviert, ebenso ab 2006. Heute gibt es hier eine Grundschule sowie eine Mittelschule mit einer M10-Klasse.

Die Simmernschule im Jahr 1910

4.15 Schwabinger Krankenhaus

Die Versorgung der Schwabinger Kranken lag über Jahrhunderte im Wesentlichen in den Händen der Dorf-Bader, der erste ist 1468 nachgewiesen. Im 19. Jh. konnte man auch das seit 1819 leer stehende und langsam verfallende Münchner Leprosenhaus nutzen, so z. B. bei der Blatternepidemie 1828. Ansonsten brachte man Kranke eher schlecht als recht im Gemeindehaus an der Marschallstraße 6 (heute wäre das die Adresse Kunigundenstraße 1) unter. 1859 lehnte der Münchner Magistrat den Antrag Schwabings ab, sich an einem der städtischen Krankenhäuser finanziell zu beteiligen und dafür Betten belegen zu dürfen. Also kaufte der Gemeinderat ein Jahr später für 10 000 Gulden das Landhaus der Karoline von Neumann an der Mandlstraße und wandelte es in ein Spital unter ärztlicher Leitung um. Zwei Wärterinnen, ein Hausmeister, ein Bader und ein Arzt betreuten die jährlich rund 200 Patienten. 1864 kam das benachbarte Schullersche Bauernhaus als neues Gemeindehaus, sprich Armen- und Pfründeanstalt, dazu. 1873 übernah-

Das alte Gemeindehaus 1910

men die Niederbronner Schwestern die Pflege im Krankenhaus. Auf Initiative des leitenden Arztes Dr. Philipp von Kern, der wegen steigender Einwohner- und damit steigender Patientenzahlen auf einen größeren Neubau

Das Schwabinger Krankenhaus stand 1911 noch allein auf weiter Flur

pochte, wurde am 7. Februar 1885 der Grundstein zum neuen Krankenhaus an der Ecke Clemens-/Bismarckstraße gelegt. Bei der Eröffnung im August standen in 20 Sälen 60 Betten zur Verfügung. Angegliedert war wieder eine Pfründeanstalt. Häufigste Diagnose war damals die Lungentuberkulose, in manchem Winter überschritt die Zahl der Kranken die der Betten bei Weitem. Immerhin hatte man das Personal aufgestockt, neben dem Arzt gab es einen Assistenzarzt, acht Schwestern, drei Mägde und einen Wärter. Schwabing wuchs und wuchs, und schnell war das Krankenhaus am Ende seiner Kapazitäten. 1908, Schwabing war längst ein Teil Münchens,

tur und Zweitem Weltkrieg beschlagnahmten die US-Truppen das Krankenhaus und betrieben es als 98th General Hospital. Nur die Kinderklinik blieb in der Hand der Stadt München. 1957 gaben die US-Behörden die komplette Anlage an die Stadt zurück, die noch im selben

Eingang zum Klinikum

Trinkbrunnen an der Straße

kaufte die Stadt noch ein Gebäude an der Viktoriastraße für die Klinik hinzu. Doch ein großer Neubau war längst geplant und bereits im Bau.

Eine »vorbereitende Kommission für die Errichtung eines III. Krankenhauses« tagte seit 1900 und die Stadtverwaltung ließ bereits Grundstücke im nordwestlichen Schwabing aufkaufen. Architekt und Bauamtmann Richard Schachner entwarf das Klinikum, das eine moderne, großzügige »Musteranstalt« in Pavillonbauweise werden sollte. Die Bauarbeiten begannen 1905. Am 18. Januar 1909 eröffnete das »Städtische Krankenhaus München Schwabing« mit vorläufig 157 Betten. In den nächsten vier Jahren wurden die restlichen Pavillons fertiggestellt. Rund 95 % der Krankenzimmer sind nach Süden ausgerichtet. Damals galt das 14 Mio. RM teure Klinikum mit seinen weitläufigen Grünanlagen als eines der schönsten und zweckmäßigsten der Welt. Die Pflege übernahmen die Barmherzigen Schwestern. Ab 1915 begann man, in den jeweiligen Abteilungen auch Kinderbetten aufzustellen, denn das vom Klinikum mitverwaltete, 1898 eröffnete Gisela-Kinderspital in der Haimhauserstraße war längst dauernd überfüllt. Während des Ersten Weltkriegs diente das Haus auch als Lazarett und Desinfektionsanstalt. Das seit Jahren geplante Kinderkrankenhaus mit Säuglings- und Kleinkinderpflegeschule wurde schließlich am 17. April 1928 in Betrieb genommen. Nach Dikta-

Jahr umfassende Sanierungs- und Modernisierungsmaßnahmen veranlasste. 1962 übernahm die Landeshauptstadt den Wirtschaftsbetrieb von den Barmherzigen Schwestern. Ab 1975 wurden weitere Gebäude errichtet, seit 1996 gibt es einen Hubschrauberlandeplatz auf dem Dach des südlichen Funktionsbaus. 1999 erfolgte die komplette Sanierung der Kinderklinik.

Mit rund 2 000 Betten war das Krankenhaus zeitweise eines der größten in Deutschland. Mittlerweile hat man die Bettenzahl drastisch verringert, heute gibt es knapp 1 000 stationäre Betten und 64 Tagesklinikplätze. 2004 beschloss der Münchner Stadtrat, die Städtischen Krankenhäuser Bogenhausen, Harlaching, Neuperlach, Schwabing, Thalkirchner Straße, die Akademie, den Blutspendedienst und die Zentralwäscherei zu einem Unternehmen zusammenzufassen. Dieses neue Unternehmen startete am 1. Januar 2005 als Städtisches Klinikum München GmbH. Aus dem Krankenhaus München Schwabing wurde das Klinikum Schwabing, das als akademisches Lehrkrankenhaus der LMU und der TU dient und rund 2 500 Beschäftige hat. Es beherbergt 17 Kliniken, fünf Intensivstationen, 11 Operationssäle, zwei OP-Säle für Strahlenunfallverletzte und einen Sektionssaal.

4.16 Max-Planck-Institut für Psychiatrie

Emil Kraepelin, der seit 1903 als Dozent für Psychiatrie an der LMU arbeitete, plante eine Forschungsstätte für Psychiatrie zu gründen. Mit großzügigen Spenden des amerikanischen Bankier James Loeb ausgestattet, ersuchte er 1917 den bayrischen König Ludwig III. um die Genehmigung der Stiftung »Deutsche Forschungsanstalt für Psychiatrie«, was seine Majestät gerne erlaubte. Mit dem Geld von Loeb im Hintergrund reservierte sich Kraepelin schon mal ein Grundstück nördlich des neuen Schwabinger Krankenhauses für seine Forschungsanstalt. Loeb unterstützte die Stiftung auch weiterhin und stellte kostenlos ein Gebäude am Bavariaring 46 (heute Maria-Theresia-Klinik) zur Verfügung. Kraepelin war extrem konservativ und betont völkisch, er sah in den zahlreichen »Psychopathen« und »Minderwertigen« eine »Volksplage«. Dennoch gilt er heute wegen seiner Leistungen als wichtiger Wegbereiter der wissenschaftlichen Psychiatrie, er erarbeitete die Grundlagen des heutigen Systems zur Klassifizierung psychischer Störungen. Kraepelins Nachfolger, allen voran Ernst Rüdin, der von 1931 bis 1945 das Institut leitete, standen den Ideen des Nationalsozialismus und den Rassetheorien mehr als aufgeschlossen gegenüber.

1926 erhielt die Forschungsanstalt noch einmal eine sehr großzügige Spende: Die Rockefeller-Foundation gab 325 000 Dollar für den Bau eines Instituts auf dem dafür vorgesehenen Grundstück. Architekt Carl Sattler entwarf das Gebäude. Die Eröffnung 1928 erlebte Kraepelin nicht mehr, er starb 1926. Ernst Rüdin, Gründungsmitglied der deutschen Gesellschaft für Rassenhygiene, arbeitete am NS-Massensterilisierungs-Gesetz »zur Verhütung erbkranken Nachwuchses« mit. Weil das Gebäude im Zweiten Weltkrieg stark beschädigt wurde, konnte die Forschung bis zum Wiederaufbau 1949 nur sehr eingeschränkt weitergeführt worden. Nicht nur Räume fehlten, sondern auch ein Träger, denn 1945 wurde die Kaiser-Wilhelm-Gesellschaft zur Förderung der Wissenschaften, bisher Trägerorganisation der Forschungsanstalt, aufgelöst. Die im Jahr 1948 neu gegründete Max-Planck-Gesellschaft übernahm 1954 die Forschungsanstalt für Psychiatrie unter Aufrechterhaltung der Stiftung von 1917. Die Umbenennung in Max-Planck-Institut für Psychiatrie erfolgte 1966. In den 1970er-Jahren führte das Institut übrigens ein hochinteressantes Experiment zur Erforschung der inneren Uhr des Menschen durch. Dazu wurden 450 Probanden für Zeiträume von vier Wochen bis zu einem halben Jahr in einem Bunker in Andechs komplett von der Außenwelt abgeschottet. Das Ergebnis: Wir haben einen 25-Stunden-Rhythmus für den Tagesablauf, wir haben also jeden Tag eine Stunde zu wenig Zeit. 1998 gliederte man das Theoretische Teilinstitut aus, die fortan als eigenständiges Max-

Planck-Institut für Neurobiologie firmiert. Das Institut beschäftigt heute rund 240 Vollzeitkräfte und bietet vier Stationen für Psychiatrie und eine für Neurologie mit insgesamt 120 Betten, sowie eine psychiatrische Tagesklinik mit zwei Abteilungen und 34 Betten.

Pfennigparade an der Barlachstraße

4.17 Stiftung Pfennigparade

Ein Pfennig allein zählt nicht viel, aber viele Pfennige zusammen machen dann doch einen Batzen Geld. Und nach dem Motto »Jeder Pfennig zählt« sammelte eine 1950 unter Prof. Georg Hohmann gegründete Bürgerinitiative Spenden für Poliogelähmte. Zwei Jahre später wurde aus der Initiative ein Verein, der 1956 die Impfkosten gegen Kinderlähmung für finanziell schwache Patienten in Bayern übernahm. Der Verein arbeitete nun verstärkt mit dem Krankenhaus Schwabing zusammen und übernahm u. a. die Nachsorge von Poliopatienten. Durch den Contergan-Skandal Anfang der 1960er-Jahre erweiterte sich der Kreis der Betreuten. Der Pfennigparade war es 1962 zu verdanken, dass Bayern als erstes Bundesland die »aktive Impfung« gegen Polio einführte. Im gleichen Jahr starteten Abendzeitung und Bayerischer Rundfunk eine sehr erfolgreiche Spendenaktion, dank der die Pfennigparade eine Grund- und Hauptschule mit Internat für körperbehinderte Schüler bauen konnte, 1969 kam eine Realschule hinzu. Die 70er-Jahre standen ganz unter dem Zeichen des konsequenten Aus-

Das »Forum am Luitpold« der Pfennigparade an der Schleißheimer Straße

baus von neuen Angeboten. So kamen z. B. ein Wohnheim für künstlich Beatmete, ein Kindergarten, eine Fachoberschule, Werkstätten für Behinderte und behindertengerechte Apartments hinzu. 1979 firmierte der Verein Pfennigparade e.V. um zur Stiftung Pfennigparade.

In den Folgejahren eröffnete die Stiftung auch außerhalb Münchens Wertstätten und Niederlassungen. 1991 entstand die Perspektive GmbH in Unterschleißheim, eine Förderstätte für schwerst- und mehrfachbehinderte Menschen, zu der 2001 auch ein Wohnheim gebaut wurde. Die Integrationsfirma Sigmeta Gmbh, die heute 130 behinderte und nichtbehinderte Menschen im Bereicht IT-Dienstleistungen beschäftigt, wurde 1999 gegründet. Mit drei weiteren Gesellschaften rief die Pfennigparade 2006 das Kinderhaus AtemReich für dauerbeatmete (Klein-)Kinder ins Leben. 2010 erfolgte die Grundsteinlegung zum »Forum am Luitpold«, das speziell behinderten Senioren eine Heimat bieten will. Heute ist die Stiftung Pfennigparade, Hauptsitz an der Barlachstraße 24, ein bundesweit aktiver Sozialkonzern mit 13 gemeinnützigen Tochtergesellschaften, der umfangreiche Förderprogramme aus den Bereichen Bildung, Erziehung, Arbeit, Therapie, Medizin und Wohnen bietet. Mehr als 1 500 behinderte und ungefähr noch einmal so viele nichtbehinderte Menschen nehmen die Angebote der Pfennigparade an.

Die Cowboy-Statue *Go!* von Pia Stadtbäumer

4.18 Petuelpark

Wo einst der Verkehr des Petuelrings tobte, herrscht nun Ruhe. Der Verkehr ist zwar noch da, er fließt aber unterirdisch. Die Planungen für den Petuelpark auf dem Tunnel begannen 1999 und erwiesen sich als kompliziert. Denn der Tunnel überragte das Gelände teilweise um bis zu 3,50 m, außerdem war das Gelände zwar 900 m lang, aber nur 60 m schmal. Das Landschaftsarchitektenteam Stefanie Jühling und Otto A. Bertram entwarf das Konzept, den Park auf zwei Ebenen anzule-

gen. Der höchste Teil ist im Wesentlichen eine weitläufige Grünfläche, in der tieferen Ebene wurden Themengärten angelegt. Auf der Fläche von 7,4 ha wurden rund 2 800 Stauden, 7 300 Sträucher und 389 Bäume gepflanzt. Auch der an der Parksüdseite verlaufende Nymphenburg-Biedersteiner-Kanal wurde in die Gestaltung mit einbezogen. Zur Eröffnung des Tunnels im Jahr 2002 begannen die Arbeiten am Park. Er konnte am 27. Juni 2004 der Öffentlichkeit übergeben werden. Wo vorher der Mittlere Ring Milbertshofen und Schwabing getrennt hat, verbinden nun der Park und vor allem zwei Plätze die beiden Stadtviertel. Da ist zum einen der zentrale Fontänenplatz mit dem im Jahr 2005 eröffneten Café am Knotenpunkt zweier Hauptwege zwischen Schwabing und Milbertshofen. Das Café ist integriert in den Kubus des Lenbachhauses, entworfen vom Architektenbüro Kiessler + Partner. Im Kubusuntergeschoss werden dreimal jährlich wechselnde, raumbezogene Installationen gezeigt. Der andere verbindende Platz ist der Platz der Pfennigparade im Westen. Ein Generationengarten im Nordwesten lädt die Anwohner dazu ein, die Beete selbst zu bepflanzen. Im dazugehörigen Pavillon betreut der Verein Stadtteilarbeit verschiedene Projekte und Veranstaltungen.

Neben dem Grünkonzept wurde auch ein Kunstkonzept erarbeitet. Das Baureferat und die Kunstkommission entwickelten gemeinsam mit dem Münchner Künstler Stephan Huber einen Skulpturen-Parcours als Plattform internationaler Kunst. Da gibt es das *Rhetorische Wäldchen* von Harald Klingelhöller mit sechs unterschiedlichen Rednerpulten aus weißem und schwarzem Granit. Ein Knopfdruck – und das Pult wird Trinkbrunnen.

Einen anderen Brunnen schuf Hans van Houwelingen: In seiner Kopie einer Marienstatue aus dem 15. Jh. fließt das Wasser durch die Handstigma der Jesuskindes in den Brunnen. *Blick aus der Idylle hinab ins Inferno* nennt Bogomir Ecker sein Periskop, durch das man den Verkehr im Petueltunnel beobachten kann. Rodney Graham stellte in einem Quadrat aus Eibenhecken sieben Stühle, Nachbauten aus dem Pariser Jardin du Luxembourg, auf. In diesem *Hortus Conclusus* erklingt jeden Tag um 16.15 Uhr das Lied *I'm On An Island* von den Kinks in einer Coverversion der Rodney Graham Band.

In einem Glashaus hängen zwei grüne Glasgebilde des Künstlers Raimund Kummer, die an das Augeninnere, den Glaskörper, erinnern sollen. Mit seiner Rosenpergola aus Edelstahl, in die Collagen von Text- und Bildfragmenten auf Milchglas eingebaut sind, schuf Aribert von Ostrowski einen Ort der Poesie. Ostrowki verwendete für seine Botschaft *Erzähle die Geschichte selbst* die Schrifttype aus dem berühmten Pflanzenbuch *Hortus Eystettensis*, das der Nürnberger Botaniker Basilius Besler 1613 veröffentlichte.

Für Überraschungsmomente sorgen die Stiefelpaare, die Roman Singer installiert hat. Ein Paar Stiefel steht im Nymphenburg-Biedersteiner-Kanals und spuckt unregelmäßig eine bis zu 7 m hohe Wasserfontäne aus. Ein weiteres Paar Stiefel auf dem Gehweg stößt Luft hervor.

Das bekannteste und meistfotografierte Werk im Petuelpark ist sicher das Reiterstandbild *Go!* von Pia Stadtbäumer. Ein kleiner Cowboy schleppt auf seinem Maulesel die Statussymbole unserer Zeit mit sich.

Ein Verweis auf den Mittleren Ring, der einst hier verlief, ist das Lichtkunstwerk aus 70 Edelstahlstelen mit eingebauten Autoscheinwerfern von Dietmar Tanterl.

4.19 Haus am Schuttberg

Wie der Name verrät, steht das Haus direkt am ehemaligen Schuttberg, dem heutigen Luitpoldhügel. 1977 gründete sich der gemeinnützige Verein »Haus am Schuttberg« e. V., um das Haus vor dem Abriss zu bewahren und für Kinder- und Jugendarbeit zu nutzen. 1990 richtete man einen Abenteuerspielplatz ein. 2004 kam am Ackermannbogen ein Spielbauwagen hinzu, 2006 ein weiterer in der Parkstadt Schwabing. 2009 konnte ein Neubau direkt neben dem alten Haus bezogen werden. Neben dem Abenteuerspielplatz zieht vor allem das Café Rotor für Mädels und Jungs zwischen 10 und 16 Jahren viele Besucher an.

4.20 Georgenschwaige

Eigentlich ist diese Georgenschwaige nicht die echte Georgenschwaige, denn historisch gesehen ist damit die Schwaige Milbertshofen mit der Kirche St. Georg gemeint. 1790 errichteten die Brüder Franz Xaver und Joseph Lunglmayr bei Milbertshofen am Nymphenburg-Biedersteiner-Kanal eine Bleiche nach holländischem System. Schon sechs Jahre später verkauften die Lunglmayrs die Bleiche an den Freisinger Hofkammerrat Andrä von Riß. Riß starb 1798. Seine Witwe Therese verkaufte den nun »Risenfeld« genannten Besitz am 8. Januar 1800 an Max von Wibner, der eine Perlgraupenmühle errichtete. 1826 begann der Badebetrieb an diesem Abschnitt des Nymphenburg-Biedersteiner-Kanals. Das ehemalige Bleichhaus wurde 1833 vom Wirt Heinrich Rößler zur Restauration umgebaut und 1850 »Bad

Grüne Glaskörper von Raimund Kummer

Das Bad Riesenfeld, heute Bad Georgenschwaige, auf einer Postkarte von 1910

Bad Riesenfeld bei München

Georgenschwaige« getauft. Das Riesenfeld gehörte teilweise zur Gemeinde Schwabing, teilweise zu Milbertshofen. Das Georgenschwaigebad lag auf Schwabinger Grund und kam daher 1890 bei der Eingemeindung Schwabings zu München. Das Bad an der Belgradstraße 195 wird wegen mangelnder Wasserqualität seit 1964 nicht mehr vom Kanal gespeist. Es ist bis heute eine beliebte Adresse für Wasserratten im Münchner Norden, die es gerne ruhiger mögen, denn hier gibt es keinen Erlebnisbadschnickschnack. Ein 50 m Sportbecken, ein 25 m Nichtschwimmerbecken und ein Kinderplanschbecken – dazu viel Liegewiese. Punkt.

4.21 Luitpoldpark

Eine wenig frisches Grün für die stetig wachsende Maxvorstadt – das war der Plan des Magistrats, als man 1909 beschloss, auf einer riesigen Brache am Stadtrand den »Nordpark« zu errichten. Im Zentrum sollte ein über 17 m hoher Obelisk aus fränkischem Muschelkalk zu Ehren des Prinzregenten stehen, umgeben von 90 Linden und 25 Eichen, die für die Lebens- und Regierungsjahre Luitpolds stehen. Pünktlich zum 11. März 1911, Prinzregent Luitpolds 90. Geburtstag, pflanzte Prinz Luitpold, der Urenkel des Prinzregenten, die 90. Linde und eröffnete damit den Park. Durch Stiftungen von Firmen und Einzelpersonen kamen immer mehr Bäume und Denkmäler hinzu. So das Denkmal für den Geografen und Landeskundler Dr. Wilhelm Götz (1913), gestaltet von dem Münchner Bildhauer Hans Hemmersdorfer, oder auch der spätgotische Bildstock mit Madonnenfigur (1916). Nach dem Zweiten Weltkrieg schuf man im Nordteil des Parks mit Kriegsschutt einen 37 m hohen Hügel, auf dessen Gipfel ein 1958 errichtetes Bronzekreuz von Heinrich Altmann an die schlimmen Kriegsfolgen erinnert. Die Inschrift »Betet und gedenkt all der unter den Bergen von Trümmern Verstorbenen« sorgte immer wieder für Verwirrung, doch unter diesem Trümmerberg liegen keine Toten. Der 33 ha große Park erhielt seine heutige Form und Gestaltung in den 70er-Jahren.

4.22 Pumucklbrunnen

»Hurra, hurra, der Kobold mit dem roten Haar ...« Die Geschichten um den frechen Kobold Pumuckl aus der Feder der Münchner Schriftstellerin Ellis Kaut begeistern bis heute Klein (und auch Groß). Der kleine Rotschopf ist immer für eine Überraschung gut – darum verwundert es auch nicht, dass der bronzene Pumuckl in ganz unregelmäßigen Abständen einen langen Wasserstrahl ausspuckt. Die tanzende Figur ist Teil einer Trinkwasserbrunnenanlage am Rande eines Kinderspielplatzes im westlichen Luitpoldpark. Sie steht auf einer hohen steinernen Stele, die von drei kleineren Stelen umrandet ist. Der Pumucklbrunnen wurde 1985 vom Starnberger Bildhauer Claus Nageler geschaffen.

4.23 Bamberger Haus

Direkt am westlichen Eingang des Luitpoldparks liegt ein kleines architektonisches Kleinod, das Bamberger Haus, Brunnerstraße 2. Der Münchner Architekt Franz Rank ließ es 1911/12 erbauen. Dabei wurden barocke Sandsteinskulpturen des Böttingerhauses in Bamberg in die Fassade integriert. Das 1707–1713 errichtete Böttingerhaus (auch Prellhaus) in der Bamberger Judenstraße 14 gilt als einer der bedeutendsten bürgerlichen Barockbauten Süddeutschlands. Um 1900 herum konnte Franz Rank Fassadenteile des Hauses erwerben und nach München bringen. Der damalige Besitzer des Böttingerhauses hatte nämlich Teile der Garten- und Innenhoffassade, die nicht von der Straße aus einsehbar waren, einfach entfernt und verkauft. Damit ist das Bamberger Haus das einzige Gebäude in München mit Elementen des fränkischen Barocks. 1911 feierte der Namensgeber des Luitpoldparks, Prinzregentn Luitpold, seinen 90. Geburtstag, was Rank zum Anlass nahm, das Haus nach der Fertigstellung der Stadt München zu schenken. 1923 erfolgte der Umbau zu einem Gartencafé. Das im Zweiten Weltkrieg stark zerstörte Gebäude wurde 1951 erst vereinfacht wieder aufgebaut und diente als Sitz der Deutschen Forschungsgesellschaft für Druck- und Produktionstechnik. Seit der 1984/85 erfolgten Grundsanierung wird es wieder als Gastronomiebetrieb genutzt. 1995 kaufte die Augustiner Brauerei das Anwesen.

4.24 Sophie-Scholl-Gymnasium

Ein explizit evangelisches Mädchenlyzeum gab es bis 1929 in München keines. In jenem Jahr übernahm der »Verein zur Förderung evangelischer Mädchenbildung« ein Schulgebäude in der Tengstraße 40 und gründete die Hermann-Bezzel-Schule. Die Schülerinnen konnten entweder den fremdsprachlichen Zweig mit Englisch, Französisch und Latein oder den hauswirtschaftlichen mit »Fächern des Frauenschaffens« wählen. Als konfessionell geführte Anstalt, was die Hermann-Bezzel-Schule den Nazis ein Dorn im Auge. 1941 übernahm die Stadt die Schule, die nun »Städtische Oberschule für Mädchen an der Tengstraße« hieß. Durch Kriegszerstörungen musste die Schule, fortan »Mädchenoberschule München-Nord« genannt, wie viele andere auch den Unterricht an engstem Raum in völlig überbelegten Schulgebäude in der Wilhelmstraße 29 abhalten. Die Entscheidung für einen Neubau fiel 1958, ein Jahr später war Baubeginn auf einem Grundstück östlich des Luitpoldparks in der Karl-Theodor-Straße 92. Zur Eröffnung 1962 war der ehemalige Ulmer Oberbürgermeister Dr. Robert Scholl Ehrengast, denn die Schule wurde nach seiner Tochter, der Widerstandskämpferin Sophie Scholl, »Städtisches Sophie-Scholl-Realgymnasium« benannt (das »real« ist im heutigen Namen nicht mehr vorhanden). Das Gymnasium ist auch heute noch eine reine Mädchenschule mit einem neusprachlichen und einem sozialwissenschaftlichen Zweig.

4.25 Willi-Graf-Gymnasium

Direkt neben dem Sophie-Scholl-Gymnasium liegt eine weitere Schule, die nach einem der Widerständler der Gruppe »Weiße Rose« benannt ist. Student Willi Graf wurde 1943 im Alter von 25 Jahren in Stadlheim ermordet. Die Schule ging quasi organisch aus dem Sophie-Scholl-Gymnasium hervor, das bereits in den 1960ern aus allen Nähten platzte. Der Neubau an der Borschtallee 26 wurde 1966 eröffnet, ab 1972 konnten auch Knaben die Schule besuchen. Das Willi-Graf-Gymnasium geriet verschiedentlich in die Negativschlagzeilen, so z. B. Anfang der 1990er, als eine Jugendgang Schüler bedrohte und beraubte.

4.26 St. Sebastian

Schon 1905 zeichnete sich ab, dass die Pfarrkirche St. Ursula mit den steigenden Einwohnerzahlen Schwabings bald überlastet sein würde. Doch bis zur Grundsteinlegung einer neuen Kirche in Schwabing-West, an der Kreuzung Schleißheimer und Karl-Theodor-Straße, vergingen noch 23 Jahre. Am 9. Dezember 1928 war Baubeginn für die große Kirche im Stil der Neuen Sachlichkeit nach Plänen von Eduard Herbert und Otho Orlando Kurz. Die Architekten entwarfen ein ganzes Platzkonzept, so auch die Wohnbauten entlang der Karl-Theodor-Straße. Die Kirche sollte ein neues Zentrum bilden, daher wurde sie von der Straße zurückgesetzt gebaut. Kardinal Michael Faulhaber weihte St. Sebastian am 10. November 1929. Brandbomben zerstörten die Kirche am 31. Juli 1944 fast komplett. Die Wiedererrichtung erfolgte erst 1964, der Bau eines Pfarrheims mit Pfarrsaal gar erst 1979. Die Orgel aus der Werkstatt von Georg Jann stammt aus dem Jahr 1987. St. Sebastian ist heute die größte Pfarrei im Dekanat München Innenstadt und die viertgrößte Pfarrei der Erzdiözese München und Freising. Nebenkirchen von St. Sebastian sind die Kirche des St. Joseph-Kinderheims, die Hauskapelle im Johanneskolleg und die Hauskapelle im Altenheim St. Willibrord.

4.27 Bayernplatzschule

Die Volksschule am Bayernplatz, Hiltenspergerstraße 72, wurde im Juni 1953 eröffnet. Sie beherbergte bis zum Schuljahr 2010/2011 eine Grund- und eine Hauptschule. Die Hauptschule wurde damals in die neue Mittelschule an der Elisabeth-Kohn-Straße, Ackermannbogen, verlegt. Seitdem ist die Schule am Bayernplatz eine reine Grundschule.

In Schwabing-West gibt es außerdem noch die 1964 gegründete Farinellischule, eine Grundschule an der Farinellistraße 7.

4.28 Brunnen ohne Titel

Der dreiteilige Fontänenbrunnen *Untitled* aus geschweißtem Edelstahl am Helmut-Fischer-Platz wurde 1990 von Inga Ragnarsdóttier geschaffen.

Die hölzerne Kreuzkirche im Jahr 1944

4.29 Kreuzkirche

Am Anfang stand nur eine hölzerne Notkirche an der Hiltenspergerstraße. Sie war 1930 errichtet worden, um die zu stark frequentierte evangelisch-lutherische Markuskirche in der Maxvorstadt zu entlasten. Am 1. April 1933 wurde die Kreuzkirche eine eigene Kirchengemeinde. Zu den wichtigsten Förderern der Gemeinde zählte von Anfang an der Buchhändler und Verleger Albert Lempp, der sich maßgeblich in der den Nationalsozialismus ablehnenden Bekennenden Kirche engagierte und zu den Mitverfassern der »Osterbotschaft Münchner Laien« zählte, einer mutigen kirchlichen Denkschrift, die sich gegen die Judenverfolgung richtete. Die hölzerne Kreuzkirche fiel allerdings im Juli 1944 Brandbomben zum Opfer.

Eine Baracke, gespendet aus der Schweiz, bot ab 1946 eine neue Notunterkunft. 1950 entstand ein fester Kirchenbau nach Plänen von Otto Bartning, der kurzerhand die Grundmauern einer ausgebrannten Schulturnhalle in sein Konzept integrierte. Der heutige Kirchenbau, entworfen von Theodor Steinhauser, wurde 1968 fertiggestellt. Es handelt sich um einen sechseckigen Betonskelettbau, dessen Inneres mit Klinkern verkleidet ist, in den das Licht durch schmale Fenster unterhalb des Flachdachs fällt. Mit dem Kirchenbau nicht direkt verbunden ist der hohe Sichtbeton-Campanlie. Zentraler Blickfang im Kircheninneren ist ein großes, mit einem Bergkristall geschmücktes Silberkreuz von Hermann Jünger. Karlheinz Hoffmann schuf das Relief an der Eingangspforte und das Turmkreuz. Die Orgel stammt von Orgelbau Sandtner aus Dillingen a. d. Donau, erbaut im Jahr 1985. Den alten Kirchensaal von Bartning funktionierte man zum Gemeindesaal mit 250 Plätzen um und taufte ihn 2009 auf den Namen von Albert Lempp.

4.30 Hermann-Frieb-Realschule

Das auffällige Gebäude nach Plänen des Münchner Stadtbaurats Robert Rehlen an der Hohenzollernstraße 140 wurde zwischen 1904 und 1906 als Volksschule erbaut – damals einfach Hohenzollernschule genannt. 1910 ließ Stadtschulrat Georg Kerschensteiner zwei Versuchsklassen im Sinn der Arbeitspädagogik einrichten. Dieser Ansatz der Reformpädagogik wollte sich von der obrigkeitsorientierten »Buch- und Paukschule« absetzen, Schüler sollten zur Selbsttätigkeit ermuntert werden. Während des Zweiten Weltkriegs diente die Schule erst als Reservelazarett, dann als Krankenhaus. 1961 wurde die heutige Realschule gegründet, die zunächst Städtische Realschule für Knaben hieß und drei Jahre später nach dem in Stadlheim hingerichteten Münchner Widerstandskämpfer Hermann Frieb benannt wurde. Bis heute spielt der Pädagogikansatz Kerschensteiners eine Rolle in der Schule. Besonders gefördert wird die musikalische Bildung, es gibt Schulorchester, Chor, Percussionsgruppe, Swingband und ein Theater.

4.31 Mädchen mit Seehund

Ein leicht bekleidetes Mädchen balanciert auf einer Kugel, aus der an vier Stellen Wasser sprudelt, und trägt dabei noch auf der linken Schulter eine kleine Robbe. Ferdinand Liebermann schuf 1930 den Brunnen, der auf einem kleinen Platz an der Hiltenspergerstraße steht.

4.32 Nordbad

Man ahnt es bereits an der vereinfachten neoklassizistischen Fassade: Das Nordbad wurde dem Zeitgeschmack entsprechend während der NS-Diktatur erbaut. Es gehörte zu den Projekten der Stadt, die Sport und Körperertüchtigung fördern sollten. Das Grundstück an der Schleißheimer Straße erwarb die Stadt bereits 1934, doch erst 1941 konnte das Bad eröffnet werden. Stadtbaurat Karl Meitinger entwarf die Anlage. Der im Westen gelegene Portikus mit den vier Säulen und dem Walmdach ist der Haupteingang. Die beiden Seitenflügel umfassen die Schwimmhalle mit dem 33 x 13 m

großen Becken. Eine treppenartige Tribüne soll für bis zu 1 400 Zuschauern Platz bei Wettkämpfen bieten. Die Wand über der Tribüne ziert ein Monumentalmosaik von Günther Graßmann. Das im Zweiten Weltkrieg schwer beschädigte Gebäude wurde zwischen 1949 und 1951 durch Stadtbaurat Philipp Zametzer wiederaufgebaut. 1996/97 erfolgte eine gründliche Sanierung und eine Neugestaltung des Außenbereichs mit Liegewiese und 34 Grad warmem Außenbecken, das auch im Winter in Betrieb ist. Wie fast alle städtischen Bäder bietet auch das Nordbad heute ein breit gefächertes Angebot an Wellness- und Fitnesseinrichtungen und entsprechenden Programmen.

Vor dem Haupteingang stehen zwei Skulpturen des Oculus-Ensembles von Anne und Patrick Poirier (siehe 4.33). Die beiden Pavillons, die den Eingang links und rechts einrahmen, wurden beim Umbau um je ein Stockwerk erhöht. Das Café am Nordbad im nördlichen Pavillon hat zum Schwimmbad hin nur eine kleine Verkaufstheke, es wird hauptsächlich von Passanten besucht.

4.33 Oculus historiae, Oculus memoriae, Oculus oblivionis

Zwei riesige steinerne Augen und eine silberglänzende Säule auf der anderen Straßenseite – dass sie Teil eines Ensembles sind, erklärt sich nicht von selbst, denn ursprünglich sollte der gesamte Platz neu gestaltet werden. Doch der Platz zwischen Stadtarchiv und Nordbad wurde nie realisiert, hier fließt weiterhin der Verkehr der Schleißheimer Straße. So stehen die einzelnen Elemente der

vierteiligen, 1990 geschaffenen Installation von Anne und Patrick Poirier eher zusammenhangslos herum. Ein Teil ist das Oculus historiae (»Auge der Geschichte«), eine konvexe, vergoldete Aluminiumguss-Scheibe mit 1,60 m Durchmesser, die ihren Titel als Inschrift trägt und sich über dem Eingang des Stadtarchivs befindet. Ein weiteres Element ist die 8,50 m hohe Edelstahlsäule, die sich in sieben gegeneinander versetzte Elemente gliedert. Auf der gegenüberliegenden Straßenseite flankieren Oculus memoriae (»Auge der Erinnerung«) und Oculus oblivionis (»Auge des Vergessens«) den Zugang zum Nordbad. Die beiden Skulpturen aus grauem Marmor messen jeweils 1,60 m in Breite und Länge und 2,20 m in der Höhe. Der Kenner kann sie schnell als überdimensioniert vergrößerte Augenpartie von Michelangelos *David* identifizieren. Gebrochene Säulen und die *David*-Augen kehren im Kanon des französischen Künstlerpaares Poi-

Die Edelstahlsäule und das goldene Oculus historiae über dem Eingang zum Stadtarchiv an der Schleißheimer Straße. Der Besuchereingang zum Stadtarchiv ist in der Winzererstraße (Foto unten).

rier immer wieder. In ihrem Münchner Ensemble haben die Poiriers die jeweiligen Gebäude in das Spannungsverhältnis des kulturellen Gedächtnisses und des Vergessens einbezogen. Das Stadtarchiv bewahrt die Erinnerungen Münchens, das Nordbad wurde während der Nazizeit erbaut, eine Ära, die man gerne vergessen würde.

4.34 Stadtarchiv München

Das Stadtarchiv ist das kollektive Gedächtnis Münchens. Schon im Mittelalter begann München alle wichtigen Unterlagen zu archivieren, ab 1771 leistete man sich dafür einen hauptamtlichen Archivar. Ab 1845 begann der Archivar über alle wichtigen Ereignisse ein Tagebuch zu führen. Der Vorläufer des heutigen Stadtarchivs, 1893 gegründet, befand sich einst direkt am Marienplatz. 1920 zog es um nach Schwabing-West in die Räume des ehemaligen städtischen Wehramts, das 1912–1914 nach Plänen von Hans Grässel an der Winzererstraße erbaut worden war. 1990 wurde ein größerer Erweiterungsbau nach Plänen von Hans-Busso von Busse zur Schleißheimer Straße hin fertiggestellt. Die älteste Urkunde, die das Stadtarchiv besitzt, stammt aus dem Jahr 1265. Laut der Website finden sich im Stadtarchiv 2 381 Urkunden aus der Zeit bis 1500 und 6 922 von 1501 bis 1800. Naturgemäß liegt der Schwerpunkt des Archivs auf dem 19. und 20. Jh.

Zu den umfangreichen Beständen des Stadtarchivs zählen: Akten zu Bürgermeisteramt und Ratsgremien seit 1265, und seit 1458 die Ratssitzungsprotokolle. Praktisch alles, was mit städtischem Bauwesen zu tun hat (Lokalbaukommission, Hoch- und Tiefbau, Bäche und Gewässer, Planungsreferat etc.). Ebenso Einwohner- und Meldewesen, Polizei und öffentliche Sicherheit, wobei ein Großteil der Polizeiakten jedoch im Staatsarchiv liegen. Die Bestände im Bereich Finanz- und Steuerwesen gehen bis auf das Jahr 1318 zurück. Die ältesten städtischen Gerichtsbücher im Bestand Justiz, Recht und Personalwesen stammen aus dem 14. Jh. Im Bereich Kultur und Schule wird alles gesammelt, was städtische Kultureinrichtungen wie Büchereien, Theater und Sammlungen sowie die städtischen Schul- und Bildungseinrichtungen und private Ausbildungsstätten betrifft. Und noch vieles mehr archiviert das Stadtarchiv, auch aus den Bereichen Liegenschaften, Kommunalreferat, Wirtschaft und Soziales.

Bedeutend sind auch die umfangreichen Sammlungen mit historischen Bau- und Stadtplänen, die Sammlungen mit Film- und Bildmaterial aus der Geschichte Münchens (u. a. die Sammlung Karl Valentins mit historischen Stadtfotos) sowie die Nachlässe von Persönlichkeiten aus allen Bereichen des öffentlichen Lebens sowie Firmen, Verbänden, Vereinen, Gesellschaften und Körperschaften.

4.35 Oberwiesenfeld

Der Garten, der dem Oberwiesenfeld seinen Namen gab, lag einst am Rand der Maxvorstadt. Auf dem sogenannten Maßmannbergl an der Dachauer Straße richtete sich der kurfürstliche Hofkammer- und Kommerzienrat Dominikus von Schwaiger ein großzügiges Anwesen ein, das 1790 erstmals als »Wiesenfeld« bezeichnet wurde. Der Garten bildete aber nur den kleinsten Teil des Oberwiesenfelds. Das Ödland der Schotterebene im Münchner Norden diente seit Urzeiten den Neuhausern und Feldmochingern als Viehweide, durchschnitten nur vom Nymphenburg-Biedersteiner-Kanal. Ab 1794 wurde es zum Artillerie-Experimentierplatz bestimmt. Nur wenige Jahre später begann die Bebauung mit so zahlreichen Militäreinrichtungen, dass das Oberwiesenfeld ab 1822 keinen Platz mehr zum Exerzieren bot. Man musste großzügig Nachbargrundstücke im Norden dazukaufen.

Der militärische Ausbau des Geländes setzte sich bis ins 20. Jh. fort. Mehrere Kasernen wurden angesiedelt, so die Eisenbahner-Kaserne, das Barackenkasernement, die Luftschiffer-Kaserne und die Prinz-Leopold-Kaserne.

Dazu kamen Militärverwaltungsbauten. Und München bekam auf dem Oberwiesenfeld auch seinen ersten Flughafen. Schon Ende des 19. Jh. landeten hier Ballone und Luftschiffe, ab 1909 wurde es offiziell zum Flugplatz für zivile und militärische Maschinen. 1939 zog der Flughafen um nach Riem. Es blieb aber ein kleiner Flughafen weiter in Betrieb, er wurde von 1945 bis 1957 von der US-Armee und bis 1968 für Privatflieger genutzt. Der Flughafen und ein großer Teil des Oberwiesenfelds ging im Olympiagelände auf.

Die weitläufigen Kasernenareale dienten nach dem Zweiten Weltkrieg zunächst der US Army, ab 1955 der Bundeswehr. Und weil das Militär in kleinen Schritten Kasernen oder Depots aufgab, entwickelte sich auf dem Oberwiesenfeld eine bunte Subkulturszene. Künstler, Theatergruppen, Musikbands, semi-legale Partyveranstalter nutzten die Hallen als Ateliers, Probe- und Auftrittsräume. Die großen Zeiten der Subkultur sind längst vorbei. Die meisten Flächen des ehemaligen Armeestandorts wurden aufgelassen, ganz neue Wohnviertel wie Ackermannbogen und Nordhaide entstanden. Für die restlichen Flächen und noch erhaltenen Gebäude gab und gibt es verschiedene Nutzungskonzepte und Ausschreibungen. An das alte Oberwiesenfeld erinnert heute nichts mehr, das Gelände gehört heute zum Großteil zu Milbertshofen-Am Hart, ein Teil ist Neuhausen-Nymphenburg und ein kleiner Teil liegt in Schwabing-West.

Die Luftaufnahme aus dem Jahr 1900 zeigt den Schwabinger Teil des Oberwiesenfelds mit der Prinz-Leopold-Kaserne in der Mitte, auf dem Gelände ist heute das Wohnviertel Ackermannbogen

Einige historische Kasernengebäude sind entlang der Schwere-Reiter-Straße erhalten

4.36 Ackermannbogen • Prinz-Leopold-Kaserne

Auf dem ehemaligen Oberwiesenfeld entstand zwischen Ackermann- und Schwere-Reiter-Straße auf dem Gelände der einstigen **Waldmann-** und **Stetten-Kaserne** sowie auf Teilen der **Prinz-Leopold-Kaserne** von 2002 bis 2010 ein komplett neuer Stadtteil mit unterschiedlichen Wohnformen für ca. 4 500 Menschen. Die Anlage, gefördert im Wohnungsbauprogramm der Siedlungsmodelle Bayern, gliedert sich in vier Zonen. Im Nordosten finden sich als Stadtvillen konzipierte Bauten, im Norden wurden lang gestreckte, nach Süden ausgerichtete Wohnblöcke errichtet, im Südosten baute man die Hauszeile entlang einer mäandernden Straße. Ein 14-geschossiges Wohnhochhaus bildet den Abschluss nach Westen.

Die **Stetten-Kaserne** war von 1931 bis 1945 eine Kradschützenkaserne, danach diente sie bis 1956 als »Indiana-Depot« den US-Streitkräften. Die Bundeswehr übernahm anschließend die Anlage und nutze sie bis 1995. Das einzige noch heute erhaltene Gebäude der Kaserne, ein siebengeschossiger Bau an der Schwere-Reiter-Straße 35, wurde vom Studentenwerk München gekauft, saniert und bietet nun 245 moderne Wohnplätze für Studenten.

Die benachbarte **Waldmann-Kaserne** war eine Korpsnachrichtenkaserne, die 1934 errichtet worden war. Zwischen 1945 und 1955 nutzte die US-Army sie als »Jensen Barracks«, bevor die Bundeswehr einzog. Sie gab die Kaserne 1994 auf.

Heute noch erhalten sind Gebäude der **Prinz-Leopold-Kaserne**. Sie wurde 1902 nordöstlich des Barackenkasernements für das 1. Schwere-Reiter-Regiment nach Plänen der Bauräte Georg Zeiser und Beetz im neobarocken Stil erbaut. Zur Anlage gehörten

DEM
1 SCHWEREN REITER REGIMENT
PRINZ KARL VON BAYERN
ZU SEINER JAHRHUNDERTFEIER
1814-1914
GEWIDMET
VON DER VEREINIGUNG EHEM
KURASSIERE U ST W RER REITER
DES REGIMENTS
PRINZ KARL VON BAYERN
MÜNCHEN

IN TREUE FEST

zwei Doppeleskadronkasernen für je 376 Mann, eine Einzeleskadronkaserne für 236 Mann, ein Stabsgebäude, ein Wirtschaftsgebäude, ein Familienwohnblock, drei Reithallen, fünf Stallungen, ein Krankenstall, eine Schmiede und eine Remise. Die Kaserne galt damals als eine der modernsten in Bayern, immerhin verfügte sie sogar schon über Telefonanschlüsse. Die Kaserne blieb auch nach dem Ersten Weltkrieg in Betrieb. Sie diente zuletzt bis 1945 der Artillerie-Beobachtungs-Ersatzabteilung 7. Einige der erhaltenen, inzwischen denkmalgeschützten Gebäude nutzt der Freistaat Bayern für das Staatliche Bauamt Freising – Servicestelle München sowie für die Holzforschung München (HFM), ein Institut der Technischen Universität München. Das HFM bezog bei seiner Gründung 1954 die Räume in der ehemaligen Kaserne und hat bis heute seinen Hauptsitz hier.

Fast wie ein Märchenschloss wirkt das neobarocke Gebäude an der Ecke Winzerer-/Schwere-Reiter-Straße – das ehemalige Offizierskasino (einst »Offizierspeiseanstalt« genannt). Es diente zwischenzeitlich als Chemiefabrik und stand lange leer, wobei es so attraktiv herunterkam, dass es eine beliebte Kulisse für Filmaufnahmen wurde – Bäume wuchsen gar durch das Dach. So drehte hier Rainer Werner Fassbinder, aber auch bei Schimanski-*Tatorten* (die übrigens häufig in München gedreht wurden!) tat das Gebäude mal so, als sei es in Duisburg. Als es an die Sanierung ging, sah alles zunächst gar nicht so schlimm aus. Bis die Denkmalschützer entdeckten, dass die scheinbar gut erhaltenen Gebäudeelemente nur Pappmaschee waren, nämlich stehen gelassene Filmkulissen. Nach kompletter Sanierung 1989/90 für 8 Mio. DM dient das Casinso quasi wieder seinem ursprünglichen Zweck: als Kantine für die Mitarbeiter des Fachbereichs Straßenbau des Staatlichen Hochbauamts Freising.

4.37 Skulptur *Start*

Der Münchner Bildhauer Martin Schmidt schuf die 28 m hohe Stahlskulptur *Start* für die neue Mittelschule an der Elisabeth-Kohn-Straße. Der große Bogen überspannt vom inneren Pausenhof kommend den Eingangsbereich und verbindet so die Schule symbolisch mit der Außenwelt. In der Verlängerung der Bahn startet eine Rakete in den Himmel. In die 2011 eröffnete Schule zogen die Schüler, die bisher die Mittelschulen an der Schwindstraße und am Bayernplatz besucht hatten.

Die Wohnanlage für zivile Militärangehörige an der Barbarastraße im Sommer 1915

4.38 Barbarasiedlung

Noch heute riecht es hier nach Pferden. Hans Holzmann hält sie. Die Tiere ziehen seine Kutsche, mit denen er Touristen oder Brautpaare durch den Englischen Garten fährt. Es ist, als sei die Zeit stehen geblieben mitten in jenem Schwabinger Viertel, das einst für die Armee erbaut wurde. Die Handwerker und Beamte des Korps-Bekleidungsamtes galten zwar rechtlich als Soldaten, immerhin hatten sie eine kurze Grundausbildung absolviert, dienten der Armee aber in ziviler Funktion. Für diese sogenannten Ökonomiehandwerker gab es ein Dienstwohngebäude auf dem Gelände des Barackenkasernements Oberwiesenfeld, das bald nicht mehr ausreichte. In einem Dreieck zwischen Barbara-, Infanterie- und Schwere-Reiter-Straße entstand ab 1909 die neue Militärwohnanlage mit Gartenstadtcharakter nach Plänen des Architekten Georg Besold. Die ein Jahr später bezugsfertigen ersten zwölf Häuser boten Platz für 36 Familien. Weitere Häuser an der Schwere-Reiter-Straße und zwei größere Wohnblocks wurden noch vor Ende des Ersten Weltkriegs fertiggestellt. Die Ein- bis Vierfa-

milienhäuser verfügen alle über einen Vor- und Nutzgarten. Die Siedlung macht durch unterschiedliche Hausformen und -größen einen aufgelockerten Eindruck, da gibt es Walm- und Spitzdächer. 1972 sollte die Barbarasiedlung dem Olympiagelände weichen, doch zum Glück kam das Ensemble rechtzeitig unter Denkmalschutz. Die Siedlung gehört dem Freistaat Bayern und wurde ab 1986 aufwendig renoviert.

Die Pferdekutsche ist nicht nur Deko, sondern noch in Betrieb

4.39 St. Barbara

Am Anfang stand nur eine einfache Halle, die man schnell 1914 zu Beginn des Ersten Weltkriegs mitten in den Kasernengürtel als Gottesdienstraum für die zahlreichen Kriegsfreiwilligen umfunktionierte. Die Behelfskirche war 1901 als Lagerhalle für Bekleidung und Uniformen des nahen Bekleidungsamts des I. Bayerischen Armeekorps erbaut worden. Bei einem Umbau 1922 wurde die Kirche nach Plänen von Erich Goebel verkleinert und umgestaltet, sie verlor nun den Hallencharakter. Weil die Kosten von rund 9 Mio. RM aber das Vermögen der Trägerschaft, einer Kirchenstiftung, überstiegen, wurden händeringend Spender gesucht und an oberster Stelle gefunden: Papst Pius XI. spendete großzügig einen Millionenbetrag. Ein Jahr später weihte Kardinal Faulhaber St. Barbara, die als Garnisonskirche der Reichswehr genutzt wurde. Unter den Nazis wurde St. Barbara am 1. November 1940 enteignet, sie blieb aber Sitz des Militärpfarrers. Das im Zweiten Weltkrieg in Mitleidenschaft gezogene Gebäude wurde unmittelbar nach Kriegsende von einem polnischen Kaplan renoviert und dem bei uns praktisch unbekannten, aber in Polen hoch verehrten hl. Andreas Bobola geweiht. Denn in den benachbarten Kasernen brachten die US-Truppen befreite polnische Zwangsarbeiter, KZ-Häftlinge und Kriegsgefangene unter. Fortan nutzten Polen und Pfarrmitglieder gemeinsam die Kirche, nun eine Filialkirche von St. Benno. Ab 1950 übernahm wieder eine Kirchenstiftung St. Barbara. Die polnische Gemeinde blieb bis 1978 in der Kirche und zog dann aus Platzgründen nach St. Joseph in der Maxvorstadt um.

4.40 Barackenkasernement Oberwiesenfeld

Adolf Hitler absolvierte hier im Jahr 1914 seine militärische Grundausbildung als Soldat des Reserve-Infanterie-Regiments 16. Das nahmen die Nationalsozialisten später zum Anlass, die Oberwiesenfeldkaserne zwischen 1935 und 1945 in »Adolf Hitler Kaserne« umzubenennen. Als Hitler seine Ausbildung begann, gab es das Barackenkasernement gerade erst 21 Jahre lang. Nach einer Typhus-Epidemie im Jahr 1893 mussten innerstädtische Kasernen aufgegeben und Einheiten verlegt werden. Die Neubauten im Karree zwischen Loth-, Barbara-, Heß- und Infanteriestraße wurden schon im Herbst 1893 von Bataillonen des 2. Infanterieregiments »Kronprinz« bezogen. In den Folgejahren kamen Erweiterungsbauten wie ein Verwaltungsgebäude mit Offizierskasino, Wachlokal und Remisen hinzu, sodass das Kasernement über die Infanteriestraße hinaus bis zur Elisabethstraße reichte. Das Barackenkasernement überstand den Bombenhagel des Zweiten Weltkriegs weitgehend unbeschadet, seitdem wurden jedoch viele Gebäude abgerissen, nur Teile der Anlage stehen unter Denkmalschutz und sind an verschiedene Firmen vermietet. Der 1923 von Hermann Broxner errichtete Obelisk aus Muschelkalk im Dreieck Winzerer-, Loth-,

Obelisk für das 2. Bayerische Infanterieregiment (o.) und die Reithalle (u.)

Das Amtsgericht an der Infanteriestraße

Die Pionierkaserne an der Winzererstraße 25 (1913)

Georgenstraße erinnert an das 2. Bayerische Infanterieregiment.

Ein beliebter Veranstaltungsort für Konzerte, Theaterproduktionen, Messen oder auch Firmenfeste ist heute die Reithalle, die 1894 für der 2. Infanterieregiment »Kronprinz« gebaut wurde. Die denkmalgeschützte, neoromanische Halle gehört dem Freistaat Bayern und wird von einem privaten Pächter betrieben.

Ein Teil des Barackenkasernements wurde in den 1950ern und 1960ern mit Wohnungen und Gewerbeeinheiten bebaut. An der Infanteriestraße 14 ist z. B. die Hochschule München mit der Fakultät für Design zu Hause. Ein großes Areal, Infanteriestraße 6, nutzt die Bundespolizeidirektion München. Gegenüber, Infanteriestraße 5, ist in einem Neubau das Amtsgericht München mit den Bereichen Grundbuchamt, Registergericht, Gerichtsvollzieher, Insolvenzgericht und Vollstreckungsgericht untergebracht. Daran anschließend kommen die Gebäude des Landesverbands für Ländliche Entwicklung in Bayern (LVLE).

4.41 Luitpoldkaserne

Auf dem Gelände zwischen Heß- und Infanteriestraße stand ab 1896 die Luitpoldkaserne für die 1890 gegründete Luftschifferabteilung der bayerischen Armee. Die Anfang der 1930er-Jahre erweiterte Anlage wurde nach dem Zweiten Weltkrieg saniert und ab 1950 von der US-

Army genutzt. Die neugegründete Bundeswehr zog fünf Jahre später ein. 1957 verlegte man die Sanitätstruppenschule des Heeres nach München in die Luitpoldkaserne, sie heißt seit 1963 »Akademie des Sanitäts- und Gesundheitswesens der Bundeswehr« und zog 1980 in die Ernst-von-Bergmann-Kaserne nach Freimann um. Die Bundeswehr gab die Liegenschaft Luitpoldkaserne 1999 auf und vermietete die Gebäude.

2004 kaufte die Stadt München das Areal, ein Jahr später zog mit der Bundeswehrfachschule München die letzte militärische Einrichtung aus. Die Stadt hatte große Pläne mit dem Gelände. Hier sollte zum 100-jährigen Bestehen des Werkbunds die Werkbundsiedlung Wiesenfeld entstehen. Der Deutsche Werkbund, eine wirtschaftskulturelle »Vereinigung von Künstlern, Architekten, Unternehmern und Sachverständigen« war 1907 in München gegründet worden. Doch der Stadtrat lehnte am 28. September 2007 das Konzept des japanischen Architekten Kazunari Sakamoto ab, das vorsah, dass zwölf internationale Architekturbüros rund 500 Wohnungen erbauten sollten. Der rot-grünen Mehrheit war alles viel zu modern und wegweisend. Statt mit einem aufregenden neuen Wohnkonzept à la Werkbundsiedlung soll das Gelände nun anders bebaut werden.

4.42 Konradshof

Ein Konrad, vermutlich der Propst Konrad von Schäftlarn, gab dem 1260 als »Chunratshoven« erstmals erwähnten Gebiet seinen Namen. Konradshof bestand nur aus weitläufigen Feldern auf dem südlichen Teil des Oberwiesenfelds, die dem Kloster Schäftlarn bis zur Säkularisation 1803 gehörten. Ein zugehöriger Gutshof, wie es der Name vermuten lässt, existierte nie. Das Kloster verpachtete die Äcker an Münchner Bürger. Das längst mit Wohnhäusern bebaute Gelände gehört heute teils zum Stadtbezirk 4 Schwabing-West, teils zum Stadtbezirk 9 Neuhausen-Nymphenburg.

Illustration der geplanten Werkbundsiedlung

Schwabing war und ist ein wichtiger Verlagsstandort. Einige der renommiertesten deutschsprachigen Verlage sind hier groß geworden. Einige sind zwar inzwischen weggezogen, dennoch hier eine Auswahl der bekanntesten:

arsEdition

1896 gründete der Österreicher Josef Müller seine ars sacra Josef Müller Kunstanstalten, in denen er religiöse Druckgrafiken und Gebetbücher produzierte. 1979 wurde das Verlagskonzept unter neuer Geschäftsleitung gründlich umgekrempelt. Der Verlag mit Sitz in der Friedrichstraße 9 produziert seitdem hauptsächlich Kinder- und Geschenkbücher sowie Nonbook- und Papeterie-Artikel. Der Verlag gehört seit 2000 zur schwedischen Bonnier-Gruppe.

C. H. Beck Verlag

Carl Gottlob Beck gründete seinen Verlag 1763 in Nördlingen. 1889 zog der Verlag nach München, seit 1948 befindet er sich im heutigen Verlagsgebäude in der Wilhelmstraße 9. Der Schwerpunkt liegt bei Fachtiteln zu Recht, Wirtschaft und Finanzen, aber auch andere kulturgeschichtliche Sachthemen sowie Literatur werden verlegt. Der C. H. Beck Verlag ist nach wie vor in Familienbesitz, zur Verlagsgruppe gehört u. a. auch der Biederstein Verlag. Der Biederstein Verlag wurde 1946 gegründet, um von den Amerikanern eine Lizenz zu erhalten, denn Heinrich Becks NS-Vergangenheit sorgte dafür, dass der C. H. Beck Verlag bis 1949 nicht publizieren durfte.

Langenscheidt Verlag

»Brieflicher Sprach- und Sprechunterricht für das Selbststudium der französischen Sprache« hieß etwas sperrig das erste Verlagsprodukt, das Gustav Langenscheidt 1856 in seinem neuen Verlag herausbrachte. Selbstlernkurse und Wörterbücher wurden die ersten Verkaufsschlager des damals noch in Berlin beheimateten Verlags und sind es bis heute noch. 1961 zog der Verlag von Berlin nach München. 1968 bezog Langenscheidt ein eigenes Verlagsgebäude in die Neusser Straße 3. Seit Januar 2013 gehört der bislang familieneigene Verlag der Günther Holding, die den Verlag deutlich verkleinert hat. Langenscheidt ist in Schwabing geblieben und in die Mies-van-der-Rohe-Straße 5 umgezogen.

Piper Verlag

Den Rekord brachte ein Entertainer: Hape Kerkelings Pilgerbericht *Ich bin dann mal weg* wurde das erfolgreichste Sachbuch der deutschen Nachkriegsgeschichte und damit die Krönung in der über 100-jährigen Geschichte des Piper Verlags. 1904 gründete Reinhard Piper seinen Verlag. Er veröffentlichte u. a. Schopenhauer, die Reden Buddhas und eine Gesamtausgabe von Fjodor Michailowitsch Dostojewski. Pipers innovatives Programm zog schnell die Literatur- und Kunstavantgarde an. Dank der Freundschaft Pipers zu Franz Marc und Wassily Kandinsky erschien 1912 der Almanach der Künstlergruppe Blauer Reiter im Piper Verlag. Finanzielle Probleme während der Weltwirtschaftskrise zwangen Piper, den Wiener Robert Freund als Teilhaber aufzunehmen. Doch 1937 musste der Jude Robert Freund aus dem Verlag aussteigen. Piper verkaufte das Verlagsgebäude in der Römerstraße, um seinen Partner auszahlen zu können, und zog in eine Villa in der Georgenstraße 4, die August Thiersch erbaut hatte. Noch heute hat der Piper Verlag hier seinen Sitz. Nach Reinhard Pipers Tod 1953 übernahm sein Sohn Klaus als Geschäftsführer den Verlag. Trotz aller Erfolge konnte Piper der großen Konzentrationswelle in den 1990er-Jahren nicht lange standhalten. 1995 verkaufte Klaus Piper an die schwedische Bonnier-Gruppe.

Deutscher Taschenbuch Verlag (dtv)

1961 riefen elf deutsche Verlage einen gemeinsamen Taschenbuchverlag ins Leben. Sitz war damals die Franz-Joseph-Straße 2. Zunächst brachte dtv Taschenbuchausgaben von Hardcovertiteln aus so gut wie allen Bereichen (von Sachbuch über Belletristik bis zu Reiseführern und Kinderbüchern) heraus, seit 1996 erscheinen auch Erst- und Originalausgaben und seit 2012 sogar Hardcover. Der dtv sitzt heute nicht mehr in Schwabing, sondern in der Isarvorstadt, Tumblingerstraße.

Ebenfalls nicht mehr in Schwabing beheimatet, wo sie entweder gegründet wurden oder lange zu Hause waren, sind der **Bayerische Landwirtschaftsverlag** (heute: Lothstraße, Neuhausen), der **Wilhelm Fink Verlag** (Paderborn), der **Verlag Frauenoffensive** (Weißenburger Straße, Haidhausen), **Gräfe und Unzer** (Grillparzerstraße, Haidhausen), der **Verlag Antja Kunstmann** (Zweigstraße, Ludwigsvorstadt), **Schirmer/Mosel Verlag** (Widenmayerstraße, Lehel) sowie der **Prestel Verlag.**

Einen Hauch Anarchie hat sich Schwabing doch erhalten: bei den Machern des *Gaudiblatts*. Sie haben ein Gesellschaftsspiel namens »Schwabopoli« herausgebracht, bei dem es darum geht, möglichst schnell von der Theresienstraße zur Münchner Freiheit zu gelangen. Doch es lauern viele Gefahren in Form von Banken und Versicherungen, die den Spieler radikal zurückwerfen können …

Das Spiel kann sich jeder im Internet als PDF herunterladen unter:
www.gaudiblatt.de/cms/schwabopoli

Das *Gaudiblatt* riefen Ur-Punk Olli Nauerz und der Godfather of Munich Undergroundmusic Carl-Ludwig Reichert im Jahr 2009 ins Leben, weil ihnen im glattgestriegelten München ein subversives, links-libertinäres Pressemedium fehlte. Seitdem erscheinen jeweils einem Thema gewidmete *Gaudiblätter* in unregelmäßigen Abständen. Die Redaktion sitzt in Schwabing.

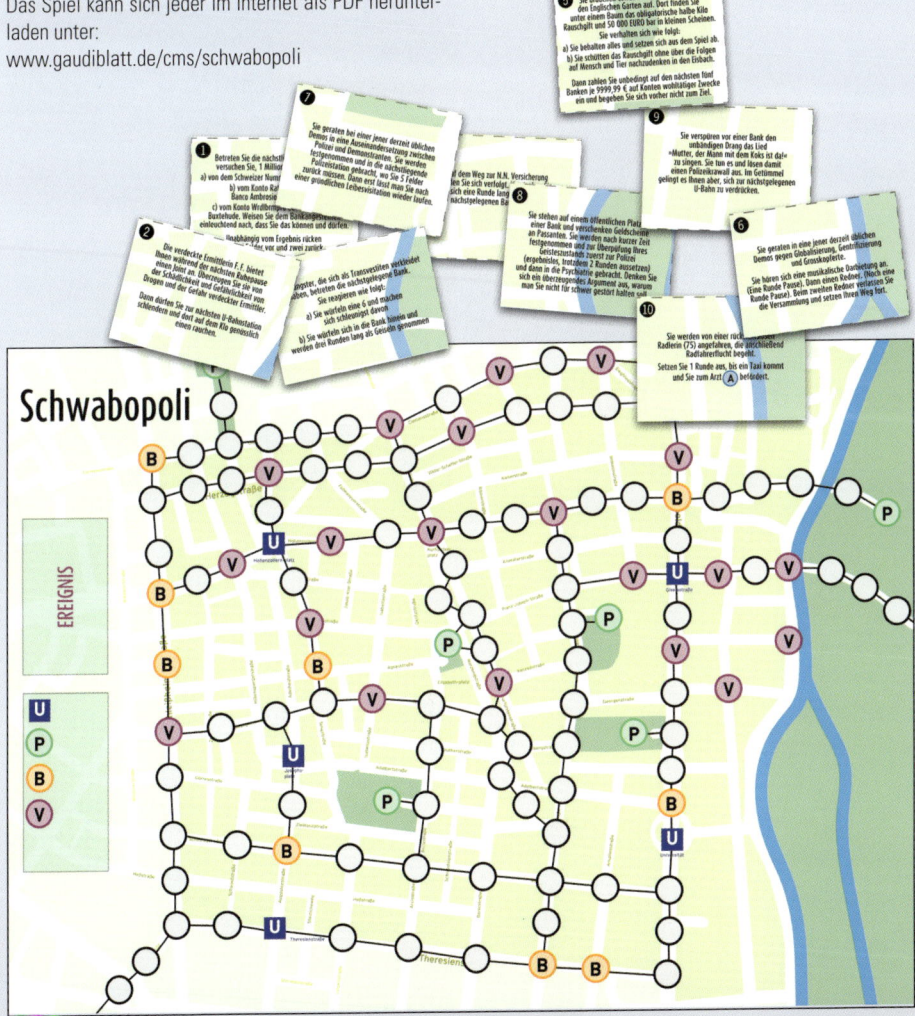

In Schwabing zu verhungern oder verdursten ist beinahe unmöglich. Zumindest entlang der Leopoldstraße, zwischen Leopoldstraße und Elisabethplatz und natürlich rings um die Münchner Freiheit reihen sich Cafés und Restaurants für jeden Geschmack aneinander. Unsere Tipps hier erheben keinerlei Anspruch auf Vollständigkeit und haben keine Garantie auf Tagesaktualität.

Cafés • Bistros

AAB Element Coffee
Schleißheimer Str. 187A

Anniks Café & das GaumenSpiel
Franz-Joseph-Str. 30

Bistro 204
Leopoldstr. 204

ESCA
Agnesstr. 6

Friesische Teestube
Pündterplatz 2

Leonardi im M.Pire
Marcel-Breuer-Str. 8

Literafé
Georgenstr. 105

Mocca Bar
Herzogstr. 2

Necado Kaffeeladen
Isabellastr. 48

Plan B
Winzererstr. 88

Shogenoff
Ungererstr. 58

Speisecafé Rigoletto
Rosa-Aschenbrenner-Bogen 9

Tagescafé Schwabing
Hohenzollernstr. 41

Vanilla Lounge
Leopoldstr. 65

Brasserie Schwabing
Belgradstr. 1

Café de Bambini
Clemensstr. 14

Café de Bambini
Marktstr. 7

Café Münchner Freiheit
Münchner Freiheit 20

CAN Café am Nordbad
Schleißheimer Str. 142A

Das GaumenSpiel
Haimhauserstr. 11

Das Turncafé
Hiltenspergerstr. 43

delmocca Kaffeerösterei und Kuchenbar
Clemensstr. 20

Die Kuchenwerkstatt
Herzogstr. 84

Essen

Afrikanisch

Blue Nile
Siegesstr. 22

Afghanisch

Khorassan
Ungererstr. 56

Bayrisch/Alpenländisch

Bachmaier Hofbräu
Leopoldstr. 50

Gasthaus Weinbauer
Fendstr. 5

Gaststätte Lerchentreff
Lerchenauer Str. 5A

Taverne zur Schandgeige
Elisabethstr. 36

Trumpf oder Kritisch
Feilitzschstr. 14

Waldfee
Occamstr. 13

Wintergarten am Elisabethplatz
Elisabethplatz 4

Wirtshaus Zur Brez'n
Leopoldstr. 72

Zum Fassl
Leopoldstr. 171

Burger

Brandstetter
Herzogstr. 29

Burger House
Schleißheimer Str. 234

Effe & Gold – Burger & Wurst
Herzogstr. 86

Ruff's Burger & BBQ
Occamstr. 4

The Potting Shed
Occamstr. 11

Chinesisch:

Bei-Ling
Karl-Theodor-Str. 97

China-Express
Leopoldstr. 74

Hanshe
Leopoldstr. 173

Hoking
Nikolaistr. 9

Hong Kong
Tengstr. 34

The Hutong Club
Franz-Joseph-Str. 28

Yinshi
Schleißheimer Str. 182

Brasserie Schwabing Belgradstr. 1	**Gustoso** Clemensstr. 69
Café Reitschule Königinstr. 34	**Hostaria Rò e Buni** Kaiserstr. 55
Drugstore Feilitzschstr. 12	**Italy** Leopoldstr. 108
egger's Schwabing Friedrichstr. 27	**L'Osteria Schwabing** Leopoldstr. 28A
Fleming's Brasserie & Bar Leopoldstr. 130-132	**La Lucania** Situlistr 54
Kaisergarten Kaiserstr. 34	**La Mia** Occamstr. 5
Le Florida Georgenstr. 48	**La Perla** Luisenstr. 75
Lebenslust Erich-Kästner-Str. 14	**La Stella** Hohenstaufenstr. 2
Occam Deli Feilitzschstr. 15	**NiroNiro** Occamstr. 11
Osterwaldgarten Keferstr. 12	**Osteria Nabucco** Erich-Kästner Str. 21
Plaza Mayor Ursulastr. 10	**Pepe e Sale** Wilhelmstr. 15
Scheidegger Bauerstr. 16	**Riva Schwabing** Feilitzschstr. 4
Schwabinger Wassermann Herzogstr. 82	**Seerose** Feilitzschstr. 32

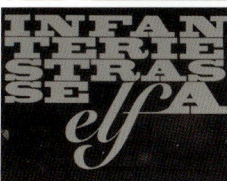

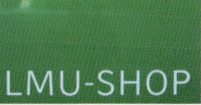

Französisch

Le Cézanne
Konradstr. 1

La Bouche
Heimhauserstr. 8

Gourmet/Sterneküche

Tantris
Johann-Fichte-Straße 7

Griechisch

Kalypso Taverna
Agnesstr. 8

Brusko Grill Restaurant
Leopoldstr. 9

Piatsa
Leopoldstr. 33

Taverna Parea
Kaiserstr. 5

Indisch

Aangan
Schleißheimer Str. 121

Dhaba
Herzogstr. 1b

Mumbai
Leopoldstr. 42

Swagatam
Tengstr. 20

Taj Schwabing
Belgradstr. 29

International

Arts 'n' Boards
Belgradstr. 9

Block House
Leopoldstr. 32

Blu Mediteraneo
Bauerstr. 2

SO.CAL Drink & Dine
Occamstr. 7

Tivoli Restaurant
Am Tucherpark 7

Wood
Occamstr. 6

Italienisch/Mediterran

Adria Ristorante
Leopoldstr. 19

Bibulus
Siegfriedstr. 11

Caffétteria Vittorio
Occamstr. 9

cenone Restaurant
Occamstr. 11

Ciao Francesco
Brunnerstr. 2

Da Angelo
Franz-Joseph-Str. 48

Siamo
Leopoldstr. 60

Trattoria Da Fausto
Helmtrudenstr. 1

Trattoria Giornale
Leopoldstr. 7

Vinpasa
Isabellastr. 47

Japanisch/Sushi

Bento Box
Leopoldstr. 42

Ohayou
Belgradstr. 71

Sushibar
Marschallstr. 2

Sushi Se
Agnesstr. 2

Schwabing • Service & Info

Mexikanisch

Condesa
Münchner Freiheit 6

Don Luca
Leopoldstr. 44

ISSES
Elisabethstr. 12

Tacos y Tequila
Herzogstr. 93

Tijuana Café
Leopoldstr. 13A

Orientalisch

Arabesk
Kaulbachstr. 86

Ksara
Haimhauserstr. 7

Lemar Schwabing
Viktor-Scheffel-Str. 23

Spanisch

El Mirador
Clemensstr. 83

Los Faroles
Nordendstr. 26

Tapagallo
Bismarckstr. 21

Steak

Asado Steak Schwabing
Leopoldstr. 28A

Block House
Leopoldstr. 32

KvR – Kapitales vom Rind
Viktoriastr. 23

Maredo Steakhouse
Leopoldstr. 42

**Panther Grill & Bar
Steakhouse**
Franz-Joseph-Str. 45

Thai

Longgrain
Belgradstr. 45

MyThai Kitchen München
Feilitzschstr. 6

Restaurant Thailand
Hesseloherstr. 7

Vietnamesisch

Anh-Thu
Kurfürstenstr. 31

Cô Bé
Kurfürstenstr. 47

Cochinchina
Kaiserstr. 28

Com Viet
Agnesstr. 11

Koriander
Nordendstr. 64

New Saigon
Hohenzollernplatz 8

Thu
Destouchesstr. 48

Bars

Alfonso's Live Music Club
Franzstr. 5

Bar On
Leopoldstr. 124

BarCulina
Franz-Joseph-Str. 48

Bareve
Ursulastr. 3

Barschwein
Franzstr. 3

Ben's Bar
Clemensstr. 7

BigBen7
Hohenzollernstr. 120

Blu Mediteraneo
Bauerstr. 2

Boteco Brasil Bar
Occamstr. 2

Caffétteria Vittorio
Occamstr. 9

Chico's Bar
Leopoldstr. 44

Coccodrillo Bar
Hohenzollernstr. 11

Cocktail-House
Feilitzschstr. 25

Die Repüblik
Ursulastr. 6

Distillers Bar
Occamstr. 2

Don Luca
Leopoldstr. 44

Hakuna Matata
Bayerstr. 103

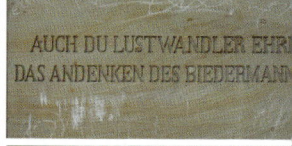

Kinos

Noch existierende und ehemalige Kinos in Schwabing:

ABC (Odeon-Lichtspiele)	Herzogstr. 1a	seit 1914
Leopold-Lichtspiele	Leopoldstr. 78 (früher 80)	seit 1926
Monopol	Schleißheimer Str. 127	seit 2011
Münchner Freiheit	Leopoldstr. 82	seit 1995
Bavaria-Lichtspiele	*Hohenzollernstr. 49*	*1914-1944*
Elektra-FT	*Leopoldstr. 249*	*1954-1965*
Hollywood (Cinemonde im Citta 2000)	*Leopoldstr. 28a*	*1969-1983*
Lafi Freimann	*Domagkstr. 33*	*1948-1952*
Lupe 2	*Ungererstr. 19*	*1974-2005*
Marmorhaus	*Leopoldstr. 35*	*1926-2006*
Monopol (Aeroport, Broadway, Filmburg)	*Feilitzschstr. 7*	*1926-2011*
Schauburg	*Franz-Joseph-Str. 47*	*1926-1964*
Schwabinger Lichtspiele (Kinematograph Raab)	*Hohenzollernstr. 84*	*1908-1927*
Studio für Filmkunst	*Occamstr. 8*	*1948-1970*
Unser Kino im Schwabylon	*Leopoldstr. 204*	*1973-1974*

GENUSS DER SINNE

Highlight Bar
Mies-Van-der-Rohe-Str. 10

Hopfendolde
Feilitzschstr. 17

Irish Folk Pub
Giselastr. 11

ISSES
Elisabethstr. 12

Jennerwein
Belgradstr. 27

Karibik
Occamstr. 2

Kiste
Siegesstr. 17

Kult Café PePa
Klopstockstr. 4

Le Florida
Georgenstr. 48

Mauerer
Leopoldstr. 56A

Olio
Ainmillerstr. 10

Peaches Schwabing
Feilitzschstr. 14

Peoples Bar & Cigar Lounge
Am Tucherpark 7

Pilsdoktor
Leopoldstr. 124

Promillchen
Wilhelmstr. 27

Reizbar
Agnesstr. 54

Rennbahn
Feilitzschstr. 12

Rheinpfalz
Kurfürstenstr. 35

Riva Schwabing
Feilitzschstr. 4

Roxy
Leopoldstr. 48

Saha
Giselastr. 10

Schluckauf
Occamstr. 25

Schwabinger 7
Feilitzschstr. 15

Schwabinger Podium
Wagnerstr. 1

Schwabinger Wassermann
Herzogstr. 82

Shamrock
Trautenwolfstr. 6

Stengelhof
Stengelstr. 2

Theaterklause Onkel Wanja
Franz-Joseph-Str. 47

Treffpunkt
Schleißheimer Str. 125

Vega Bar
Georgenstr. 56

Vereinsheim
Occamstr. 8

Zum Neuen Hut
Feilitzschstr. 11

Clubs & Discos

Alte Galerie
Kaulbachstr. 75

Deluxe
Leopoldstr. 27

Crash
Ainmillerstr. 10

GreenRoom Bar
Leopoldstr. 13

Lardy
Leopoldstr. 49

Lassavane Club
Kaiserplatz 4

Bücher

Autorenbuchhandlung ABC
Wilhelmstr. 41

Bücher & Erlesenes
Haimhauserstr. 5

Buchhandlung am Nordbad
Elisabethstr. 55

Buchhandlung Lehmkuhl
Leopoldstr. 45

Literabella Buchhandlung
Isabellastr. 49

Literafé
Georgenstr. 105

Neo Tokyo
Haimhauserstr. 3

**Spanische Buchhandlung
Hispano America**
Konradstr. 11

Galerien

Autoren Galerie
Pündterplatz 6

Galerie-atelier ck-f
Hohenzollernstr. 67

Galerie Cornelia Walter
Belgradstr. 11

Galerie Roucka
Feilitzschstr. 14

Galerie von Braunbehrens
Ainmillerstr. 2

**Mouseart Shop der
Pfennigparade**
Hagedornstraße 3

Studio Hering
Isabellastr. 40

Theater

Heppel & Ettlich
Feilitzschstr. 12
www.heppel-ettlich.de

**Lach- und Schießgesell-
schaft**
Ursulastr. 9
www.lachundschiess.de

Theater Leo17
Leopoldstr. 17
www.leo17.de

Lustspielhaus
Occamstr. 8
www.lustspielhaus.de

Rationaltheater
Hesseloherstr. 18
www.rationaltheater.de

Schauburg
Franz-Joseph-Str. 47
www.schauburg.net

Vereinsheim
Occamstr. 8
www.vereinsheim.net

Polizei

**Polizeiinspektion München
- 13 - Schwabing**
Johann-Fichte-Straße 6
089/36056-0

Bezirks-
ausschüsse

**BA 04 Schwabing-West
BA 12 Schwabing-Freimann**
Geschäftsstelle
Tal 13
089/29 16 51 73

Die Straßennamen

Wer waren all die Damen und Herren, nach denen so viele Straßen in Schwabing benannt sind? Diese und alle weiteren Fragen zur Herkunft der Straßennamen im Viertel werden hier beantwortet. Ebenso, welche Berühmtheit wo wohnte (Hausnummern nach heutiger Nummerierung), wobei bei Straßen, die durch die Maxvorstadt und Schwabing gehen, auch Maxvorstädter Nummern genannt werden.

Aachener Straße

seit 1906 Deutsche Kaiser und Könige wurden von 936 bis 1531 in Aachen gekrönt. Karl der Große wählte die Stadt zu seiner Residenz. Aachen war ab 1166 das »Haupt der Städte«. Die Stadt im Dreiländereck Deutschland-Belgien-Niederlande hat heute rund 240 000 Einwohner.

Ackermannbogen, -straße

seit 2004/1960 Der Journalist Josef Ackermann (1896–1959) war während der NS-Diktatur von 1933 bis 1945 mit Unterbrechungen in den KZs Dachau, Buchenwald und Mittelbau-Dora inhaftiert. Nach dem Krieg gründete er den Münchner Stadtanzeiger und leitete als Direktor den Städtischen Nachrichtendienst. Von 1950 bis 1955 gehörte er dem Bayerischen Senat an.

Adam-Erminger-Platz

seit 1986 Schwabings erster Schulmeister Adam Erminger (1698–1735) nahm 1735 im alten Mesnerhaus an der heutigen Feilitzschstraße den ersten Unterricht auf.

Adams-Lehmann-Straße

seit 2004 Die gebürtige Engländerin Hope Bridges Adams Lehmann (1855–1916) schloss als erste Frau in Deutschland ein Medizinstudium ab und arbeitete als erste praktische Ärztin und Frauenärztin Münchens in der Praxis ihres zweiten Ehe-

manns. Sie engagierte sich auch als Friedensaktivistin und Frauenrechtlerin.

Adelheidstraße

seit 1898 Henriette Adelheid Maria von Savoyen (1636–1676), Gattin des Kurfürsten Ferdinand Maria, ließ die Theatinerkirche und Schloss Nymphenburg erbauen.

Agnes-Neuhaus-Str.

seit 2004 Die Politikerin Agnes Neuhaus (1854–1944) gründete 1899 den Verein vom Guten Hirten, aus dem erst die Katholische Fürsorgeverein und 1968 dann der Sozialverband katholischer Frauen hervorging. Von 1920 bis 1930 saß sie als Abgeordnete für die Zentrumspartei im Reichstag.

Agnesstraße

seit 1898 1) Herzog Otto II. der Erlauchte wurde im zarten Alter von sechs Jahren mit Pfalzgräfin Agnes von der Pfalz (gest. 1267) verlobt, die er später auch ehelichte. Dadurch wurde die Pfalz bayerisches Herrschaftsgebiet.
2) Agnes von Wittelsbach (1335–1352) kam schon als Kind ins Münchner Angerkloster. Wegen ihrer Schönheit verlangte der Hof, dass sie zurück in die Welt kommen sollte. Sie weigerte sich jedoch, auch gegen gewaltsame Entführungsversuche, und starb vor ihrer Profess.

54   Oswald Spengler (Philosoph)

Ainmillerstraße

ca. 1888 Max Emanuel Ainmiller (1807–1870) machte sich einen Namen als Architekturmaler und vor allem als Virtuose der Glasmalerei. Zu seinen bedeutendsten Arbeiten zählen Fenster in den Domen zu Regensburg, Speyer und Köln, in St Paul's Cathedral in London und in Peterhouse in Cambridge; außerdem arbeitete er für Kirchen in Madrid, Boston, Rom und St. Petersburg.

5	Rainer Werner Fassbinder (Regisseur)
7	Marieluise Fleißer (Dramatikerin)
19	Eduard von Keyserling (Schriftsteller
24	Otto Julis Bierbaum (Schriftsteller)
32	Paul Klee (Maler)
34	Rainer Maria Rilke (Schriftsteller)
	Claire Goll (Schriftstellerin)
36	Wassily Kandinsky (Maler)

Alfred-Arndt-Straße

seit 2001 Der Architekt Alfred Arndt (1896–1976) studierte am Bauhaus. Später leitete er als Meister hier die Ausbauabteilung (Wandmalerei, Metall- und Möbelwerkstatt) und unterrichtete u. a. Ausbaukonstruktion und Entwurfzeichnen. 1938 zog er nach Darmstadt, wo er als freier Architekt arbeitete.

Alte Heide

seit 1920 Benannt nach der Heidelandschaft, die sich einst zwischen Schwabing und Freimann erstreckte.

Am Eisbach

seit 1969 Seinen Namen verdankte der Eisbach der Tatsache, dass man einst im Winter das Eis der anderen Stadtbäche in ihn leitete. Der Eisbach transportierte es dann in die Isar.

Am Münchner Tor

seit 2005 Kommt man von der Autobahn Richtung Schwabing, wirken die Hochhäuser der Parkstadt Schwabing am Mittleren Ring wie ein Zufahrtstor zur Stadt.

Amsterdamer Straße

seit 1962 Der Name der niederländischen Hauptstadt leitet sich von einem Damm am Fluss Amstel ab, der im 13. Jh. errichtet wurde. Die Metropole mit ihren rund 800 000 Einwohnern ist für ihr pulsierendes Leben, die Grachten und bedeutende Kunstsammlungen weltberühmt.

Am Tucherpark

seit 1969 Der Jurist Hans Christoph Freiherr Tucher von Simmelsdorf

1916 diente die Schule des Vereins für hauswirtschaftliche Frauenbildung in der Antonienstraße 6 als Kriegslazarett

(1904–1968) war Vorstandssprecher der Bayerischen Vereinsbank, Verwaltungsratsvorsitzender des Germanischen Nationalmuseums, Mitglied des Aufsichtsrates der Siemens & Halske AG, der Allianz, der Vereinsbank in Hamburg und der Norddeutschen Kreditbank AG.

Angererstraße

seit 1925 Der Chirurg und Hochschullehrer Ottmar von Angerer (1850–1918) diente Prinzregent Luitpold und König Ludwig III. als Leibarzt.

Anni-Albers-Straße

seit 2001 Die deutsch-amerikanische Textilkünstlerin, Weberin und Grafikerin Anni Albers (1899–1994) studierte und lehrte am Bauhaus. Sie emigrierte mit ihrem Ehemann nach der Machtergreifung Hitlers in die USA. Sie gilt als Wegbereiterin für die Anerkennung der Weberei als Kunstform.

Ansbacher Straße

seit 1910 Die mittelfränkische Stadt Ansbach wurde um 790 als Onoldsbach erstmalig schriftlich erwähnt. Sie kam erst 1806 durch einen Gebietstausch zu Bayern, zuvor regierten hier die Markgrafen zu Brandenburg-Ansbach.

Ansprengerstraße

seit 1918 Er war der letzte seiner Art: Alois Ansprenger (1853–1913) regierte als Bürgermeister die Stadt Schwabing bis zu ihrer Eingemeindung 1887, danach war er Magistratsrat in München.

Antonienstraße

seit 1897 Erzherzogin Maria Antonia Theresia Josepha von Österreich (1669–1692), die einzige Tochter Kaiser Leopolds I., die das Kindesalter überlebte, wurde durch Heirat mit Max II. Emanuel Kurfürstin von Bayern.

Antwerpener Straße

seit 1912 Die belgische Stadt Antwerpen verfügt über den drittgrößten Seehafen Europas und ist ein weltweit wichtiges Handelszentrum. Sie war im 15. und 16. Jh. eine der größten Städte der Welt. Wegen ihres weitgehend erhaltenen historischen Stadtkerns ist sie heute auch ein beliebter Touristenmagnet.

Apianstraße

seit 1900 Der Mathematiker, Arzt, Kartograf und Heraldiker Philipp Apian (1531–1589) kartografierte im Auftrag von Herzog Albrecht V. ab 1554 Bayern und erstellte Karten, die an Genauigkeit erst im 19. Jh.

übertroffen wurden. Seine *Bairischen Landtafeln*, die Apian im Eigenverlag produzierte und vertrieb, dienten sogar Napoleon beim Einmarsch in Bayern.

Arcisstraße

seit 1862 (zuvor Ludwigstraße) Beim ostfranzösischen Arcis-sur-Aube, einem Dorf südwestlich von Nancy, schlugen alliierte Armeen, darunter bayerische Truppen unter Carl Philip von Wrede, 1814 das Heer Napoleons. Die Straße liegt größtenteils in der Maxvorstadt.

16/Rgb.	Julius Diez (Maler)
19	Franz Blei (Schriftsteller)
35	Wilhelm Bertsch (Architekt)
44	Eduard von Keyserling (Schriftsteller)
46	Joachim Ringelnatz (Schriftsteller)

Artur-Kutscher-Platz

seit 1961 Der Literaturwissenschaftler Prof. Artur Kutscher (1878–1960) gilt als Begründer der Studiendisziplin Theaterwissenschaft. Zu seinen Studenten gehörten u. a. Schalom Ben-Chorin, Bertolt Brecht, Ödön von Horváth, Klabund, Erwin Piscator und Ernst Toller. Berühmt waren seine Autorenabende, die er in Schwabinger Lokalen veranstaltete.

Bamberger Straße

seit 1918 Kurz nach 1900 erwarb der Münchner Architekt Franz Rank Elemente der barocken Sandsteinplastik des Böttingerhauses aus der Judengasse in Bamberg. 1912 erbaute Rank im neu angelegten Luitpoldpark eine zweigeschossige Villa, in dessen Fassade er die Skulpturen integrieren ließ. Das Haus ist daher das einzige Gebäude in München mit Elementen des fränkischen Barocks.

Barbarastraße

seit 1897 Die hl. Barbara von Nikomedien gehört zu den 14 Nothelfern und ist viel beschäftigt, denn sie ist die Schutzpatronin der Architekten, Artilleristen, Bergleute, Dachdecker,

Die Straßennamen

Elektriker, Feuerwehrleute, Gefangenen, Geologen, Gießer, Glockengießer, Glöckner, Helfer des Technischen Hilfswerks, Hutmacher, Hüttenleute, Jungfrauen, Kampfmittelbeseitiger, Maurer, Pyrotechniker, Schmiede, Steinmetze, Totengräber und Zimmerleute.

Barlachstraße

seit 1955 Der Bildhauer, Grafiker und Schriftsteller Ernst Barlach (1870–1938) wurde vor allem durch seine Holz- und Bronzeplastiken berühmt. Unter den Nazis galten seine Arbeiten als »entartete Kunst«, mehr als 400 seiner Werke wurden aus öffentlichen Sammlungen entfernt.

Bauerstraße

seit 1893 Das Gemeindekollegium der Stadt München wählte den Juristen Jakob Bauer (1787–1854) am 22. Januar 1838 zum 1. rechtskundigen Bürgermeister. Bauer ließ am heutigen Flaucher die Frühlingsanlagen anlegen.

Bayernplatz

seit 1925 Hier stand das Land Pate, dessen Hauptstadt München ist: Bayern. Bayern (bis zum 20.10.1825 Baiern geschrieben, bis Griechenlandfan König Ludwig I. seinem Land das griechische I, also Ypsilon, verpasste) leitet sich vom Volk der Bajuwaren ab, das wiederum vermutlich auf das keltische Volk der Boier zurückgeht – ebenso wie auch Böhmen. Die Deutung von Bajuwaren = »Männer aus Böhmen« liegt nahe, ist aber immer noch umstritten.

Bechsteinstraße

seit 1903 Der Schriftsteller, Bibliothekar, Archivar und Apotheker Ludwig Bechstein (1801–1860) sammelte und veröffentlichte deutsche Volksmärchen und Sagen.

Beichstraße

seit 1891 (zuvor Bäckergasse) Der Maler Franz Joachim Beich (1665–1748) beeindruckte Kurfürst Max II. Emanuel mit seinen detailreichen Landschafts- und Schlachtengemälden, dass dieser ihn zum Hofmaler ernannte. Beich stattete u. a. die Schlösser Schleißheim und Nymphenburg mit Gemälden aus.

9   Gustav Meyrink (Schriftsteller)

Belgradstraße

vor 1894 1688 befreite der »blaue Kurfürst« Max Emanuel die Stadt Belgrad von der seit 1521 andauernden türkischen Besatzung und wurde dafür in ganz Europa als »Türkenbezwinger« gefeiert.

16   Hugo Ball (Dadaist)
57   Stefan George (Schriftsteller)
           Friedrich Gundolf (Schriftsteller)

Beltweg

seit 1935 Der Große Belt ist die Meeresstraße zwischen Nord- und Ostsee.

Berliner Straße

seit 1908 Der Name der Hauptstadt der Bundesrepublik Deutschland, Berlin, hat nichts mit einem Bären zu tun. Er leitet sich von dem slawischen »berlo« ab, was Sumpf, Morast bedeutet. Am sumpfigen Nordufer der Spree wurde 1244 erstmals ein Ort namens Berlin erwähnt. Bereits 1237 existierte auf der gegenüberliegenden Spreeinsel die Stadt Cölln (daher Neukölln). Cölln und Berlin schlossen sich 1432 zu einer Stadtgemeinde zusammen.

Biedersteiner Straße

seit 1897 (zuvor Krautgartenweg) Die Anlage von Schloss Biederstein bestand einst aus zwei Gebäuden: dem alten Schloss, das Königinmutter Karoline von Bayern als Witwensitz nutzte, und dem neuen Schloss, einem klassizistischen Bauwerk von Leo von Klenze. Mehr zum Schloss siehe 2.13.

Birkenfeldstraße

seit 1906 Die Pfalzgrafen von Pfalz-Zweibrücken-Birkenfeld hätten es sich wohl nie träumen lassen, dass einer der ihren einst der erste bayerische König werden würde. Doch nachdem der letzte bayerische Wittelsbacher Max III. Joseph kinderlos verstorben war und dessen Nachfolger, Karl Theodor von Pfalz-Sulzbach, ausschließlich nicht-legitime Nachkommen in die Welt gesetzt hatte, mussten noch entferntere Verwandte der Wittelsbacher ran. So kam Max IV. Joseph von Pfalz-Zweibrücken als Kurfürst nach München und wurde als Max I. Joseph Bayerns erster König. Die Nebenlinie derer von Birkenfeld-Gelnhauer wurden 1799 in Herzöge in Bayern umbenannt, deren bekanntester Spross Kaiserin Elisabeth »Sisi« von Österreich-Ungarn war.

Birnauer Straße

seit 1962 Birnau, heute ein Ortsteil von Uhldingen-Mühlhofen am Bodensee, ist berühmt für seine barocke, Maria geweihte Walfahrtskirche. Sie wurde 1746 bis 1749 von Baumeister Peter Thumb errichtet.

Bismarckstraße

seit 1894 Der erste Kanzler des Deutschen Reichs, Fürst Otto Eduard Leopold von Bismarck (1815–1898), gestaltete ganz wesentlich die Politik des damals noch jungen Kaiserreichs mit. Die Stadt München verlieh dem »Eisernen Kanzler« noch zu Lebzeiten, 1895, die Ehrenbürgerschaft.

Böttingerstraße

seit 1933 Hofrat Johann Alberich Ignaz Böttinger (1722–1772) ließ 1707-13 einen Stadtpalast nach dem Vorbild italienischer Palazzi in der Bamberger Judenstraße errichten. Das Böttingerhaus zählt zu den bedeutendsten bürgerlichen Bauwerken des deutschen Barocks. Teile der Ausstattung der Gartenseite wurden 1912 im Bamberger Haus im Luitpoldpark verbaut.

An der Biedersteiner Straße

Brüsseler Straße

seit 1912 Belgiens wichtigste Metropole Brüssel wurde 996 als Bruocsella erstmals urkundlich erwähnt. Im Mittelalter stieg sie zur Hauptstadt des Herzogtums Brabant auf. Nach der Gründung Belgiens 1830 wurde Brüssel Regierungssitz. Brüssel ist heute eines der wichtigsten Zentren der EU, hier sind die Europäische Kommission, das Europäische Parlament und der Rat der EU zu Hause.

Brunnerstraße

seit 1920 Der Verwaltungsjurist Philipp Brunner (1844–1919) war von 1893 bis 1914 Zweiter Bürgermeister von München.

Bonner Platz

seit 1906 Auf über 2000 Jahre Geschichte kann Bonn zurückblicken. Bereits 12 v. Chr. wurde hier ein befestigtes Römerlager namens Bonna erbaut. Von 1597 bis 1794 residierten hier die Kurfürsten von Köln. Ab 1949 war Bonn Regierungssitz der Bundesrepublik Deutschland, bis 1995 Berlin offiziell Bundeshauptstadt wurde.

Borschtstraße

seit 1920 Der Zentrumspolitiker Wilhelm Georg von Borscht (1857–1943) war von 1888–1893 Zweiter Bürgermeister von München, von 1893–1919 dann Erster Bürgermeister (ab 1907 hieß sein Amt Oberbürgermeister). Während Borschts Amtszeit wurde die Großmarkthalle erbaut und die elektrische Straßenbeleuchtung eingeführt.

Brabanter Straße

seit 1906 Brabant war ein Herzogtum, das in etwa die Provinzen Antwerpen und Brabant in Belgien und Nordbrabant in den Niederlanden umfasste. Es zählte unter Kaiser Ludwig dem Bayern zeitweise zum Heiligen Römischen Reich und damit zum Herrschaftsgebiet der Wittelsbacher.

Brandenburger Straße

seit 1907 Die älteste schriftliche Erwähnung der Stadt Brandenburg im gleichnamigen Bundesland stammt von 948. Kurzzeitig gehörte die Mark Brandenburg unter Ludwig dem Bayern zum Wittelsbacher Herrschaftsgebiet, indem er seinen erst sechsjährigen Sohn Ludwig V. zum Markgrafen der Region machte.

Brangänestraße

seit 1938 Brangäne heißt die Vertraute Isoldes aus *Tristan und Isolde*, deren Unaufmerksamkeit schuld daran ist, dass Tristan und Isolde den Minnetrank zu sich nehmen. Immerhin sieht sie sich danach verpflichtet, das Liebespaar mit List und Tücke bis zur Selbstaufopferung zu beschützen.

Bregenzer Straße

seit 1925 Bregenz ist die Landeshauptstadt des österreichischen Bundeslandes Vorarlberg. Die Stadt wurde im Jahre 15 von Kaiser Augustus als Brigantium an Stelle einer alten Keltensiedlung am Bodensee gegründet. Heute hat Bregenz Österreichs wichtigsten Bodenseehafen.

Bummstraße

seit 1927 Anton Bumm (1849–1903) übernahm 1896 den Psychiatrie-Lehrstuhl an der Münchner Uni. Auf seinen Vorschlag hin wurde die alte Kreisirrenanstalt aufgelöst und eine neue Psychiatrische Klinik im Klinikviertel vor dem Sendlinger Tor gebaut.

Burgunderstraße

seit 1959 Das Volk der Burgunder war ein ostgermanischer Stamm, der in der Spätantike zwischen dem Franken- und dem Ostgotenreich entlang der Rhone ein eigenes Reich etablierte.

Centa-Herker-Bogen

seit 2004 Die gebürtige Schwabingerin Centa Herker (1909–2000) engagierte sich früh gegen den Nationalsozialismus. Sie heiratete 1930 den KPD-Reichstagsabgeordneten Hans Beimler und war in der NS-Zeit mehrere Jahre im Gefängnis Stadlheim und im KZ Moringen inhaftiert. Ihrem Mann gelang die Flucht aus dem KZ Dachau, er fiel dann im Spanischen Bürgerkrieg. Nach dem Krieg heiratete sie Hans Herker, ebenfalls ein ehemaliger KZ-Häftling. Bis zu ihrem Tod engagierte sie

Die Straßennamen

sich politisch und gegen das Vergessen.

Cherubinistraße

seit 1914 Der italienische Komponist Luigi Carlo Zenobio Salvatore Maria Cherubini (1760–1842), der von Beethoven bewundert wurde und dessen Werk heute fast vergessen ist, schrieb u. a. 11 Messen, 15 italienische und 15 französische Opern sowie 2 Requien. Von 1822 bis 1842 leitete er als Direktor das Konservatorium von Paris.

Clemensstraße

vor 1890 (zuvor Untersbergstraße) Clemens August Ferdinand Maria Hyazinth von Bayern (1700–1761) hat das seltene Glück, dass gleich zwei Münchner Straßen nach ihm benannt sind, nämlich auch noch die Clemens-August-Straße in Berg am Laim. Clemens August, vierter Sohn des Kurfürsten Max Emanuel von Bayern, war Erzbischof von Köln. Zu seinem Besitz zählte u. a. auch Berg am Laim, wo er die Kirche St. Michael erbauen ließ.

2   Alexander Roda Roda (Schriftsteller)

76   Rainer Werner Fassbinder (Regisseur)

Crailsheimstraße

seit 1926 Friedrich August Ernst Gustav Christoph Krafft Graf von Crailsheim (1841–1926) war bayerischer Außenminister und von 1890 bis 1903 Ministerpräsident.

Daimlerstraße

seit 1973 Der Ingenieur Gottlieb Daimler (1834–1900) entwickelte 1886 das erste vierrädrige Kraftfahrzeug mit Verbrennungsmotor und gilt daher als Erfinder des modernen Automobils. Vier Jahre später gründete er die Daimler-Motoren-Gesellschaft, eine der Vorläuferinnen der Daimler-Benz AG.

Danziger Straße

seit 1923 Die ehemalige Hansestadt Danzig (poln. Gdansk) liegt an der Weichselmündung in Pommern. Sie ist heute die wichtigste Hafenstadt Polens. In den 1980ern ging von Danziger Werften die oppositionelle Solidarnosc-Bewegung aus, die letztendlich zum Zusammenbruch der sozialistischen Volksrepublik Polen und zur heutigen demokratischen Republik führte.

Degenfeldstraße

ca. 1918 Der schwäbische Heerführer Hannibal von Degenfeld (1648–1691) befehligte während des Türkenkriegs kurbayerische Truppen und gehörte zu den Befreiern Wiens. Später leitete er im Auftrag Venedigs Feldzüge gegen die Osmanen, zuletzt als venezianischer Generalkapitän.

Deidesheimer Straße

seit 1920 Die Kleinstadt Deidesheim in Rheinland-Pfalz ist eine der größten Weinbaugemeinden der Pfalz. Der Ort wurde 699 erstmals erwähnt.

Destouchesstraße

seit 1890 Der Rechtswissenschaftler Ernst von Destouches (1843–1916) übernahm als 19-jähriger das Münchner Stadtarchiv und verfasste mehrere Publikationen zur Stadtgeschichte Münchens. Er gründete das Münchner Stadtmuseum, an dem er ab 1873 als Konservator arbeitete. 1887 ernannte man ihn zum königlichen Rat.

3   Ludwig Klages (Philosoph, »Kosmiker«)

Dietersheimer Straße

seit 1920 Der 859 erstmals erwähnte Ort Dietersheim, 19 km nördlich von München, gehört heute zur Gemeinde Eching.

Dietlindenstraße

seit 1899 Prinzessin Dietlinde von Bayern (1888–1889) war das zwölfte Kind des letzten bayerischen Königs Ludwig III.

14   Ernst Penzoldt (Schriftsteller)

Dillisstraße

seit 1898 Der Landschaftsmaler und Akademieprofessor Johann Georg von Dillis (1759–1841) zählt zu den wichtigsten Vertretern der sogenannten Münchner Schule. Er wurde 1790 zum »Bilder-Galerie-Inspector« ernannt und stieg 1822 zum »Central-Gallerie-Direktor« auf. In dieser Eigenschaft konzipierte er die Alte Pinakothek.

Domagkstraße

seit 1966 Der Pathologe und Bakteriologe Gerhard Domagk (1895–1964) entdeckte die antibakterielle Wirkung des Sulfonamid-Farbstoffs Prontosil, wofür er 1939 mit dem Nobelpreis für Medizin ausgezeichnet wurde. Da aber auf Anweisung Hitlers »Reichsdeutsche« keinen Nobelpreis annehmen durften, konnte ihm erst 1947 der Preis übergeben werden.

Dreschstraße

seit 1924 Der Rechtsgelehrte Georg Leonhard von Dresch, Dozent an der Universität Landshut, kam 1826 mit der Verlegung der Landshuter Hochschule nach München, wo er zum ersten Rektor gewählt wurde.

Düsseldorfer Straße

seit 1906 Düsseldorf ist die Landeshauptstadt von Nordrhein-Westfalen und mit knapp 600 000 Einwohnern die zweitgrößte Stadt des Bundeslandes nach Köln. Von 1778 bis 1795 und 1801 bis 1806 gehörte Düsseldorf zu bayerischem Hoheitsgebiet.

Dunantstraße

seit 1928 Zutiefst schockiert über die Situation der Verwundeten nach der Schlacht von Solferino (1859) gründete der Geschäftsmann Henri Dunant (1828–1910) eine Hilfsorganisation, aus der das Rote Kreuz hervorging. Er erhielt 1901 den erstmals verliehenen Friedensnobelpreis.

Echinger Straße

seit 1920 Die Gemeinde Eching nördlich von München wurde 773 erstmals schriftlich erwähnt und hat heute rund 14 000 Einwohner.

Egmontstraße

seit 1934 Graf Lamoral von Egmont (1522–1568), verheiratet mit Sabine von Bayern, war Statthalter von Holland, später von Flandern und Artois. Weil er sich der spanischen Zentralisierungspolitik – wenn auch nur zeitweise – widersetzte, gilt er als niederländischer Freiheitskämpfer. Herzog Alba ließ ihn 1568 in Brüssel als Hochverräter enthaupten.

Eisenacher Straße

seit 1925 Die thüringische Stadt Eisenach ist nicht nur der Geburtsort des Barockgenies Johann Sebastian Bach – auf der Wartburg oberhalb des Ortes übersetzte Martin Luther das Neue Testament vom Griechischen ins Deutsche. 1859 gründeten August Bebel und Wilhelm Liebknecht in Eisenach die Sozialdemokratische Arbeiterpartei, den Vorläufer der SPD. Wichtigster Arbeitgeber in der knapp 42 000 Einwohner zählenden Gemeinde ist heute die Automobilindustrie.

Elisabethplatz/-straße

seit 1898/1899 Elisabeth Amalie Eugenie Herzogin in Bayern (1837–1898), Tochter von Herzog Max Joseph und Prinzessin Ludovika Wilhelmine, wurde durch ihre Hochzeit mit Franz Joseph I. Kaiserin von Österreich und Königin von Ungarn – und durch die »Sissi«-Filme mit Romy Schneider eine verkitschte Pop-Ikone. Sie selbst schrieb sich übrigens stets »Sisi«, nicht »Sissi«.

5   Walter Sedlmayr (Schauspieler)

8   Gisela Elsner (Autorin)

Emanuelstraße

vor 1891 (zuvor Trinklstraße) Herzog Maximilian Emanuel in Bayern (1849–1893) war der jüngste Bruder der österreichischen Kaiserin Sisi. Er machte in der Armee Karriere, zuletzt diente er als Generalmajor.

Erich-Kästner-Straße

seit 1977 Der Schriftsteller Erich Kästner (1899–1974), geboren in Dresden, lebte ab 1945 in München. Berühmt ist er vor allem für seine Kinderbuchklassiker wie *Emil und die Detektive*, *Das doppelte Lottchen* und *Das fliegende Klassenzimmer*. Er schrieb aber auch Drehbücher, Romane und Texte fürs

Die Ecke Elisabeth-/Tengstraße

Kabarett. Seine Werke gehörten 1933 zu den verbrannten Büchern, in der NS-Zeit hatte er Schreibverbot.

Erich-Mühsam-Platz

seit 1989 Der anarchistische Schriftsteller und sozialistische Politiker Erich Mühsam (1878–1934) lebte ab 1909 in München und spielte eine entscheidende Rolle in der Münchner Räterepublik 1919. Mühsam wurde 1934 im KZ Oranienburg ermordet.

Ernst-Penzoldt-Weg

seit 1967 Ernst Penzoldt (1892–1955) war Schriftsteller, Bildhauer, Maler, Zeichner und Karikaturist. Zu seinen bekanntesten Werken zählt *Die Powenzbande*, 1973 als Serie für die ARD verfilmt. 1949 wurde Penzoldt Generalsekretär der westdeutschen P.E.N.-Sektion.

Ernst-Toller-Platz

seit 1996 Der expressionistische Schriftsteller und Revolutionär Ernst Toller (1893–1939) übernahm nach der Ermordung von Ministerpräsident Kurt Eisner den Vorsitz der USPD und spielte eine bedeutende Rolle während der Räterepublik in München. Nach Niederschlagung der Räterepublik wurde er zu fünf Jahren Festungshaft verurteilt, die Zeit nutzte er schriftstellerisch. Von den Nazis verfolgt, emigrierte er 1937 in die USA, wo er sich schließlich in einem New Yorker Hotel erhängte.

Erwin-Planck-Weg

seit 1981 Das vierte Kind des Physik-Nobelpreisträgers Max Planck, Erwin Planck (1893–1945), engagierte sich im Widerstand gegen die NS-Diktatur. So gehörte er 1939 zu der Gruppe, die ein »Vorläufiges Staatsgrundgesetz« entwarf, für ein Deutschland ohne Hitler. Er beteiligte sich auch am Attentat vom 20.

Die Straßennamen

Das einstige Schönersche Gasthaus steht heute noch an der Feilitzschstraße, die große Terrasse ist durch die Umfassungsmauer noch erkennbar (Foto vom März 1914)

1911 sah es an der Ecke Feilitzsch-/Biedermeier Straße sehr dörflich aus

Juli 1944 auf Hitler, wurde verhaftet und in Berlin-Plötzensee, trotz aller persönlichen Gnadengesuche seines weltbekannten Vaters, hingerichtet.

Erwin-von-Kreibig-Straße

seit 1988 Der Maler Erwin von Kreibig (1904–1961) wurde vor allem für seine Plakate zum Münchner Künstlerfasching bekannt. Unter den Nazis zählte er zu den »entarteten« Künstlern, lebte im Exil und kehrte 1952 nach München zurück. 1961 erhielt er den erstmals vergebenen Schwabinger Kunstpreis.

Etschweg

seit 1935 Die Etsch (ital. Adige) ist mit 415 km der zweitlängste Fluss Italiens. Sie entspringt am Reschenpass in Südtirol und mündet bei Porto Fossone in die Adria.

Fallmerayerstraße

seit 1896 (zuvor Ringstraße) Der Orientalist und Publizist Jakob Philipp Fallmerayer (1790–1861) bekleidete ab 1826 einen Lehrstuhl für Philologie und Universalhistorie an der Münchner Uni. Er bereiste mehrfach den Vorderen Orient und Griechenland. Weil er 1848/49 als Abgeordneter in der Frankfurter Nationalversammlung saß, wurde er als politisch nicht mehr tragbar eingestuft und verlor seine Professur. Die Nazis missbrauchten später seine ethnologischen Arbeiten, in denen er die umstrittene These vertrat, die antiken Griechen seien im Mittelalter ausgestorben und durch Slawen und Albaner ersetzt worden.

Farinellistraße

seit 1899 Der italienische Sänger Farinelli, eigentlich Carlo Broschi (1705–1782), wurde in seiner Kindheit kastriert und auf eine Karriere als Kastrat vorbereitet. Mit seinem Sopran, der mehr Oktaven umfasste als der aller Zeitgenossen, verzückte er fast ganz Europa. In London unterstützte er die Gegner von Georg Friedrich Händel. Ab 1737 lebte er in Spanien, zehn Jahre lang musste er König Philipp V. jede Nacht stets die gleichen sechs Lieder vorsingen, um ihn von dessen Schwermut zu kurieren. 1760 kehrte er nach Italien zurück.

Feilitzschstraße

seit 1891 (zuvor Maffeistraße), Der Rechtswissenschaftler Maximilian Alexander Freiherr von Feilitzsch (1834–1913) war königlich bayerischer Kämmerer, Staatsrat, Staatsminister des Inneren und bayerischer Bevollmächtigter zum Bundesrat des Deutschen Reiches.

3	Paul Klee (Maler)
19	Oskar Panizza (Schriftsteller)
32	Thomas Mann (Schriftsteller)

Felix-Fechenbach-Bogen

seit 2002 Der Journalist Felix Fechenbach (1894–1933) unterstützte Kurt Eisner bei der Novemberrevolution 1918 und wurde dessen Sekretär in der Staatskanzlei. Beim Attentat auf Eisner war Fechenbach Augenzeuge. 1922 wurde Fechenbach wegen angeblichen Landesverrats zu elf Jahren Gefängnis verurteilt, zwei Jahre

Um 1910 existierte an der Feilitzschstraße 20 bis 22 noch diese Kleinhausanlage

später jedoch begnadigt. Da er sich publizistisch stark gegen die Nationalsozialisten engagierte, wurde er 1933 verhaftet und auf dem Transport ins KZ Dachau in einem Waldstück schwer misshandelt und ermordet.

Fendstraße

seit 1891 (zuvor Kreuzgasse) Hofrat Erasmus Fend (1532–1587), auch Vendius, diente Herzog Albrecht V. als »Secretari unnd Verwalter des Fürstl. geheimen Canzley Gewölbs«, kurz: Archivar, Bibliothekar und Geheimsekretär. Er verfasste auch historische Schriften und Gedichte, ihm wird die anonym verfasste *Incendium Calvinisticum* zugeschrieben, eine Streitschrift der Gegenreform.

Franz-Joseph-Straße

seit 1894 68 Jahre lang regierte Franz Joseph I. (1830–1916) – Kaiser von Österreich und König von Ungarn – so lange wie kein anderer Monarch seiner Zeit. Er heiratete die damals 15-jährige Prinzessin Elisabeth in Bayern (Sisi). Das Paar entfremdete sich jedoch schnell, und Sisi ging fast ununterbrochen auf Reisen. Als er von ihrer Ermordung in Genf 1898 erfuhr, soll er gesagt haben: »Mir bleibt doch nichts erspart auf dieser

Welt.«, denn nur wenige Monate zuvor hatte sich Kronprinz Rudolf umgebracht.

2 Thomas Mann (Schriftsteller)
9 Ludwig Thoma (Schriftsteller)
13 Hans und Sophie Scholl (Widerstandskämpfer)
18 Ferdinand von Reznicek (Zeichner)
Eduard Thöny (Zeichner)
36 Leo Trotzki (Revolutionär)
42 Frank Wedekind (Schriftsteller)
92 Ingeborg Bachmann (Schriftstellerin)

Franzstraße

vor 1871 Benannt nach dem Bauern Franz Franz. Die allgemeine Deutung, die Straße sei nach Franz Maria Luitpold Prinz von Bayern (1875–1957) benannt, ist nicht richtig, was Prinz Franz auch gegenüber Theodor Dombart bestätigte.

Freystraße

seit 1890 Der Textilunternehmer Johann Georg Frey (1821–1888) gründete 1842 die Firma Lodenfrey als Weberei, acht Jahre später eröffnete er am Marienplatz sein erstes Geschäft. Die absolute Sensation damals: Der Laden hatte bodentiefe Schaufenster. 1870 errichtete Lodenfrey eine Fabrik am Rand des Englischen Gartens in der Osterwaldstraße.

Friedrich-Loy-Straße

seit 1961 Kirchenrat Friedrich Loy (1886–1960) musste als letzter Pfarrer der alten Matthäuskirche am Stachus mit ansehen, wie die Kirche auf Geheiß der NS-Mächtigen abgerissen wurde. Er setzte sich nach dem Krieg für den Neubau von St. Matthäus am Sendlinger Tor ein und wurde dort der erste Pfarrer.

Friedrichstraße

seit 1894 Friedrich Wilhelm Nikolaus Karl von Preußen (1831–1888) regierte als deutscher Kaiser Friedrich III. nur 99 Tage lang. Bei der Thronbesteigung war er bereits so schwer an Kehlkopfkrebs erkrankt, dass er nicht mehr sprechen konnte.

1 Wassily Kandinsky (Maler)
Gabriele Münter (Malerin)
4 Franz Marc (Maler)

Fritz-Hommel-Weg

seit 1984 Der Orientalist Fritz Hommel (1854–1936) war an der LMU Professor für semitische Sprachen und galt als Experte für die Geschichte Vorderasiens. Sein Hauptwerk war der 1904 erschienene *Grundriss der Geographie und Geschichte des Alten Orients*.

Fröttmaninger Straße

seit 1920 Das kleine Dorf Fröttmaning im Norden Münchens wurde bereits 815 als »ad Freddamaringun« erwähnt. Ende der 1960er-Jahre versank das Dorf unter dem Abfallberg der Mülldeponie Großlappen. Heute existiert nur noch die alte Heilig-Kreuz-Kirche.

Fuchsstraße

seit 1901 Der Chemiker, Mineraloge, königlich bayerischer Geheimrat und Oberbergrat Johann Nepomuk von Fuchs (1774–1856) war Professor für Mineralogie an der Münchner Uni. Nach ihm wurde die Muskovit-Varietät »Fuchsit« benannt, ein grün schimmernder Glimmer.

2 Erich Kästner (Schriftsteller)

Die Straßennamen

Fürstenbergstraße

seit 1913 Egon VIII. von Fürstenberg-Heiligenberg (1588–1635) war bayerischer Generalfeldzeugmeister und kämpfte an der Seite Tillys gegen die Schweden im Dreißigjährigen Krieg. Als Dank belehnte ihn Kurfürst Ferdinand Maria 1670 mit der Hofmark Milbertshofen.

Garchinger Straße

ca. 1923 Die 915 erstmals als »Gouvirihhinga« erwähnte Stadt Garching nördlich von München ist bekannt für ihre Hochschuleinrichtungen der TU – darunter das 1957 erbaute Atomei, der Forschungsreaktor – sowie zahlreiche außeruniversitäre Forschungseinrichtungen.

Gartenstraße

seit 1913 Einst gab es in dieser Gegend zahlreiche Gärten, daher der Name.

Gedonstraße

seit 1897 Der Bildhauer, (Innen-)Architekt und Kunstgewerbler Lorenz Gedon (1844–1883) gilt als bedeutendster Vertreter der Neorenaissance in München, gelegentlich arbeitete er auch neobarock. So gestaltete er z. B. den Deutschen Salon bei der Weltausstellung in Paris 1878, und stattete das Lenbachhaus, die Schackgalerie und den Kunstgewerbeverein aus.

Genter Straße

seit 1921 Die Stadt Gent in der belgischen Provinz Ostflandern war im Mittelalter das europäische Zentrum des Tuchhandels. Gent ist heute die zweitgrößte Stadt Belgiens und zieht durch ihre gut erhaltene Altstadt jährlich viele Touristen an.

Der »Fuchsbau« in der Fuchsstraße

Gentzstraße

seit 1898 Schreinermeister Karl Gentz (1840–1896) engagierte sich sozial (so war er Mitglied im Verein zur Unterstützung bedürftiger Bewohner Münchens mit Brennmaterial) und hinterließ eine großzügige Stiftung.

Georgenstraße

seit 1856 Die Straße führte einst zur St.-Georgenschwaige, damit ist die Schwaige Milbertshofen mit der Kirche St. Georg gemeint. Die Schwaige, eine Siedlungsform, in der man vor allem der Viehzucht nachging, wurde im 16. Jh. erstmals erwähnt. Die Georgenstraße trennt die Maxvorstadt von Schwabing.

10	Friedrich W. von Bissing (Ägyptologe)
12	Hans Frank (Reichsrechtsführer)
	Hermann Schlittgen (Maler)
15	Willi Graf (Widerstandskämpfer)
	Hans Scholl (Widerstandskämpfer)
15a, 16	Friedrich von Thiersch (Architekt)
24	Lion Feuchtwanger (Schriftsteller)
24 (Rgb)	Bertolt Brecht (Schriftsteller)
27, 29	Fanny zu Reventlow (Schriftstellerin)
35, 62	Wassily Kandinsky (Maler)
48	Paul Klee (Maler)
80	Karl Arnold (Zeichner)
105	Erich Mühsam (Anarchist)

In der Georgenstraße 8 befindet sich das wuchtig-neobarocke Pacelli-Palais, das Josef Hölzle 1881 baute

Ein Hirsch wirbt für den Trachtenladen Ecke Georgen-/Belgradstraße

eine Tochter von Kaiser Franz Joseph I. und Kaiserin Elisabeth, heiratete 1873 Leopold von Bayern, Sohn des Prinzregenten Luitpold. Kaiserin Sisi schien ihrer sozial engagierten Tochter nicht sehr gewogen zu sein, sie nannte sie eine »rackerdürre Sau« und deren Kinder »Ferkelein«.

7   Lovis Corinth (Maler)
           Joseph Ruederer (Schriftsteller)
12   Highfisch-Kommune
14   Rudolf Diesel (Ingenieur, Erfinder)
15   Thomas Mann (Schriftsteller)

Georg-Muche-Straße

seit 2006 Der Maler und Grafiker Georg Muche (1895–1987) leitete von 1921 bis 1927 die Webereiklasse am Bauhaus in Weimar. Weil seine Malerei unter den Nazis als entartet galt, zog es sich 1938 auf einen Lehrstuhl an der Textilingenieurschule in Krefeld zurück, wo er die Meisterklasse für Textilkunst gründete und bis 1958 leitete. Danach lebte er als freier Künstler in Lindau.

Germaniastraße

seit 1890 Als Germania bezeichneten die Römer das Siedlungsgebiet der Germanen, heute wird Germania mit Deutschland gleichgesetzt.

Gernotstraße

seit 1925 Gernot und Giselher sind im Nibelungenlied die Brüder des Burgunderkönigs Gunther. Gernot geht vermutlich auf den historisch belegten Burgunderfürsten Godomar, Sohn des Gibica, Bruder von Gundahar und Giselher, aus dem 5. Jh. zurück.

Giselastraße

seit 1873 Gisela Louise Marie Erzherzogin von Österreich (1858–1932),

Giselherstraße

seit 1925 Giselher ist im *Nibelungenlied* der jüngste Bruder des Burgunderkönigs Gunther. Laut dem *Lex Burgundionum* soll der historisch echte Giselher gemeinsam mit seinen Brüdern Gunther und Gernot (Gundahar und Godomar) Anfang des 5. Jh. als König geherrscht haben.

Götzstraße

seit 1913 Gottfried »Götz« von Berlichingen zu Homberg (ca. 1480–1563) hatte nicht nur sprichwörtlich eine eiserne Faust. Der fränkische Reichsritter verlor seine rechte Hand bei der Belagerung Landshuts und ließ sie durch eine Handprothese aus Eisenblech mit beweglichen Fingern ersetzen. Das Leben Berlichingens inspirierte Goethe zu seinem Schauspiel *Götz von Berlichingen*, in dem das berühmte Zitat »Er aber, sag's ihm, er kann mich im Arsche lecken!« fällt. Berlichingen selbst schrieb es in seiner Autobiografie etwas dezenter: »Da schriehe ich wider zu ime hinauff, er soldt mich hinden leckhenn.«

Gohrenstraße

seit 1961 Marschall Ludwig Joseph Moritz von Gohren erwarb 1802 ein kleines Schlösschen am »Baronbergl« in Schwabing, das an der heute nach ihm benannten Straße lag. Gohren hatte während des 2. Koalitionskrieges 1799 die kurfürstliche Gemäldesammlung aus Mann-

An der Ecke Gohrenstraße, wo einst das Gohrenschlössl stand

Die Straßennamen

Das kleine Haus des Kesselschmieds Engelbert Krausenegger an der Gunezrainerstraße 1 (Ecke Mandlstraße) im Jahr 1901

heim gerettet, indem er sie in Kisten verstauen ließ und als sein Privatgepäck deklarierte. Er zählte zu den offiziellen Zeugen, als Max Joseph 1806 die Königswürde annahm und wurde königlich bayerischer Kämmerer, Wirklicher Geheimer Rat und Obersthofmarschall.

Grammstraße
seit 1904 Der königliche Appellationsgerichtsrat Karl Gramm (1805–1900) vermachte München eine umfangreiche Bibliothek.

Grünecker Straße
seit 1962 Das Dorf Grüneck nördlich von München wuchs erst mit dem Nachbarort Mintraching zusammen, dann wurden Mintraching/Grüneck von Neufahrn bei Freising eingemeindet.

Gundelindenstraße
seit 1897 Gundelinde von Bayern (1891–1983) war die neunte Tochter von König Ludwig III. Sie heiratete

1919 Johann Graf von Preysing-Lichtenegg-Moos.

Gunezrainerstraße
seit 1898 Johann Baptist Gune(t)zr(h)ainer (1692–1763) war kurfürstlicher »Hofmaurermeister«, also Oberhofbaumeister, und baute u. a. das Palais Toerring-Jettenbach, Schloss Suresnes, Schloss Dachau sowie die Klosterkirche in Schäftlarn.

Gunta-Stölzl-Straße
seit 2001 Die Weberin und Textildesignerin Gunta (Adelgunde) Stölzl (1897–1983) gilt als eine der bedeutendsten Handweberinnen und wegweisende Erneuerin dieser Kunst. Sie war die erste Meisterin am Bauhaus. Heute sind ihre Werke in internationalen Sammlungen vertreten.

Gustav-Landauer-Bogen
seit 2002 Der Journalist Gustav Landauer (1870–1919) engagierte sich

früh politisch als wichtiger Vordenker und Aktivist des Anarchismus. Kurt Eisner lud ihn nach Beginn der Novemberrevolution 1918 nach München ein, damit »Sie durch rednerische Betätigung an der Umbildung der Seelen mitarbeiten«. Nach Niederschlagung der Räterepublik wurde Landauer im Gefängnis Stadelheim ermordet. Er ist übrigens der Großvater des US-Regisseurs Mike Nichols (*Die Reifeprüfung*).

Gustl-Waldau-Steg
seit 1956 Gustav Theodor Clemens Robert Freiherr von Rummel, genannt Gustl Waldau (1871–1958), debütierte 1897 als Schauspieler am Kölner Stadttheater. Später gehörte er jahrzehntelang zum Ensemble des Bayerischen Staatsschauspiels und spielte auch in unzähligen Filmen mit.

Gyßlingstraße
seit 1905 Walther Gyßling (1836–1903) war Direktor des 1870 gegründeten bayerischen Dampfkessel-Revisions-Verein. Aus dieser Selbsthilfeorganisation der Dampfkesselbetreiber, um »Mensch, Umwelt und Sachgüter vor den nachteiligen Auswirkungen der Technik zu bewahren«, ging der heutige TÜV Süd hervor.

Habsburgerplatz/-straße
seit 1897/1894 Ihre Wurzeln hatten die Habsburger im schweizerischen Aargau, Stammvater soll Guntram der Reiche (gest. 973) gewesen sein. 1273 wählte man mit Rudolf I. den ersten Habsburger zum König des Heiligen Römischen Reiches. Er bekam Österreich, Steiermark und Krain unter seine Herrschaft. Von 1439 bis 1806 stellten die Habsburger beinahe alle deutschen Könige und römisch-deutschen Kaiser. Danach regierten sie als Kaiser von Österreich und Könige von Ungarn bis zum Ende des Ersten Weltkriegs. Habsburger herrschten als Kaiser,

Könige, Herzöge oder Landesherren außerdem über Mexiko, Spanien, Portugal, Böhmen, Burgund, die Niederlande, die Toskana, Modena und Parma. Aktuelles Familienoberhaupt ist der ehemalige ÖVP-Politiker Karl Habsburg-Lothringen (geb. 1961). Weil Hitler seine Heimat so hasste, wurde die Habsburgerstraße ab 1939 in Planettastraße nach dem österreichischen rechtsextremen Terroristen Otto Planetta (1899–1934) und der Habsburgerplatz in Schönererplatz nach dem österreichischen Faschisten Georg von Schönerer (1842–1921) umbenannt.

2   Alexander Schmorell (Weiße Rose)
3   Annette Kolb (Schriftstellerin)

Hagedornstraße

seit 1925 Der Dichter Friedrich von Hagedorn (1708–1754) ließ sich in seinen Werken stark von antiken, französischen und englischen Fabeln beeinflussen. Neben Sappho und Anakreon hegte er eine Vorliebe für Horaz. Dennoch war er kein Plagiator, sondern setzte eigene Akzente in der Dichtung des Rokoko.

Haimhauserstraße

seit 1899 (zuvor Kirchweg, Pfarrgasse) Der Jurist Johann Sigmund Ferdinand Joseph Graf von Haimhausen (1708–1793) wurde von Kurfürst Max III. Joseph 1751 zum Leiter des neu eingerichteten Münz- und Bergkollegiums (= oberste Bergbehörde) ernannt. Er förderte 1758 maßgeblich die Errichtung der ersten bayerischen Porzellanmanufaktur in Schloss Neudeck in der Au, die 1761 nach Nymphenburg umzog. 1759 wurde Haimhausen Gründungspräsident der Bayerischen Akademie der Wissenschaften.

Hannes-Meyer-Straße

seit 2001 Der Schweizer Architekt Hannes Meyer (1889–1954) wurde 1927 Meisterarchitekt am Bauhaus in Dessau und ein Jahr später der Nachfolger von Walter Gropius als Direktor. Er wollte Bauhaus-Produkte aus der elitären Ecke holen und forderte von seinen Studenten: »Volksbedarf statt Luxusbedarf«. 1930 ging Meyer als Hochschullehrer nach Moskau, neun Jahr später als Direktor des Instituts für Städtebau und Planung nach Mexiko. 1949 kehrte er in die Schweiz zurück.

Heckscherstraße

seit 1932 Der deutsch-amerikanische Unternehmer und Philanthrop August Heckscher (1848–1941) stiftete nicht nur seiner neuen Heimatstadt New York City Spielplätze, Parks und das Heckscher Museum of Art, sondern auch München die Heckscher Nervenheil- und Forschungsanstalt im Gedenken an seinen Vater. Die 1925 eröffnete Heckscher-Klinik ist seit 2000 ein akademisches Lehrkrankenhaus der LMU.

Heidelberger Straße

seit 1906 Die baden-württembergische Stadt Heidelberg blickt auf eine sehr lange Siedlungsgeschichte zurück. Schließlich fand man hier die ältesten Fossile der Gattung Homo in Europa. Apropos Alter: Die Heidelberger Universität ist die älteste auf dem Gebiet des heutigen Deutschlands. Aufgrund ihrer romantischen Altstadt und der Schlossruine ist die Stadt auch bei Touristen aus aller Welt beliebt.

Heinrich-Kley-Straße

seit 1988 Der Maler Heinrich Kley (1863–1945) machte sich mit seinen Zeichnungen und Karikaturen für die Zeitschriften *Simplicissimus* und *Jugend* einen Namen. Später verlegte er sich auf Industrie- und Maschinenmalerei. Ohne dass Kley es wusste, hatte er jenseits des Atlantiks eine große Fangemeinde und einen sehr prominenten Verehrer. »Ohne die wundervollen Zeichnungen von Heinrich Kley könnte ich meine Kunstkurse für Animationszeichner nicht halten«, sagte Walt Disney in einem TV-Interview 1964, dessen Filme *Fantasia*, *Dumbo* und *Das Dschungelbuch* von Kleys Figuren beeinflusst sind.

Helmtrudenstraße

seit 1897 Helmtrud Prinzessin von Bayern (1886–1977) war die siebte Tochter des letzten bayerischen Königs Ludwig III.

5   Fanny zu Reventlow (Schriftstellerin)

Helmut-Fischer-Platz

seit 1998 Die Paraderolle des »ewigen Stenz« verfolgte ihn sein Leben lang – er setzte mit dem legendären *Monaco Franze* dem Vorstadt-Casanova ein Denkmal und spielte immer wieder ganz ähnliche Rollen, sodass das Publikum zwischen dem Schauspieler und seinen Rollen praktisch nicht mehr unterschied. Doch Schauspieler Helmut Fischer (1926–1997) beteuerte stets, dass all die charmanten Hallodris und Frauenaufreißer, die er darstellte, rein gar nichts mit seinem privaten Leben zu tun hätten.

Herbert-Bayer-Straße

seit 2001 Der Designer, Maler und Fotograf Herbert Bayer (1900–1985) studierte bei Paul Klee und Wassily Kandinsky am Bauhaus in Weimar. 1925 übernahm er als Leiter die Werkstatt für Druck und Reklame am Bauhaus in Dessau. Ab 1933 gestaltete er zunächst für die NS-Propaganda mehrere effektvoll inszenierte Ausstellungen. 1938 emigrierte er in die USA, wo er sich als Architekt, Landschaftsgestalter und künstlerischer Berater niederließ.

Hermann-Vogel-Straße

seit 1947 Der Münchner Obermedizinalrat Hermann Vogel (1827–1906) gründete und leitete den inzwischen nicht mehr existierenden Verein für Ferienkolonien.

Herzogstraße

seit 1893 (zuvor Feldweg) Der jüngste

Impressionen aus der Herzogstraße

Hildeboldstraße

seit 1903 Der Minnesänger Hildebold (Hiltbolt) von Schwangau (ca. 1221–1254) stammte aus welfischem Adel. Vermutlich nahm er mit Graf Albrecht III. von Tirol am fünften Kreuzzug teil. Von Hiltbolt sind 23 Minnelieder in 49 Strophen im *Codex Manesse* überliefert.

Hiltenspergerstraße

seit 1898 Der Historienmaler Johann Georg Hiltensperger (1806–1890) schuf mehrere große Auftragsarbeiten für die Könige Ludwig I. und Max II. von Bayern (u. a. die Hofgartenarkaden).

Hirschauer Straße

seit 1897 Die Hirschau war einst ein wildreiches Gebiet in den nördlichen Isarauen, das zwischen 1798 und 1804 in den neu angelegten Englischen Garten integriert wurde.

Hörwarthstraße

seit 1911 (zuvor Krämerweg) Der Staatsmann und Gelehrte Hans Georg Hörwarth (Herwart) von Hohenburg (1553–1622) stand von 1587–90 und erneut von 1598–1622 als Landschaftskanzler an der Spitze der bayerischen Landstände. Hörwarth korrespondierte mit zahlreichen Gelehrten, u. a. mit Kepler, und machte sich einen Namen als Philologe, Mathematiker und Astronom. 1610 veröffentlichte er seine über eintausend Seiten umfassenden Multiplikationstafeln *Tabulae arithmeticae universales*.

Hohenstaufenstraße

seit 1899 Das Adelsgeschlecht der Staufer, benannt nach der Stammburg Hohenstaufen bei Göppingen, stellte vom 11. bis 13. Jh. mehrere schwäbische Herzöge und römisch-deutsche Könige, darunter Fried-

Bruder von Kaiserin Sisi, Maximilian Emanuel Herzog in Bayern (1849–1893), war Offizier in der bayerischen Armee. Er lebte mit seiner Familie in Schloss Biederstein.

Hesseloherstraße

seit 1891 (zuvor Bachstraße) Der Dichter Hans Hesseloher (gest. vor 1488), der ab 1465 hauptberuflich als Weilheimer Stadtrichter amtierte, machte sich als Minnesänger mit ironisch-humorvollen Liedern einen Namen. Bei Gut Rößlberg, Wilzhofen, steht die Hesseloher-Säule, eine Betsäule, die Hans Hesseloher 1483 errichten ließ.

Heßstraße

seit 1897 Die Straße heißt nach einer ganzen Künstlerfamilie: Stammvater war der Kupferstecher Carl Ernst Christoph Heß (1755–1828), der ab 1806 als Professor an der Akademie in München lehrte. Mit seinen Stichen nach Vorlagen alter Meister erlangte er internationalen Ruhm. Seine Söhne Peter (1792–1871), Heinrich (1798–1863) und Karl (1801–1874) arbeiteten ebenfalls sehr erfolgreich als Maler. Die Heßstraße verläuft größtenteils in der Maxvorstadt.

rich I. Barbarossa und Friedrich II. Die Burg Hohenstaufen wurde um 1070 von Herzog Friedrich I. von Schwaben erbaut.

Hohenzollernplatz/-straße

seit 1900/1892 (zuvor Hörmannstraße) Die Dynastie der Hohenzollern hat ihren Stammsitz auf der Burg Hohenzollern bei Hechingen. Erstmals wurden 1061 ein Burchardus und ein Wenzil von Zollern erwähnt. Ein Familienzweig herrschte ab dem 13. Jh. über die Burggrafschaft Nürnberg und ab dem 15. Jh. über die Mark Brandenburg. Hieraus gingen die preußischen Könige und deutschen Kaiser hervor.

12	Waldemar Bonsels (Schriftsteller)
23	Oskar Maria Graf (Schriftsteller)
24	Lena Christ (Schriftstellerin)
31a	Joachim Ringelnatz (Schriftsteller)
89	Hugo Ball (Dadaist)
110	Werner Heisenberg (Physiker)

Hollandstraße

seit 1906 Die Grafschaft Holland ist heute eine Provinz der Niederlande. 1324 heiratete Kaiser Ludwig der Bayer Margarete von Holland-Hennegau, wodurch Holland, Seeland und auch Friesland zeitweise bis 1433 zum Hausmachtgebiet der Wittelsbacher gehörten.

Hornstraße

seit 1903 Der Infanteriegeneral Karl von Horn (1818–1896) zeichnete sich in den Kriegen 1866 gegen Preußen und 1870/71 gegen Frankreich aus. Ab 1881 war er Generaladjutant von König Ludwig II.

Horscheltstraße

seit 1908 Der Maler Theodor Horschelt (1829–1871) spezialisierte sich auf exotische Kriegs- und Schlachtenthemen und bereiste jahrelang Nordafrika und den Kaukasus. Zar Alexander II. kaufte Horschelts Nachlass auf.

Imhofstraße

seit 1904 Der Augustiner-Eremit Maximus von Imhof (1758–1817) wurde 1791 Professor für Physik, Höhere Mathematik und Ökonomie in München und 1800 Vorsitzender der Philosophischen Klasse der Bayer. Akademie der Wissenschaften. 1802 trat er aus dem Augustiner-Orden aus. Er gehört ebenfalls zu den Begründern des Oktoberfests.

Infanteriestraße

seit 1899 An der Straße wurde 1893 die Kaserne für das Infanterie-Regiment »Kronprinz« errichtet, daher der Name.

Ingolstädter Straße

seit 1913 Die kreisfreie Großstadt Ingolstadt nördlich von München wurde 806 erstmals als »villa Ingoldesstat« schriftlich erwähnt. 1472 gründete hier Ludwig der Reiche die erste bayerische Universität, die Vorgängerhochschule der heute in München ansässigen LMU. Heute verbinden alle eine bekannte bayerische Automarke mit der Stadt, doch Ingolstadt hat auch eine sehenswerte, gut erhaltene Altstadt.

Isabellastraße

seit 1891 Prinzessin Isabella Marie Elisabeth (1863–1924) war eine Tochter Adalberts von Bayern. Sie heiratete 1883 Thomas von Savoyen, Herzog von Genua.

Isarring

seit 1958 Der Teil des Mittleren Rings, der auf der Schwabinger Seite in die John-F.-Kennedy-Brücke übergeht, ist nach dem Fluss benannt, zu dem er führt.

Isoldenstraße

seit 1899 Isolde von Irland ist die Titelfigur in dem mittelalterlichen Werk *Tristan und Isolde*, das von zahlreichen Schriftstellern und Komponisten immer wieder neu bearbeitet wurde, u. a. von Richard Wagner.

Jakob-Klar-Straße

seit 1924 Der »rechtskundige Magistratsrath« Jakob Klar (1783–1833) war von 1823 bis zu seinem Tod 2. Bürgermeister von München.

James-Loeb-Straße

seit 1984 Der amerikanische Bankier, Kunstsammler und Philanthrop James Loeb (1867–1933) siedelte 1906 nach München über. Er nutzte sein Vermögen, um soziale und kulturelle Einrichtungen zu unterstützen. So stiftete er das Wohnheim Kaulbachstraße, das Marie-Antonien-Heim für Studentinnen, das Gemeindekrankenhaus von Murnau und unterstützte das Max-Planck-Institut für Psychiatrie. Seine Kunstsammlung vermachte Loeb der Staatlichen Antikensammlung.

Johann-Fichte-Straße

seit 1964 Der Erzieher und Philosoph Johann Gottlieb Fichte (1762–1814) gilt als einer der wichtigsten Vertreter des Deutschen Idealismus. Er lehrte als Professor an der Universität von Jena (1794–1799), später in Erlangen und wurde 1810 der erste gewählte Rektor der Berliner Friedrich-Wilhelms-Universität. Fichte, ein entschiedener Gegner Napoleons, veröffentlichte 1807/08 seine patriotischen *Reden an die deutsche Nation*.

Jungwirthstraße

seit 1900 Der Kupferstecher Franz Xaver Jungwirth (1720–1790) stach viele Bilder nach Werken zeitgenössischer Künstler, vor allem religiöse Themen, aber auch Ansichten von München und Umgebung.

Kaiserplatz/-straße

seit 1893/1892 Am 18. Januar 1871 wurde in Schloss Versailles das zweite deutsche Kaiserreich proklamiert, woran Platz- und Straßenname erinnern sollen.

5	Alexander Roda Roda (Schriftsteller)
46	Wladimir Iljitsch Lenin (Revolutionär)
54	Peter Paul Althaus (Schriftsteller)

Die Straßennamen

It looks so british: Klinkerreihenhäuser in der Kaiserstraße von 1894

Karl-Arnold-Weg

seit 1975 Der Zeichner und Karikaturist Karl Arnold (1883–1953) gehörte zu den führenden Künstlern, die für die Zeitschriften *Jugend* und *Simplicissimus* arbeiteten. Von 1907 bis 1942 veröffentlichte er fast 1800 Zeichnungen im *Simplicissimus*.

Karl-Theodor-Straße

seit 1892 (zuvor Riesenfeldweg) Der Bruder von Kaiserin Sisi, Herzog Karl Theodor in Bayern (1839–1909), wählte einen für einen Prinzen der damaligen Zeit ungewöhnlichen Lebensweg. Er studierte Medizin und praktizierte als Augenarzt. 1895 gründete er die private Augenklinik Herzog Karl Theodor in der Nymphenburger Straße.

46	Franz Blei (Schriftsteller)
48	Hermann Obrist (Bildhauer)

Karl-Weinmair-Straße

seit 1988 Der Maler Karl Weinmair (1906–1944) nahm meist das biedere Münchner Kleinbürgertum aufs Korn. In seinem *Skizzenbuch aus*

dem 1000-jährigen Reich machte er seinem Widerwillen gegen Nazis und Mitläufer künstlerisch Luft.

Kathi-Kobus-Straße

seit 1962 Ihr Lokal gilt als eines der Epizentren des »Schwabing«-Mythos – dabei lag der Simplicissimus von Wirtin Kathi Kobus (1854–1929) mitten in der Türkenstraße, also in der Maxvorstadt. Kathi Kobus übernahm 1903 die Kneipe »Kronprinz Rudolf« und benannte sie nach dem Satireblatt *Simplicissimus*, weil bei ihr fast alle Texter und Zeichner der Zeitschrift verkehrten – und außerdem beinahe alle Maler, Dichter, Musiker und kreativen Köpfe, die zur Schwabinger Bohème zählten. 1912 verkaufte Kobus das Lokal, kehrte aber später wieder als Wirtin zurück.

Kaulbachstraße

seit 1883 (zuvor Obere Gartenstraße) Der Maler Wilhelm von Kaulbach (1805–1874) gehörte zu den prominentesten Opfern der Choleraepidemie von 1874. Er galt als einer der bedeutendsten Künstler seiner Zeit, wurde 1837 Hofmaler Ludwigs I. und war ab 1849 Direktor der Kunstakademie. Die Straße gehört zum größten Teil zur Maxvorstadt.

8	Hans von Gumppenberg (Schriftsteller)
10	Paul Ludwig Troost (NS-Architekt)
12	Anita Augspurg (Frauenrechtlerin)
	Toni Pfülf (Politikerin)
	Tini Rupprecht (Malerin)
15	Friedrich August von Kaulbach (Maler)
19, 29, 33	Leo Samberger (Maler)
22, 35	Ricarda Huch (Schriftstellerin)
35	Max Dauthendey (Schriftsteller)
41	Otto Julius Bierbaum (Schriftsteller)
42	Hans Brandenburg (Schriftsteller)
58	Klabund (=Alfred Henschke, Dichter)
63	Fanny zu Reventlow (Schriftstellerin)
68	Klabund (= Alfred Henschke) (Dichter)
	Franz Marc (Maler)
90	Michael Ende (Schriftsteller)

Die Villa des Jugendstil-Bildhauers Hermann Obrist stand 1909 noch allein auf weiter Flur an der Karl-Theodor-Straße 48. Sie galt als erstes Jugendstil-Ensemble Münchens. Das Haus ist heute nur noch in umgebauter Form erhalten.

Keferstraße

seit 1891 (zuvor Brunnstraße) Franz Xaver Kefer (1763–1802), Professor an der kurfürstlichen Militärakademie, gründete 1793 die Feiertagsschule für männliche Lehrlinge und Gesellen – den Vorläufer der heutigen Berufsschulen. 1801 initiierte er auch die »Weibliche Sonn- und Feiertagsschule« für Mädchen.

2   Rainer Maria Rilke (Schriftsteller)
9   Friedrich Huch (Schriftsteller)

Keuslinstraße

seit 1908 Albert III. Keuslin (1591–1667) war ab 1617 Professor für Philosophie und Moraltheologie in Salzburg. 1626 wählte man ihn zum Abt des Stiftes St. Peter in Salzburg.

Kißkaltplatz

seit 1930 Der Jurist Wilhelm Kißkalt (1873–1958) war ab 1922 Generaldirektor der Münchener Rückversicherungsgesellschaft. Im gleichen Jahr gründete er die Münchner Universitätsgesellschaft, eine fakultätsübergreifende Fördergesellschaft für die LMU.

Klausingweg

seit 1960 Der Wehrmachtsoffizier Friedrich Wilhelm Klausing (1920–1944) gehörte zu den Widerstandskämpfern des 20. Juli 1944 um Claus Schenk Graf von Stauffenberg. Er begleitete Stauffenberg bei dem abgebrochenen Attentatsversuch am 11. Juli auf dem Obersalzberg. Klausing wurde am 8. August 1944 in Plötzensee durch Erhängen hingerichtet.

Kleinhesselohe

seit 1927 Ab 1791 nannten die Münchner die kleine Bierzäpferei im Englischen Garten »Heselloh«, was sich von »Hesel« = Hasel und »Lohe« = lichter Wald ableitete. Das »Klein« kam später hinzu, damit es keine Verwechslungen mit dem beliebten Ausflugsziel Großhesselohe im Süden Münchens gab.

Klementinenstraße

seit 1901 Erstaunlicherweise findet man hier keine offizielle Patronin. Da aber wohl kaum die Straße einfach so einen weiblichen Vornamen bekam, ist vielleicht Sophie Klementine Elisabeth Klothilde Maria (1899–1978), die Tochter von Auguste Marie Luise von Bayern und Erzherzog Joseph August von Österreich die Namensgeberin? Oder die hl. Clementine, Märtyrerin und eine der 11 000 Gefährtinnen der hl. Ursula von Köln? Letzteres würde zur Kirche St. Ursula in Schwabing passen …

8   Heinrich Beck (Verleger)

Klopstockstraße

seit 1963 Der Dichter Friedrich Gottlieb Klopstock (1724–1803) gilt als Begründer der Erlebnisdichtung und des Irrationalismus. Als führender Vertreter der Empfindsamkeit (eine literarische Epoche von 1740–1790) war Klopstock ein wichtiger Wegbereiter für die folgende Generation, vor allem die Bewegung des »Sturm und Drang«. In seiner Utopie *Die deutsche Gelehrtenrepublik* von 1774 entwirft er einen Staat, in dem Fürsten abgesetzt sind und eine gebildete Elite die Macht hat.

Knollerstraße

seit 1894 Der Maler Martin Knoller (1725–1804) galt als einer der bedeutendsten Freskenmaler seiner Zeit. Gefördert von Karl Joseph Graf Firmian, österreichischer Statthalter in Mailand, schuf Knoller zahlreiche Fresken in Tirol und Bayern, so in der Klosterkirche Ettal. Seine einzige Münchner Arbeit, das Deckenfresko *Mariae Himmelfahrt* im Bürgersaal wurde nach der Zerstörung im Zweiten Weltkrieg nicht rekonstruiert.

Kölner Platz

seit 1906 Die kleine, vermutlich 19 v. Chr. gegründete Römersiedlung Oppidum Ubiorum am Rhein wurde 50 n. Chr. als Colonia Claudia Ara Agrippinensium zur Stadt erhoben. Aus Colonia wurde Köln, heute mit etwas mehr als einer Millionen Einwohnern die viertgrößte Stadt Deutschlands. Jahrhunderte lang stellten die Wittelsbacher Kölner Erzbischöfe und Kurfürsten.

König-Marke-Straße

seit 1935 König Marke von Cornwall ist in der Tristan-Legende der Bruder von Tristans Mutter Blanscheflur. Tristan führt seinem Onkel König Marke als Braut Isolde von Irland zu, doch es kommt alles anders, und Tristan setzt seinem Onkel gewaltige Hörner auf …

Königinstraße

(seit 1808) Der Teil bis zur Veterinärstraße hieß vor 1808 Wiesenstraße. Mit der Umbenennung sollte an die Erlangung der Königswürde 1806 erinnert werden. Die Königinstraße gehört zum Großteil zur Maxvorstadt.

12, 25   Klara Ziegler (*Schauspielerin*)
19   Felix Dahn (*Schriftsteller*)
29   Josef Wackerle (*Bildhauer*)
31   Franz von Defregger (*Maler*)
75   Franz Marc (*Maler*)

Kohlrauschstraße

seit 1925 Der Physiker Rudolf Hermann Arndt Kohlrausch (1809–1858) war ab 1849 Professor am Politechnikum Kassel, später an der Universität in Erlangen. Kohlrausch machte sich um die feste experimentelle Begründung des Galvanismus verdient, indem er das Voltasche Spannungsgesetz und das Ohmsche Gesetz durch genaue Messungen bestätigte.

Konradstraße

seit 1897 Konrad Luitpold Franz Joseph Maria von Bayern (1883–1969) war das vierte Kind von Prinz Leopold von Bayern und Erzherzogin Gisela von Österreich.

11   Thomas Mann (Schriftsteller)

Die Straßennamen

Kraepelinstraße

seit 1927 Der Psychiater Emil Kraepelin (1856–1926), ab 1903 Professor in München, gründete 1917 die Deutsche Forschungsanstalt für Psychiatrie, aus der das Max-Planck-Institut für Psychiatrie hervorging. Die heutige Klassifizierung psychischer Störungen basiert im Wesentlichen auf Kraepelins Arbeit.

Krumbacherstraße

seit 1912 Der Byzantinist Karl Krumbacher (1856–1909) lehrte ab 1897 mittelalterliche und moderne griechische Sprache und Literatur an der Münchner Uni und war damit erster Professor des neuen Fachs Byzantinistik. Er gründete auch die Byzantinische Zeitschrift und das Byzantinische Archiv.

Kunigundenstraße

seit 1897 (zuvor Sackstraße) Kunigunde von Österreich (1465–1520), die Tochter Kaiser Friedrichs III., heiratete 1487 Herzog Albrecht IV. den Weisen von Bayern. Gemeinsam hatten sie sieben Kinder.

Kurfürstenplatz/ -straße

seit 1915/1897 Kurfürst Maximilan II. Emanuel Ludwig Maria Joseph Kajetan Anton Nikolaus Franz Ignaz Felix (1678–1726) engagierte sich maßgeblich bei den Türkenkriegen. So half er 1683 bei der Befreiung Wiens und eroberte fünf Jahr später die türkische Festung Belgrad. Seine Großmachtträume schienen sich zu verwirklichen, als sein Sohn, Kurprinz Joseph Ferdinand, zum Universalerben des spanischen Weltreichs ernannt wurde. Der frühe Tod des Kindes machte alles zunichte. Max II. Emanuel verlor 1704 im Spanischen Erbfolgekrieg sogar die Herrschaft über Bayern an die Österreicher. Erst 1715 konnte er als Kurfürst nach München zurückkehren.

Kunigundenstraße 5 und 6 im November 1911

Kurt-Landauer-Weg

seit 2005 Der jüdische Kaufmann Kurt Landauer (1884–1961) war 1913/14, 1919–1933 und noch einmal von 1947–1951 Präsident des FC Bayern München. 1932 gewann der FC Bayern erstmals die Deutsche Meisterschaft. 1939 floh Landauer vor den Nazis in die Schweiz, kehrte 1947 zurück und baute als Präsident den Fußballclub neu auf.

Kurwenalstraße

seit 1914 Der kleine Tristan wird laut der Tristan-Legende im Alter von sieben Jahren der Fürsorge und Erziehung Kurwenals anvertraut. Kurwenal bleibt langjähriger Freund, Ratgeber und Begleiter von Tristan.

Leonhard-Frank-Str.

seit 1963 Der Schriftsteller Leonhard Frank (1882–1961) gehört zu den bekanntesten sozialkritischen Roman-ciers der ersten Hälfte des 20. Jh. Seinen Durchbruch hatte er 1914 mit dem Roman *Die Räuberbande*. Unter den Nazis wurden seine Bücher verbrannt. Frank ging ins Exil und kehrte 1950 nach München zurück. Seine Exil-Erfahrungen verarbeitete er in dem Roman *Links, wo das Herz ist*.

Leopoldstraße

seit 1891 (zuvor Schwabinger Landstraße) Der bayerische Prinz Leopold Maximilian Joseph Maria Arnulf (1846–1930), Sohn von Prinzregent Luitpold und Enkel König Ludwigs I., machte in der Armee Karriere und war im Ersten Weltkrieg als Generalfeldmarschall Oberbefehlshaber Ost.

Reste der Kleinbebauung entlang des einstigen Türkengrabens am Kurfürstenplatz/Ecke Hohenzollernstraße im Jahr 1935, zwei Jahre später wurden die Häuser abgerissen

Lerchenauer Straße

seit 1958 Die Lerchenau war einst ein vogelreiches Jagdgebiet im Norden Münchens. Der Ortsteil gehörte zur Gemeinde Feldmoching, die 1938 nach München eingemeindet wurde.

Das »Moderegger-Häusl« des Mehl- und Spezereien-Händlers Franz Xaver Moderegger an der Leopoldstraße 78 im Jahr 1920

Liebergesellstraße

seit 1963 Der Architekt und Bauunternehmer Paul Liebergesell (1871–1932) gründete 1899 den Verein für Verbesserung der Wohnungsverhältnisse in München und errichtete im Stadtgebiet mehrere Wohnblöcke des sozialen Wohnungsbaus. 1925 bis 1929 saß er für die BVP im Münchner Stadtrat.

Lilly-Reich-Straße

seit 2001 Die Designerin und Innenarchitektin Lilly Reich (1885–1947) war die erste Frau im Vorstand des Deutschen Werkbundes. Sie arbeitete lange Jahre eng mit Mies van der Rohe zusammen, der sie 1932 zur Leiterin der Bau-/Ausbauabteilung und der Weberei am Bauhaus

in Dessau berief. Unter den Nazis emigrierte sie nach Chicago. Nach ihrer Rückkehr lehrte sie an der Berliner Kunsthochschule.

Löwithstraße

seit 1947 Der Maler Wilhelm Löwith (1861–1932) lehrte als Professor an der Münchner Kunstakademie. Sein Sohn war der Philosoph Karl Löwith.

Lothstraße

seit 1887 Der Maler Ulrich Loth (ca. 1599–1662) fiel Herzog Maximilian I. von Bayern positiv auf, denn der Herrscher gab Loth ein Stipendium, damit der in Italien lernen konnte. Zurück in München schuf er zahlreiche vor allem sakrale Werke, so z. B. die Anbetung der Könige in der Frauenkirche oder Das letzte Abendmahl in St. Peter.

Ludwig-Hilberseimer-Straße

seit 2001 Der Architekt und Stadtplaner Ludwig Hilberseimer (1885–1967) wurde 1929 ans Bauhaus in Dessau berufen, wo er zunächst Bauen und Planen, später Stadtplanung und Siedlungswesen unterrichtete. 1938 wanderte er nach Chicago aus, wo er am Illinois Institute of Technology lehrte. Hilberseimer

trat weniger durch konkrete Bauten in Erscheinung, sondern durch seine theoretischen Arbeiten.

Luxemburger Straße

seit 1931 Das Großherzogtum Luxemburg, seit 1890 unabhängig, ist nach Malta das flächenmäßig zweitkleinste Land der Europäischen Union. Die gleichnamige Hauptstadt ist Verwaltungssitz der EU und Sitz zahlreicher EU-Einrichtungen.

Lyonel-Feininger-Straße

seit 2001 Der Maler und Grafiker Lyonel Charles Adrian Feininger (1871–1956) zählt zu den bedeutendsten Vertretern der Klassischen Moderne – dabei fand er erst recht spät, mit 36, zur Malerei. Der Sohn deutschstämmiger US-Musiker kam mit 16 erstmals nach Deutschland und blieb. Er studierte in Hamburg, Berlin und Paris, arbeitete später als Karikaturist für deutsche, französische und amerikanische Zeitungen. 1919 wurde er zum ersten Bauhaus-Meister am neu gegründeten Bauhaus in Weimar berufen. 1937 verließ Feininger Nazi-Deutschland und kehrte in seine Geburtsstadt New York zurück.

Maasweg

seit 1935 Die rund 874 km lange Maas (franz. Meuse) durchfließt Frankreich, Belgien und die Niederlande und ist der längste Nebenfluss des Rheins.

Mainzer Straße

seit 1906 Mainz ist die Hauptstadt des Bundeslandes Rheinland-Pfalz. Die Stadt ging aus dem 13/12 v. Chr. gegründeten römischen Legionslager Mogontiacum hervor. Im 15. Jh. stieg Mainz zur Residenzstadt von Erz- und Fürstbischöfen auf. Heute ist die Großstadt mit ihren mehr als 200 000 Einwohnern vor allem für ihre Fastnacht und als Sitz des ZDF bekannt.

Die Straßennamen

Münchens wohl beliebtestes Standesamt ist die neoklassizistische Portikusvilla an der Mandlstraße 14. Architekt Eduard Hoffman erbaute sie um 1920 für einen russischen Emigranten. Seit 1954 dient die Villa als Standesamt.

Mandlstraße

seit 1891 (zuvor Bach-, dann Prinzenstraße) Der Jurist, Finanz- und Militärexperte Johann von Mandl (1588–1666) diente den Kurfürsten Maximilian I. und Ferdinand Maria in mehreren Schlüsselpositionen, so als Hofkammerrat, Archivar, Geheimsekretär und zuletzt als Hofkammerpräsident und Geheimer Rat. 1662 enthob ihn der Kurfürst wegen Amtsmissbrauch und Unterschlagung aller Ämter, was Mandls Ansehen jedoch kaum schadete.

5	Lujo Brentano (Sozialreformer)
8	Olaf Gulbransson (Zeichner)
	Albert Langen (Verleger)
9	Fritz Behn (Bildhauer)
	Josef Breitbach (Schriftsteller)
26	Alfred Kubin (Zeichner)

Mannheimer Straße

seit 1906 Das 766 erstmals erwähnte Mannheim erhielt 1607 die Stadtprivilegien, ein Jahr nachdem Kurfürst Friedrich IV von der Pfalz die Feste Friedrichsburg erbauen und Mannheim nach einem strengen Rasterplan neu anlegen ließ. Im 18. Jh. residierten hier die Kurfürsten der Kurpfalz. Heute ist Mannheim mit seinen rund 300 000 Einwohnern die drittgrößte Stadt Baden-Württembergs.

5	Hermann Lenz (Schriftsteller)

Mannlichstraße

seit 1928 Der Maler Johann Christian von Mannlich (1741–1822) folgte seinem Vater Conrad Mannlich in das Amt des Hofmalers unter Christian IV. von Pfalz-Zweibrücken. Als Maximilian IV. Joseph bayerischer Kurfürst wurde, kam Mannlich nach München. Mannlich überführte die kostbaren Kunstsammlungen des neuen Kurfürsten aus Zweibrücken, Mannheim und Düsseldorf nach München. Diese bildeten dann den Grundstock der Alten Pinakothek.

Marcel-Breuer-Straße

seit 2001 Nach seiner Tischlerlehre am Bauhaus Weimar machte sich der deutsch-amerikanische Designer und Architekt Marcel Lajos Breuer (1902–1981) mit avantgardistischen Möbelentwürfen schnell einen Namen. So konstruierte er den legendären B 3-Stahlrohrsessel, besser bekannt als »Wassily-Stuhl«. 1937 emigrierte Breuer in die USA, wo er bis 1946 an der Harvard University lehrte und die Architekturfa-

kultät mit aufbaute. Er baute u. a. die New York University, das Whitney Museum of American Art und das Hauptquartier der UNESCO in Paris.

Marchgrabenplatz/-weg

seit 1952/1975 Der Marchgraben trennte einst die Flurmark Schwabing von Freimann.

Maria-Josepha-Str.

seit 1894 (zuvor Wiesenstraße) Infantin Maria Josepha von Portugal alias Dona Maria José Beatriz Joana Eulália Leopoldina Adelaide Isabel Carolina Micaela Gabriela Rafaela Francisca de Assis e de Paula Inês Sofia Joaquina Teresa Benedita Bernardina de Bragança (1857–1943) heiratete 1874 Herzog Karl Theodor in Bayern. Sie gründete mit ihrem Mann gemeinsam die Augenklinik an der Nymphenburger Straße.

26	Richard Friedenthal (Schriftsteller)

Marianne-Brandt-Straße

seit 2001 Marianne Brandt studierte am Bauhaus ab 1924 und arbeitete nach dem Diplom zunächst für Walter Gropius in Berlin. Sie entwarf zahlreiche Designklassiker, vor allem Lampen, Aschenbecher sowie Kaffee- und Teeservices, die noch heute produziert werden und zu den bekanntesten Bauhaus-Designs zählen. Nach dem Krieg lehrte sie an der Dresdner Hochschule für Werkkunst und arbeitete als freie Künstlerin.

Marktstraße

ca. 1875 Hier fand bis Mitte der 1870er-Jahre ein Pferde- und Rindermarkt statt.

Marschallstraße

seit 1880 Ludwig Joseph Moritz von Gohren, der 1802 das später nach ihm benannte Gohrenschlösschen in Schwabing erwarb, war Marschall, daher der Straßenname.

Martiusstraße

seit 1891 Der Naturforscher Carl Friedrich Philipp von Martius (1794–1868) bereiste gemeinsam mit Johann von Spix im Auftrag des bayerischen Königs Brasilien von 1817 bis 1820, wo er den Amazonas erkundete. Er brachte 90 konservierte Säugetiere, 350 Vögel, 130 Amphibien, 120 Fische, 2 700 Insekten und 6 500 Pflanzen und Samenkörner mit nach München. Und außerdem zwei indigene Kinder, die man Johannes und Isabella taufte. Ab 1832 war Martius Direktor des Botanischen Gartens.

4   Ödön von Horvath (Schriftsteller)
6   Max Halbe (Dichter)

Max-von-Gruber-Str.

seit 1927 Der österreichische Mediziner Maximilian Franz Maria von Gruber (1853–1927) wurde 1902 Direktor der Münchner Hygiene-Instituts. Er gilt als Begründer der modernen Hygiene.

Mies-van-der-Rohe-Straße

seit 2001 (von 1925 bis 2001 Endresstraße) Nur wenige andere Architekten prägten den Baustil der ersten Hälfte des 20. Jh. so stark wie Ludwig Mies van der Rohe (1886–1969). 1930 bis 1933 leitete er das Bauhaus in Dessau, 1938 emigrierte er in die USA, wo er zwanzig Jahre lang die Architekturabteilung des Illinois Institute of Technology in Chicago leitete. Sein Leitsatz »Weniger ist mehr« ist heute ein geflügeltes Wort.

Mittermayrstraße

seit 1900 Der Jurist Franz Paul Joseph von Mittermayr (1766–1836) war von 1818 bis zu seinem Tod Erster Bürgermeister von München.

Mitterwieserstraße

seit 1961 Der Philosoph und Rechtswissenschaftler Alois Mitterwieser (1876–1943) leitete ab 1912 das Kreis- und Stadtarchiv von Landshut. 1920 wurde er Staatsarchivar in München, ab 1934 leitete er das Kreisarchiv München als Staatsarchivdirektor.

Moltkestraße

seit 1897 Helmuth Karl Bernhard von Moltke (1800–1891), preußischer Generalfeldmarschall und Generalstabschef galt aus genialer Stratege, der den deutschen Truppen in den Kriegen von 1866 und 1870/71 zu den Siegen verhalfen. Übrigens: Im Oktober 1889 angefertigte Tonaufnahmen Moltkes sind die einzigen eines im 18. Jh. geborenen Menschen.

9   Claire Goll (Schriftstellerin)

Mommsenstraße

seit 1906 Dem Altertumswissenschaftler Christian Matthias Theodor Mommsen (1817–1903) wurde 1902 für seine *Römische Geschichte* als erstem Deutscher der Nobelpreis für Literatur verliehen.

Montsalvatstraße

seit 1914 In der mythischen Burg Montsalvat (Montsalvatsch, Munsalvaesche), die der hohe Eingeweihte Titurel in den Pyrenäen erbauen ließ, soll der Parsival-Legende nach der Heilige Gral und der Heilige Speer von der Gralshüter-Bruderschaft bewacht werden.

3   Alexander Roda Roda (Schriftsteller)

Morawitzkystraße

seit 1914 Heinrich Theodor Johann Graf von Morawitzky auf Tenczin und Rudnitz (1735–1810) wurde 1769 Vizepräsident der Bayerischen Akademie der Wissenschaften, Präsidenten der Hofkammer und 1779 Präsident der neu geschaffenen Oberen Landesregierung, zudem später bayerischer Justiz- und Kultusminister.

Mottlstraße

seit 1914 Der österreichische Dirigent und Komponist Felix Josef von Mottl (1856–1911) war ab 1907 Generalmusikdirektor in München. Als bedeutender Interpret Richard Wagners dirigierte er dessen Opern in Bayreuth und in aller Welt.

Münchner Freiheit

seit 1946 (zuvor Feilitzschplatz, ab 1933 Danziger Platz) Der Name erinnert an die NS-Widerstandsgruppe Freiheitsaktion Bayern, die im April 1945 zum bewaffneten Aufstand gegen die NS-Herrscher aufrief.

Muffatstraße

seit 1898 1) Der Architekt Franz Karl Muffat (1797–1868) war Münchner

Um 1911 war die Muffatwiese noch unbebaut, links erkennt man die Villa Obrist an der Karl-Theodor-Straße und im Hintergrund den Kirchturm des Schwabinger Krankenhauses

Die Straßennamen

Stadtbaurat. Er plante das 1837 eröffnete Brunnhaus – ab 1893 ein Elektrizitätswerk –, das heute als Muffathalle kulturell genutzt wird.

2) Der Historiker Karl August Muffat (1804–1878), Bruder von 1), war ab 1859 als Rat im königlichen allgemeinen Reichsarchiv tätig. Als Experte für bayerische Geschichte durfte er die offizielle Rede zur 700-Jahr-Feier Münchens im Jahr 1858 halten.

4   German Bestelmeyer (Architekt)

Neuchinger Straße

seit 1955 Die kleine Gemeinde Neuching bei Erding spielt für Schwabings Geschichte ein wichtige Rolle: Im Herzogsgut Neuching unterzeichneten Apolt und sein Sohn Huasuni aus Suuapinga (Schwabing) eine Schenkungsurkunde und sorgten so für die erste urkundliche Erwähnung Schwabings.

Niebuhrstraße

seit 1926 Der Mathematiker und Kartograf Carsten Niebuhr (1733–1815) bereiste im Dienste des dänischen Königs den Nahen Osten, wobei er erstmals die Methode der Monddistanzen auf dem Festland zur Bestimmung der geografischen Längen nutzte. Er kam bis nach Mumbai und kehrte als einziger Überlebender Expeditionsteilnehmer zurück.

Nikolaiplatz/-straße

seit 1898 Der hl. Nikolaus ist Schutzpatron von vielen, so auch der Aussätzigen. Ihm wurde die Nikolaikirche geweiht, die zum Leprosenspital an der Leopoldstraße gehörte.

1a   Ina Seidel (Schriftstellerin)

Nordendstraße

seit 1876 Hier fand die Stadt früher einmal ihr nördliches Ende.

Nordseestraße

seit 1937 Der flache Rand des Atlantischen Ozeans im Nordwesten Europas ist bekanntlich die Nordsee. Die

Ein paar alte Herbergshäuser haben am Nikolaiplatz überlebt

südliche Nordsee ist die am dichtesten befahrene Schifffahrtsroute der Welt.

Occamstraße

seit 1891 (zuvor Schulstraße) Der englische Philosoph, Theologe und Franziskanermönch Wilhelm von Occam, eigentl. Ockham (ca. 1288–1347), geriet mit seinen umfangreichen Veröffentlichungen unter Häresieverdacht und wurde exkommuniziert. Kaiser Ludwig der Bayer, der ohnehin mit Papst Johannes XXII. im heftigen Streit lag und ebenfalls exkommuniziert wurde, nahm Occam unter seinen Schutz. 1330 traf Occam in München ein, von wo aus er den Kaiser als Berater gegen die Päpste in Avignon unterstützte.

Es gibt selbst in Schwabing noch Ecken, die nicht luxussaniert sind wie dieser Hinterhof in der Occamstraße

Die Occamstraße im Jahr 1900

Ohmstraße

seit 1891 (zuvor Leopoldstraße) Der Physiker Georg Simon Ohm (1789–1854) unterrichtete ab 1849 an der Münchner Universität, 1852 wurde er Professor für Experimentalphysik. Nach ihm ist das Ohmsche Gesetz benannt, das die Proportionalität zwischen Stromstärke und Spannung in einem elektrischen Leiter bezeichnet.

3   Bertolt Brecht (Schriftsteller)

Oskar-Schlemmer-Straße

seit 2001 Die menschliche Figur im Raum stand für den Maler, Bildhauer und Bühnenbildner Oskar Schlemmer (1888–1943) meist im Zentrum seines Schaffens. Ab 1920 unterrichtete er am Bauhaus. Schlemmer wurde von den Nazis als »Kunstbolschewist« diffamiert, seine Arbeiten galten als »entartet«. Er konnte nur überleben, weil ihn ein Wuppertaler Lackfabrikant anstellte, für den er mit künstlerischen Einsatzmöglichkeiten von Lacken experimentierte.

Osterwaldstraße

seit 1891 (zuvor Auenstraße) Der Staatskirchenrechtler Peter von Osterwald (1718–1778) wurde von Kurfürst Max III. Joseph 1761 zum weltlichen Direktor des kurbayerischen Geistlichen Rates berufen. Osterwald setzte sich entschieden für eine Neuordnung des Verhältnisses von Staat und Kirche ein, so für die starke Beschneidung der kirchlichen Immunität und für die staatliche Oberhoheit über die kirchlichen Finanzen. Für einige seiner Schriften verwendete er das Pseudonym Benno Ganser.

Parzivalplatz/-straße

seit 1899 Parzival ist die Titelfigur in Wolfram von Eschenbachs gleichnamigem Versroman, der in der ersten Hälfte des 13. Jh. erschien. Der Ritter Parzival begibt sich auf die Suche nach dem Heiligen Gral, erlebt zahlreiche Abenteuer und erlangt zuletzt die Gralsherrschaft.

Paul-Neu-Weg

seit 1979 Der Künstler Paul Neu (1881–1940) machte sich vor allem als Illustrator und Grafiker einen Namen. Er entwarf Plakate und Reklamemarken, illustrierte Bücher bei über 30 Verlagen und gestaltete Bleiglasfenster sowie Töpferwaren.

Peter-Paul-Althaus-Straße

seit 1967 Der Literat und Kabarettist Peter Paul Althaus gehörte vor und nach dem Zweiten Weltkrieg zu den festen Größen der Münchner Kabarettbühnen. 1948 gründete er den Schwabinger Künstlerkreis »Seerose«, der bis heute besteht. Althaus veröffentlichte 1951 sein bekanntestes Werk *In der Traumstadt*, als Schwabinger Lokalgröße nannte

Jugendstilbau in der Ohmstraße

Die Straßennamen

man ihn »Bürgermeister der Traumstadt«, OB Hans-Jochen Vogel redete ihn stets mit »Kollege« an.

Petuelring/-tunnel

seit 1962/2002 Vater und Sohn Petuel, Ludwig sen. (1839–1911) und Ludwig jun. (1870–1951), sind Namenspatronen der Straße, die Schwabing von Milbertshofen trennt. Ludwig sen. begann in Milbertshofen mit einer Schnapsbrennerei, verdiente dann in diversen Geschäftsfeldern ein Vermögen, das er in die Erschließung und Bebauung von Milbertshofen investierte. Sein Sohn stellte etliche Grundstücke für lokale Einrichtungen zur Verfügung. Ludwig jun. und seine Frau Karolina vermachten ihr Vermögen der Stadt München.

Potsdamer Straße

seit 1908 Als »Poztupimi« erwähnt eine Urkunde von 993 erstmals die Stadt Potsdam. Die Hauptstadt des Landes Brandenburg liegt südwestlich von Berlin und ist bekannt für ihre prächtigen Schlossanlagen der preußischen Könige sowie für die Filmstudios Babelsberg.

Prinz-Eugen-Straße

seit 1899 Der Feldherr Franz Eugen Prinz von Savoyen-Carignan (1663–1736) führte den Oberbefehl im Großen Türkenkrieg. Seinem militärischen Geschick und diplomatischen Weitblick verdankte Österreich die Vorherrschaft in Südosteuropa. Er genoss nicht nur bei seinen Soldaten, sondern auch im Volk große Popularität, bekleidete mehrere wichtige Staatsämter und machte sich als Bauherr, Mäzen und Kunstsammler einen Namen.

Pündterplatz

seit 1891 Dass das Dorf Schwabing im Jahr 1887 durch Prinzregent Luitpold zur Stadt erhoben wurde, war u. a. dem Engagement von Regierungsrat Emil Pündter zu verdanken.

Rankestraße

seit 1906 Franz Leopold von Ranke (1795–1886) gilt als der Begründer der modernen Geschichtswissenschaft. Sein Ansatz lautete, dass ein Historiker objektiv und wissenschaftlich belegt darstellen soll, wie es tatsächlich gewesen ist und nicht – wie bis dato üblich – erzählerisch-philosophisch deuten soll. Der preußische König Friedrich Wilhelm IV. ernannte ihn zum Histographen des preußischen Staates.

Reventlowstraße

seit 1984 Die Dame lebte den Skandal: Die Schriftstellerin, Übersetzerin und Malerin Fanny »Franziska« Liane Wilhelmine Sophie Auguste Adrienne Gräfin zu Reventlow (1871–1918) gehörte zu den wichtigsten und schillerndsten Figuren der Schwabinger Bohème. Als alleinerziehende Mutter eines unehelichen Sohnes war sie ständig in Geldnot und schlug sich mit diversen Jobs durchs Leben, wenn es sein musste, prostituierte sie sich auch. Ihren Schwabinger Schlüsselroman *Herrn Dames Aufzeichnungen* schrieb sie allerdings, als sie nicht mehr in München lebte, sondern in Locarno. Auf Fanny zu Reventlow geht das berühmte Zitat »Schwabing ist kein Ort, sondern ein Zustand« zurück.

Rheinstraße

seit 1906 Der 1238,8 km lange Rhein fließt durch neun europäische Länder, wobei sein längster Teil in Deutschland liegt. Die Wittelsbacher und einige ihrer Seitenlinien herrschten jahrhundertelang über verschiedene Abschnitte des Rheins.

Die 4,50 m große Christophorus-Statue am Scheidplatz schuf der Bildhauer Alexander Fischer 1970

Römerstraße

seit 1890 Einen männlichen Bewohner der italienischen Hauptstadt Rom nennt man für gewöhnlich Römer, ebenso die Bürger des historischen Römischen Reiches.

16 Karl Wolfskehl (Schriftsteller)
Stefan George (Schriftsteller)

Rosa-Aschen-brenner-Bogen

seit 2002 Die Politikerin Rosa Aschenbrenner (1885–1967) wurde 1909 Mitglied der SPD, wechselte dann 1917 in die USPD, später zur KPD, für die sie von 1924 bis 1932 in den bayerischen Landtag gewählt wurde. Unter den Nazis kam sie mehrfach in »Schutzhaft« nach Dachau. Nach dem Krieg gehörte sie zu den Gründungsmitgliedern der SPD, saß von 1946 bis 1948 im Landtag und war bis 1956 Stadträtin in München.

Rossinistraße

seit 1914 Die Werke des italienischen Komponisten Gioachino Antonio Rossini (1792–1868) gehören zum Standardrepertoire der Opernbühnen in aller Welt. Seine bekanntesten Werke sind *Der Barbier von Sevilla* und *La Cenerentola.*

Rümannstraße

seit 1907 Die bekanntesten Arbeiten des Bildhauers Wilhelm von Rümann (1850–1906) kennt jeder Münchner und fast jeder Tourist: die Löwen an der Feldherrnhalle. Von Rümann, ab 1887 Professor an der Münchner Kunstakademie, stammen auch die Denkmäler von Georg Simon Ohm (im Hof der TU), von Carl von Effner (Maximiliansplatz) sowie zahlreiche Grabmäler auf dem Alten Südfriedhof.

Saarstraße

seit 1920 Die Saar entspringt in Frankreich und mündet dann bei Konz in die Mosel. Mit 235 km ist sie der längste Zufluss der Mosel.

Sailerstraße

seit 1913 Der kurfürstliche Schatzmeister Augustin Sailer erwarb 1679 die Georgenschwaige als Edelsitz, aus der sich Milbertshofen entwickelte. Sailer verkaufte das Anwesen umgehend zum doppelten Preis an Kurfürst Max II. Emanuel.

St.-Blasien-Straße

seit 1925 Der Luftkurort St. Blasien liegt im Süden Baden-Württembergs im Schwarzwald. Der Ort wurde 858 erstmals erwähnt.

Schackstraße

seit 1897 Der Dichter Adolf Friedrich Graf von Schack (1815–1894) blieb der Nachwelt weniger als Literat in Erinnerung, sondern als bedeutender Kunstsammler. Seine Gemäldegalerie vermachte er, obwohl in München wohnend, Kaiser Wilhelm II. Auf kaiserliche Anordnung blieb die Sammlung in München und bekam sogar ein eigenes Ausstellungsgebäude an der Prinzregentenstraße. Die Schackgalerie gehört seit 1939 zur Bayerischen Staatsgemäldesammlung.

2 Wilhelm von Rümann (Bildhauer)
Rudolf Diesel (Erfinder)
4 Gabriele Münter (Malerin)

Scheidplatz

seit 1959 Prof. Karl Friedrich Scheid (1906–1945), Psychiater und Oberarzt im Schwabinger Krankenhaus, schloss sich kurz vor Kriegsende der Widerstandsgruppe »Freiheitsaktion Bayern« an. Scheid verhandelte mit den anrückenden US-Truppen über die kampflose Übergabe von Ausweichkliniken im Tegernseer Tal. Dafür zahlte er mit dem Leben: Die SS schoss am 4. Mai 1945 aus dem Hinterhalt auf ihn. Schwer verletzt konnte Scheid dennoch die Bombardierung durch die Amerikaner abwenden und starb zwei Tage später.

Schenkendorfstraße

seit 1904 Gottlob Ferdinand Maximilian Gottfried von Schenkendorf (1883–1817) wurde mit Liedern wie *Freiheit, die ich meine* zu einem der wichtigsten Dichter der Befreiungskriege gegen Napoleon.

Schinkelstraße

seit 1984 Der Architekt, Maler und Bühnenbildner Karl Friedrich Schinkel (1781–1841) prägt mit seinen Bauten bis heute das Stadtbild Berlins. Von ihm stammen die Neue Wache, die Johanniskirche, das Schauspielhaus, die Schlossbrücke, das Alte Museum, Schloss Glienicke, die Bauakademie und vieles mehr. Daneben schuf Schinkel zahlreiche Werke als Maler, Innenarchitekt und Designer.

Schleißheimer Straße

ca. 1854 (zuvor Rennweg = Reitweg) Seit 1617 im Norden das Schloss Schleißheim in dem 755 erstmals urkundlich erwähnten Ort Schleiß-

Typisch Schleißheimer Straße: große Mietskasernen

Die Straßennamen

Auch das ist die Schleißheimer Straße: Hier gibt es noch Gärtnereien

heim errichtet worden war, hatte man die Straße schnurgerade ausgebaut und schließlich nach ihrem Ziel benannt.

34   Adolf Hitler (Massenmörder)
47   Ernst Penzoldt (Schriftsteller)
106   Otto Falckenberg (Theaterregisseur)

Schlüterstraße

seit 1984 Der Bildhauer und Architekt Andreas Schlüter (1660–1714) diente ab 1694 Kurfürst Friedrich III. von Preußen als Hofbildhauer in Berlin. Er baute z. B. das Zeughaus (nach Plänen von Arnold Nering), für

das er die 22 Schilde mit den Köpfen sterbender Krieger als Schlusssteine über den Fenstern fertigte, gestaltete die Außenfassade des Berliner Schlosses und entwarf das legendäre Bernsteinzimmer, das 1716 Zar Peter dem Großen geschenkt wurde.

Schwabinger Schuttberg

seit 1959 Der Name verrät die Konsistenz: Der Hügel besteht aus dem Schutt der Häuser, die im Zweiten Weltkrieg zerbombt wurden.

Schwedenstraße

seit 1906 Die Wittelsbacher Nebenlinie Pfalz-Neumarkt stellte erstmals von 1440–1448 mit Christoph III. einen schwedischen König. Später saßen weitere Wittelsbacher (diesmal aus der Linie Pfalz-Zweibrücken-Kleeburg) auf Schwedens Thron: Karl X. Gustav (1654–1660), Karl XI. (1660–1697), Karl XII. (1697–1718) und Ulrike Eleonore (1718–1720).

39   Ernst Penzoldt (Schriftsteller)
46   Paul Schmitthenner (Architekt)

Schwere-Reiter-Straße

seit 1938 Die Schweren Reiter, meist auch Kürassiere genannt, waren eine Waffengattung der Kavallerie, für die einst an dieser Straße die Prinz-Leopold-Kaserne stand.

Seestraße

ca. 1891 (zuvor Spitalgasse) Diese Straße führt zum Kleinhesseloher See, daher der Name.

Siegesstraße

seit 1888 (zuvor Dorfstraße) Die deutschen Truppen gewannen den Krieg gegen Frankreich 1870/71, der Straßenname feiert deren Siege.

4   Waldemar Bonsels (Schriftsteller)

Siegfriedstraße

seit 1898 (zuvor Sandgrubenweg) Benannt nach Herzog Siegfried August Maximilian Maria in Bayern (1876–1952), dessen Familie in Schloss Biederstein residierte. Der begeisterte Springreiter Siegfried erlitt durch einen Reitunfall 1899 bleibende Hirnschäden und Geistesstörungen. 1918 ließ ihn die Familie entmündigen.

14   Wladimir Iljitsch Lenin (Revolutionär)

Simmernstraße

seit 1906 Die Stadt Simmern im Hunsrück hat rund 7 600 Einwohner und wurde 1072 erstmals urkundlich erwähnt. Die Wittelsbacher Nebenlinie von Pfalz-Simmern hatte ab 1410 bis 1673 hier ihre Residenz.

Der Garten des Hofapotheker von Mendel in der Siegesstraße 1 (1907)

Das Zollhaus in der Schleißheimer Straße 216

Soxhletstraße

seit 1926 Die Milch machts: Der Agrikulturchemiker Franz von Soxhlet (1848–1926), der seit 1879 an der TH München als Professor lehrte, widmete sich in seiner Forschung ganz der Milch. Er wies erstmalig Milchproteine wie Casein und den Milchzucker Lactose nach und erfand 1886 einen Apparat, mit dem sich Milch für Säuglinge sterilisieren ließ.

Speyerer Straße

seit 1906 Die kreisfreie Stadt Speyer am Oberrhein ist eine der ältesten Städte Deutschlands. Der Speyerer Dom ist heute die größte noch erhaltene romanische Kirche der Welt. Als man die Straße benannte, war Speyer die Hauptstadt des bayerischen Regierungsbezirks Pfalz.

Stauffenbergstraße

seit 1903 1) Der Jurist und Großgrundbesitzer Franz August Freiherr Schenk von Stauffenberg (1834–1901) war Präsident der bayerischen Kammer der Abgeordneten und Mitglied des Reichstags. Er forderte schon 1867 in seinem allerersten parlamentarischen Antrag die Abschaffung der Todesstrafe in Bayern, weil sie keinerlei abschreckende Wirkung habe.

2) Der Offizier und Stabschef des Allgemeinen Heeresamtes Claus Philipp Maria Schenk Graf von Stauffenberg (1907–1944) war eine der Schlüsselfiguren im militärischen Widerstand gegen das NS-Regime. Nach zwei abgeblasenen Attentatsversuchen auf Hitler platzierte er schließlich die Bombe in der »Wolfsschanze«, die am 20. Juli 1944 Hitler töten sollte. Auch dieses Attentat scheiterte und Stauffenberg wurde gemeinsam mit anderen Mitstreitern im Hof des Bendlerblocks, Berlin, erschossen.

Stengelstraße

seit 1897 Stephan Christian von Stengel (1750–1822) stand als Finanz- und Wirtschaftsfachmann im Dienst des Kurfürsten Karl Theodor. 1784 verlieh ihm Karl Theodor den Edelsitz Biederstein in Schwabing als Lehen. Stengel vertrat die damals durchaus revolutionäre Idee, dass alle Menschen Steuern zahlen sollten, also auch der Adel.

Sturystraße

seit 1914 Hofrat und Hofschauspieler Richard Stury (1859–1928) gehörte lange Jahre zu den Stars im Ensemble des Münchner Nationaltheaters. Nach ihm ist die Richard Stury Stiftung benannt, die Stipendien an darstellende und bildende Künstler sowie an Studierende der Kunst-, Theater- und Kulturwissenschaften vergibt.

Sulzbacher Straße

seit 1906 Als die Straße so benannt wurde, war die Stadt Sulzbach noch alleine. 1934 wurde sie mit der Gemeinde Rosenberg zusammengelegt. Sulzbach-Rosenberg liegt rund 50 km östlich von Nürnberg in der Oberpfalz.

Kleinhaus und -gartenidylle in der Seestraße

Die Straßennamen

Tengstraße

seit 1894 Der Jurist Joseph von Teng (1786–1837) wurde 1833 2. Bürgermeister von München. In seiner einjährigen Amtszeit als 1. Bürgermeister (1836/37) kam es zu Konflikten zwischen dem Magistrat und Ludwig I., weil die Ansprüche und Vorstellungen des Königs bei der Ausgestaltung der Maxvorstadt erheblich mit denen der Stadtverwaltung kollidierten.

26 Peter Paul Althaus (Schriftsteller)
34 Leonhard Frank (Schriftsteller)
41 Franz Blei (Schriftsteller)

Theodor-Dombart-Straße

seit 1973 Der Architekt Theodor Dombart (1884–1969) war Professor für Geschichte der Baukunst und Architektur im alten Orient an der LMU. Als Heimatforscher veröffentlichte er Bücher über Schwabing, Milbertshofen und München.

Theo-Prosel-Weg

seit 1962 Der Kabarettist Theo Prosel (1889–1955) trat ab 1920 regelmäßig im Simplicissimus in der Türkenstraße auf. 1935 pachtete er das Lokal, 1941 kaufte er es. Nach der Kriegszerstörung eröffnete er am Platzl in der ehemaligen Bonbonniere den Neuen Simpl.

Therese-Studer-Straße

seit 2002 Seit ihrem 8. Lebensjahr musste Therese Studer (1862–1931) schwer schuften. Erst auf einem Bauernhof, dann als Akkordarbeiterin in einer Zündholzfabrik, schließlich in einer Textilfabrik. Um die Situation der Fabrikarbeiterinnen zu verbessern, rief sie 1906 eine Gruppe für katholische Arbeiterinnen ins Leben, die schnell Zulauf fand und im gleichen Jahr als katholischer Arbeiterinnenverband offiziell gegründet wurde. 1908 wurde sie hauptamtliche Sekretärin des Gesamtverbands in München. Auf dem Verbandstag 1920 wählten die Delegierten sie zur Vorsitzenden.

Thiemestraße

seit 1919 Carl von Thieme (1844–1924) zählte zu den Mitgründern der Münchener Rückversicherungs-Gesellschaft und der Allianz AG. Von 1890 bis 1904 war Thieme Generaldirektor der Allianz.

Traubestraße

seit 1927 Schwerpunkt in der Arbeit des Philologen Ludwig Traube (1861–1907) war die lateinische Literatur des Mittelalters. 1902 wurde er Professor für Lateinische Philologie des Mittelalters an der LMU, Deutschlands erster Lehrstuhl dieser Art.

Trautenwolfstraße

seit 1898 »Egidius Trautenwolf pictor Monac. me fecit 1486«, kann man auf dem Glasbild des hl. Egid in der Frauenkirche lesen. Daraus schloss man, dass Trautenwolf als Glasmaler alle Fenster der Frauenkirche gestaltet haben soll, was aber nicht erwiesen ist. Einige Teile jedoch stammten zweifelsfrei von ihm.

6 Johannes R. Becher (Schriftsteller)
8 Peter Paul Althaus (Schriftsteller)

Tristanstraße

seit 1899 Die ursprünglich irische Sage um Tristan und Isolde inspirierte zahlreiche Dichter zu Neuinterpretationen. Die bekannteste ist das um 1210 entstandene Versroman-Fragment *Tristan* von Gottfried von Straßburg.

Unertlstraße

seit 1890 Der kurfürstlich bayerische Geheime Ratskanzler und Konferenzminister Franz Xaver Josef Freiherr von Unertl (1675–1750) diente Kurfürst Max Emanuel und dessen Nachfolger Karl Albrecht, dem späteren Kaiser Karl VII. Weil er als abso-

Wohnhaus in der Ungererstraße

Farbspiele am Gebäude der Munich Re in der Theodor-Dombart-Straße (l.). Der Hochbunker von 1943 an der Ungererstraße 158 wurde 2014 in eine Luxusimmobilie umgewandelt

lut zuverlässig galt, behielt er seinen Posten auch während der Besatzungszeit durch die Österreicher.

Ungererstraße

seit 1899 (zuvor Landshuter Chaussee) Der Ingenieur August Ungerer (1860–1921) eröffnete im Jahr 1900 das Ungererbad als Naturbad. An dieser Stelle hatte sein Vater bereits seit Jahrzehnten ein kleines Schwimmbad mit einigen Badehütten betrieben. Kurz zuvor hatte Ungerer in München die erste elektrische Straßenbahnlinie Süddeutschlands gebaut, die praktischerweise viertelstündlich vom Café Ungerer an der Münchner Freiheit zum Ungererbad führte.

Ursulastraße

seit 1890 Die heutige St. Sylvesterkirche war bis 1897 noch der hl. Ursula geweiht. Da die Kirche für die schnell wachsende Stadt Schwabing zu klein geworden war, baute August Thiersch am Kaiserplatz die neue Ursulakirche, und die alte Kirche bekam 1921 den hl. Sylvester als Patron. Die hl. Ursula soll im 4. Jh. als Märtyrerin gemeinsam mit 11 000 Jungfrauen auf der Rückreise von einer Pilgerfahrt nach Rom in Köln von den Hunnen niedergemetzelt worden sein.

Viktoriaplatz/-straße

seit 1927/1893 Victoria Adelaide Mary Louisa von Großbritannien und Irland (1840–1901), älteste Tochter von Queen Victoria und Prinz Albert, wurde durch Hochzeit mit Friedrich III. Königin von Preußen und für 99 Tage, denn ihr Gatte verstarb früh an Kehlkopfkrebs, Deutsche Kaiserin. Nach dem Tod ihres Mannes nannte sie sich Kaiserin Friedrich.

11   Otto Falckenberg (Theaterregisseur)

Viktor-Scheffel-Straße

seit 1903 Joseph Viktor von Scheffel (1826–1886) zählte in der wilhelminischen Zeit zu den beliebtesten Autoren. Er prägte mit seinen Werken wie dem *Trompeter von Säckingen* das Ende des 19. Jh. aufkommende und teilweise bis heute anhaltende Selbstbild der Deutschen als biedere, zuverlässige und strebsame Nation. Aus zwei von Scheffels Figuren, nämlich Biedermann und Bummelmaier, schuf Ludwig Eichrodt 1855 den sprichwörtlich gewordenen spießigen Biedermeier.

10   Max Reger (Komponist)

Virchowstraße

seit 1908 Der Mediziner Rudolf Ludwig Karl Virchow (1821–1902) lehrte als Professor in Berlin und Würz-

burg. Er gilt als Gründer der modernen Pathologie und war europaweit ein gefragter Experte für Hygiene. So veranlasste er, dass Berlin um 1870 eine Kanalisation und eine zentrale Trinkwasserversorgung erhielt. Und er setzte sich für eine medizinische Grundversorgung der Bevölkerung ein.

Voelderndorffstraße

seit 1918 Otto von Voelderndorff und Waradein (1825–1899) wurde 1867 Ministerialrat im Ministerium des königlichen Hauses und des Äußeren, 1893 Geheimer Rat und zwei Jahre später Staatsrat. Er veröffentlichte zahlreiche juristische Kommentare.

Wagnerstraße

seit 1899 Nein, nicht der Komponist Richard Wagner stand hier Pate, sondern zwei Wagnereien, die einst an dieser Straße lagen.

Walter-Gropius-Straße

seit 2001 Neben Le Corbusier und Mies van der Rohe gilt Walter Gropius (1883–1969) als einer der Gründerväter der modernen Architektur. Gropius gründete 1919 das Bauhaus, das er bis 1928 auch leitete. Vor den Nazis floh er 1934 erst nach

Die Straßennamen

In der Werneckstraße

England, dann 1937 in die USA, wo er an der Harvard University lehrte. Zu seinen wichtigsten architektonischen Werken zählen u. a. das Fagus-Werk in Alfeld, das Bauhaus in Dessau, die Siemens- und die Gropiusstadt in Berlin sowie der Pan-Am-Wolkenkratzer in New York.

Wandletstraße

seit 1952 Der Schwabinger Ferchenwald hieß im Volksmund »Wandlet«.

Wartburgplatz

seit 1925 Auf der Wartburg, die sich über der thüringischen Stadt Eisenach erhebt, übersetzte 1521/22 Martin Luther das *Neue Testament* ins Deutsche. Zuvor, im 12. Jh., soll hier der sagenhafte Sängerkrieg stattgefunden haben. Im 13. Jh. lebte die hl. Elisabeth von Thüringen hier. Die heutige Wartburg entstand im Wesentlichen Mitte des 19. Jh., als Großherzog Karl Alexander von Sachsen-Weimar-Eisenach die Burg im historisierenden Stil nicht nur wiederaufbauen, sondern auch durch zusätzliche Gebäude erweitern ließ.

Wedekindplatz

seit 1959 Der Schriftsteller und Schauspieler Frank Wedekind, eigentl. Benjamin Franklin W. (1864–

1918), arbeitete unter verschiedenen Pseudonymen für die Satirezeitschrift *Simplicissimus*, was ihm auch eine sechsmonatige Haftstrafe wegen Majestätsbeleidigung einbrachte. Er gehörte zu den Mitbegründern des Kabaretts »Die Elf Scharfrichter«. In seinen Texten und Dramen übte er scharfe Kritik am Spießbürgertum und dessen Scheinmoral.

Weisgerberstraße

seit 1928 Der Maler und Grafiker Albert Weisgerber (1878–1915) arbeitete von 1897 bis 1913 vor allem als Illustrator für die Zeitschrift *Jugend*. Daneben schuf er ein umfangreiches Werk an meist frühexpressionistischen Gemälden, die später unter den Nazis als entartet eingestuft wurden.

Weizenfeldstraße

seit 1935 Reichsritter und kurfürstlicher wirklicher Hofkammerrat Johann Nepomuk von Weizenfeld (gest. 1805) wurde 1772 Galeriedirektor und gab drei Jahre später die *Beschreibung der Churfürstlichen Bildergallerie in Schleisheim* heraus, den ersten Katalog, mit dem Kunstschätze der Wittelsbacher der Öffentlichkeit zugänglich gemacht wurden.

Werneckstraße

seit 1891 (zuvor Schloßstraße) Der Generalmajor und Kommandant des Kadettenkorps Reinhard Freiherr von Werneck (1757–1824) zählt neben Sckell und Graf Rumford zu den Vätern des Englischen Gartens. Er erweiterte den Garten im Auftrag des Hofes zwischen 1799 und 1803 und ließ den Kleinhesseloher See anlegen.

24   Paul Klee (Maler)

Wertherstraße

seit 1934 Werther ist die Titelfigur des Briefromans *Die Leiden des jungen Werther*, der Johann Wolfgang von Goethe 1774 schlagartig berühmt machte und eines der meistverkauften Bücher der Literaturgeschichte wurde.

Westfalenstraße

seit 1937 Westfalen ist heute der östliche Teil des Bundeslandes Nordrhein-Westfalen. Der Name leitet sich ab von dem sächsischen Stamm der Westfalai, die erstmals 775 in den Reichannalen Karls des Großen erwähnt wurden.

Wilhelm-Hertz-Straße

seit 1906 Der Dichter und Germanist Wilhelm Ritter von Hertz (1835–1902) gehörte im 19. Jh. zu den recht erfolgreichen Autoren, ist aber heute weitgehend vergessen. Hertz wurde 1878 Professor an der TH München, zu seinen Studenten gehörte auch Thomas Mann.

Wilhelm-Meister-Straße

seit 1934 Gleich drei (Bildungs-)Romane widmete Johann Wolfgang von Goethe seinem Titelhelden Wilhelm Meister: *Wilhelm Meisters theatralische Sendung* (1776), *Wilhelm Meisters Lehrjahre* (1795/96), *Wilhelm Meisters Wanderjahre* (1807).

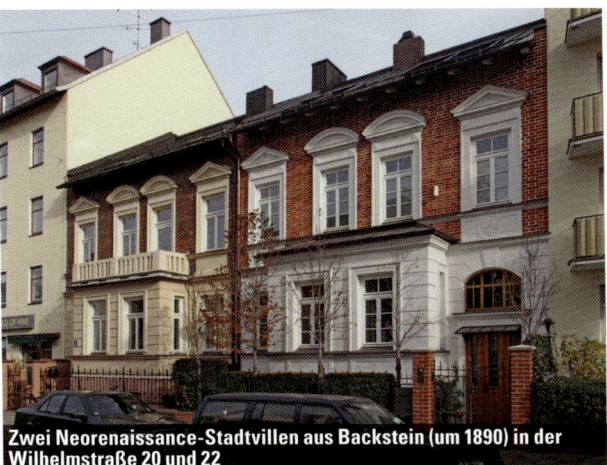
Zwei Neorenaissance-Stadtvillen aus Backstein (um 1890) in der Wilhelmstraße 20 und 22

Wilhelm-Ostwald-Straße

seit 1939 Der Physiker und Philosoph Friedrich Wilhelm Ostwald (1853–1932) erhielt 1909 den Nobelpreis für Chemie für seine Arbeiten über die Katalyse und seine Arbeiten zu Gleichgewichtsverhältnissen und Reaktionsgeschwindigkeiten. Nach ihm ist das Ostwaldsche Verdünnungsgesetz für organische Säuren benannt.

Wilhelm-Wagenfeld-Straße

seit 2001 (früher Teil der Duisburger Straße) Wilhelm Wagenfeld (1900–1990) gehört zu den Pionieren des modernen Industriedesigns. Er lernte am Bauhaus in Dessau und lehrte ab 1928 im Bauhaus in Weimar. 1954 gründete er die Werkstatt Wagenfeld, die er bis 1978 leitete. Er entwarf Gebrauchsgüter für namhafte Hersteller wie WMF, Braun oder Rosenthal. Viele seiner Objekte sind heute Designklassiker und werden weiterhin produziert.

Wilhelmstraße

seit 1894 (zuvor Zenettistraße) Meist heißt es fälschlicherweise, die Straße sei nach Kaiser Wilhelm I. (1797–1888) benannt. In Wahrheit ist sie aber dem Geheimen Kabinettssekretär Franz Xaver Ignaz von Wilhelm (gest. 1741) gewidmet, der 1709 das alte Schwabinger Schloss erwarb und Schloss Suresnes bauen ließ.

2   Max Halbe (Dichter)

Wiltrudenstraße

seit 1897 Wiltrud Marie Alix Prinzessin von Bayern (1884–1975) war die sechste Tochter König Ludwigs III.

Winzererstraße

seit 1891 Der Feldherr Kaspar Winzerer (ca. 1470–1542) führte 1526 im Auftrag Herzog Wilhelms IV. die bayerischen Truppen zur Unterstützung des ungarischen Königs Ludwig II. in den Kampf gegen die Türken. Später arbeitete er vor allem als Diplomat für mehrere Fürsten, fiel gelegentlich in Ungnade, kam dank seines Talents aber immer wieder in Gnade und starb letztlich bei einem Kampfturnier im Duell mit Jörg von Frondsberg, obwohl nur stumpfe Waffen verwendet worden waren.

Wormser Straße

seit 1914 Keltendorf, Römersiedlung – die Geschichte der Stadt Worms reicht bis in grauste Vorzeit zurück. Worms, im südöstlichen Rheinland-Pfalz gelegen, hat heute rund 80 000 Einwohner.

Zaunweg

seit 1952 Der Weg verlief einst entlang des »Schwabinger Zauns«, der die Schwabinger »Viechweid« begrenzte.

Zentnerstraße

seit 1891 Der Professor für Staatsrecht Georg Friedrich von Zentner (1752–1835) kam 1799 nach München und arbeitete federführend die bayerische Verfassung von 1818 aus. Er war später Justizminister und von 1827 bis 1832 zusätzlich Ministerpräsident.

Zittelstraße

seit 1906 Der Geologe und Paläontologe Karl Alfred von Zittel (1839–1904) übernahm 1866 die deutschlandweit einzige Professur für Paläontologie an der Münchner Universität. 1880 wurde er zudem Professor für Geologie und Direktor des Paläontologischen Museums.

Schwabing in Zahlen

135 568 Einwohner, davon 66 063 Männer und 69 505 Frauen

75 662 Haushalte, davon 45 222 (= 59,7 %) Singlehaushalte

22 096 sind 65 Jahre und älter

1 469 Geburten gegenüber 984 Sterbefällen

2 931 Arbeitslose

10 Grund-, 5 Mittel-/Hauptschulen, 3 Realschulen, 5 Gymnasien, 16 berufliche Schulen und 2 Schulen zur sonderpädagogischen Förderung

112 Kindertageseinrichtungen mit 5 458 Betreuungsplätzen

7 Krankenhäuser mit 1463 Betten

1 Museum, 8 öffentliche Bibliotheken, 10 Theater und 13 Kinosäle

1 410 326 Übernachtungen in 32 Tourismusbetrieben mit 6 569 Betten

388 Ärzte – 349 Einwohner je Kassenarzt

170 Zahnärzte – 797 Einwohner je Kassenzahnarzt

42 Apotheken – 3228 Einwohner je Apotheke

2 999,77 ha Gesamtfläche, davon 1 246,22 ha Gebäude-, 828,4 ha Erholungs-, 195,21 ha Wald- und 46,03 ha Wasserflächen

67 783 Kraftfahrzeuge, davon 2 064 Lkw und 4 839 Krafträder

Ergebnisse Kommunalwahl 2014:

SPD	29,6 %
CSU	28,5 %
Grüne	18,7 %
FDP	4,8 %
Die Linke	2,4 %
Freie Wähler	2,6 %

31 802 Menschen mit ausländischem Pass leben in den Stadtbezirken 4 und 12; die Top-5 der Nationalitäten:

1.	Italiener	2 492
2.	Österreicher	2 312
3.	Türken	2 243
4.	Griechen	2 096
5.	Kroaten	1 620

60,4 % für OB Dieter Reiter (SPD)

Quelle: Statistisches Jahrbuch München 2014, Zahlen für die Stadtbezirke 4 und 12 zusammengenommen

Stichwortverzeichnis

Stichwortverzeichnis | Literatur

Literatur (eine kleine Auswahl)

25 Jahre Baugenossenschaft München-Schwabing, München um 1937

Altmann, Lothar/Erlöserkirche: München-Schwabing – Persönlichkeiten im alten Schwabing, München 2000

Appuhn-Radtke, Sibylle: St. Ursula in München-Schwabing – Harmonie als zeitlose Qualität, München 2013

Arz, Martin: Maxvorstadt – Reiseführer für Münchner, München 2012

Arz, Martin/Schäfer, Marc: Unser München – Das Stadt-Teil-Buch mit allen Münchner Stadtvierteln, München 2011

Barten, Elke/Zimmer, Peter: Schwabinger Spaziergänge – Ein Stadtteilführer nicht nur für Schwabinger, Pfaffenhofen 1986

Bauer, Helmut/Münchner Stadtmuseum: Schwabing – Kunst und Leben um 1900, München 1998

Bauer, Jakob: Schwabinger Krankenhaus im Wandel – Vom Dorfspital zum Großstadtklinikum 1861–1961, München 1997

Bauer, Reinhard: Schwabing – Das Stadtteilbuch, München 1997

ders.: Schwabing leuchtet – Geschichte, Kultur und Wirtschaft, München 2004

Bäumler, Ernst: Verschwörung in Schwabing – Lenins Begegnung mit Deutschland, München 1991

ders.: Verkehrsberuhigung für Schwabing und die Maxvorstadt, 1977–1984. Arbeitskreis Münchner Bürger für Verkehrsberuhigung zieht Bilanz, München 1984 (Münchner Diskussionsforum für Entwicklungsfragen/ Berichte und Protokolle, Nummer 76)

Bayerische Verwaltung der staatlichen Schlösser, Gärten und Seen (Hrsg.): Der Englische Garten in München, München 2002

Bekh, Wolfgang/Hagea, Viktor/Heißerer, Dirk: Traumstadt Schwabing – Ein Gang durch Jahre und Straßen, Dachau 1998

Bellinger, Gerhard J./ Regler-Bellinger, Brigitte: Schwabings Ainmillerstraße und ihre bedeutendsten Anwohner, München 2003

Biller, Josef H./Rasp, Hans-Peter: München Kunst & Kultur, München 2009

Böddrich, Jürgen: Der Strukturwandel von München-Schwabing seit 1850, München 1958, In: Beiträge zur Stadtgeographie von München, herausgegeben von Hans Fehn, Seiten 47–102

Bogner, Josef: Aus der Vergangenheit zweier Münchner Volksgaststätten (Kleinheselohe und Chinesischer Turm), München 1966, In: Schönere Heimat, Jahrgang 55/Heft 4, Seiten 570-575

Brauer, Gernot: München Schwabing – Ein Zustand, München 2010

Dimpfl, Monika/Reichert, Carl Ludwig: Land und Leute –»Bürgerliche Bohème« – Oscar A.H. Schmitz und der Schwabinger Fasching, München (Bayerischer Rundfunk) 1987

Dollinger, Hans: Die Münchner Straßennamen, München 2007

Dombart, Theodor: Alt-Schwabing, München 1950 (Beiträge zur Münchner Heimatgeschichte und Volkstumskunde, Band 1)

ders.: Biederstein, München 1965, In: Oberbayerisches Archiv, Band 87, Seiten 7-68

ders.: Menschen und Mächte in der Heimatkultur Alt-Schwabings, München 1939 (Beiträge zur Münchner Heimatgeschichte und Volkstumskunde, Band 2)

ders.: München-Schwabing – 60 Jahre Freiwillige Feuerwehr 1870–1930, München 1930

ders.: Schwabing – Briefliche Plaudereien, München 1913

ders.: Schwabing – Münchens älteste und schönste Tochter, München 1967

Eichinger, Sepp: Sozial- und Wirtschaftsstruktur der Reichskleinsiedlung Freimann im Stadtgebiet München, München 1940

Erlacher, Peter: Gedenkblatt an die erste Jahrhundert-Feier der Pfarrei St. Ursula München-Schwabing, München 1911

Fichtl, Hermann: Ein Spaziergang durch Alt-Schwabing, München 1984, In: Club Bavaricum, Jahresband der Führungen 1982/83, Seiten 56–84

Forster, Josef Martin: Erinnerungsblatt an die feierliche Einweihung der neuen St. Ursula-Kirche in Schwabing am 10. Oktober 1897, München 1897

Förth, Rudolf: Mein altes, ewig junges Schwabing, München 2003

Fuchs, Georg: Sturm und Drang in München um die Jahrhundertwende, München 1936

Fürmetz, Gerhard (Hrsg.): »Schwabinger Krawalle« – Protest, Polizei und Öffentlichkeit zu Beginn der 60er-Jahre, Essen 2006

Fugger, Eberhard von: Schloss Biederstein, München 1896

Gartenstadt Heidemannstraße Erläuterungen zu einem neuen Wohngebiet in München, München o. J.

Goethe-Institut zur Pflege deutscher Sprache und Kultur im Ausland e.V.: Schwabing – Münchens Künstler- und Vergnügungsviertel, München 1972

Gorbach, Max: Menschen in Altschwabing, Planegg 1978

ders.: Vom Leprosenhaus zum Schwabinger Bach, München 1979

Greul, Heinz: 1200 Jahre Schwabing – Ergötzliche sowie erbauliche Historia der Weiland Frei,- Vor- und Traumstadt Schwabylonia, auch Wahnmoching zubenannt, aufgezeichnet, München 1958

Gruber, Hans: Wie aus der neuen eine kalte Herberge wurde, Freising 1995

Gruber, Rudolf: Berühmte Verstorbene im neuen nördlichen Friedhof zu München, München 1971

Hamm, Franz Josef: Bohème in München und Berlin, Limburg/Lahn 1989

Heilmeyer, Alexander: Das neue Krankenhaus München-Schwabing, München 1911

Heißerer, Dirk/Jung, Joachim: Ortsbeschreibung – Tafeln und Texte in Schwabing – Ein Erinnerungsprojekt, München 1998

Heißerer, Dirk: Wo die Geister wandern – Eine Topographie der Schwabinger Bohème um 1900, München 1993

Herpich, Brigitte: Bürgerhäuser und Villen in München – Schwabing, München 2007

Hochauer, Manfred (Hrsg.): 1200 Jahre Schwabing – Schwabinger Chronik 782–1982, München 1982

Hoerschelmann, Rolf von: Schwabing, München 1941

Hoferichter, Ernst: Unsterbliches Schwabing, München 1958, In: Flügel, Rolf (Hrsg.): Lebendiges München 1158–1958, Seiten 218-230

Hollweck, Ludwig: Von Wahnmoching bis zur Traumstadt – Schwabinger erzählen von Schwabing, München 1969

Huber, Gerdi: Das klassische Schwabing – München als Zentrum der intellektuellen Zeit- und Gesellschaftskritik an der Wende des 19. zum 20. Jahrhundert, München 1973, (Miscellanea Bavarica Monacensia, 37/Neue Schriftenreihe des Stadtarchivs München, 54)

Huch, Roderich: Alfred Schuler, Ludwig Klages und Stefan George – Erinnerungen an Kreise und Krisen der Jahrhundertwende in München-Schwabing, Amsterdam 1973

Joachimsthaler, Anton: Bundesbahn-Ausbesserungswerk München-Freimann – Geschichte, Menschen, Fahrzeuge. 1925–1985, München 1985

Johanson, Irene: Schwabing bei Tag. Von Menschen und Wegen, München 1992

Jung, Erich E.: Eine Brettl-Geschichte im Telegrammstil – Als Schwabing in Trümmern lag, München 1984

ders.: Es war eine große, eine schöne Zeit – Eine Schwabinger Nachkriegschronik. 1945–1949, München 1997

Kakuwo (d.i.: Wolter, Karl Kurt): Die Pappeln hinterm Siegestor, Pfaffenhofen 1969

Kerler, Richard: Treffpunkt Traumstadt Schwabing, München 1970

Klotz, Alexander Markus (Hrsg.): 60 Jahre im Rückblick – Siedlergenossenschaft München-Freimann eG 1932–1992. Festschrift, München 1992

Klotz, Alexander Markus/Reitmeir, Karl: Kieferngarten – Vom Schießplatz zur Freimanner Gartensiedlung, München 1999

Koch, Klaus: Erlöserkirche. München-Schwabing, 1901–1976 – Ein Stück Münchner Freiheit, München 1976

Kohmann, Rainer/ Mayer, Hans: Studentenstadt München-Freimann 1958–1978, München 1978

König, Hannes: Schwabing – Legende und Dokumente, München 1958

Krones, Kurt: Historischer Spaziergang in Schwabing westlich der Leopoldstraße, München 1994, In: Club Bavaricum, Jahresband der Führungen 1991/92/93, Seiten 72-91

Lutzenberger, Karin: Alte Heide, Bd. 1 – Von der Schafweide zur Arbeitersiedlung, München 2004

Macek, Ilse: Ausgegrenzt – Entrechtet – Deportiert – Schwabing und Schwabinger Schicksale 1933–1945, München 2008

Männer-Turn- und Sportverein Schwabing: 100 Jahre MTSV Schwabing: 1885–1985, München 1985

Maurer, Marion/Bauer, Richard: Freimann, eine Gemeinde im Schatten der Großstadt, München 1985

Literatur

Mayer, Franz: 50 Jahre Siedlung Neuherberge 1936–1986, München 1986

ders.: 60 Jahre Siedlung Neuherberge. Jubiläumsfest am 6.7.1996. Festschrift, München 1996

Meier, Bernd/Kirchenverwaltung und Pfarrgemeinderat St. Albert (Hrsg.): Heilig Kreuz Fröttmaning: 815–1990 – 1175-jähriges Jubiläum, München, o. J.

Mollenhauer, Bernd: Jugendstil in München, München 2014

Mooseder, Georg: Die Sitze im Dorf Schwabing, in: Amperland, Jahrgang 28/Heft 4, Seiten 402–406, Dachau 1992

Nadolny, Isabella: Schwabinger Kindheit, München 1968

Oberpostdirektion München (Hrsg.): 50 Jahre Fernsprech-Wähldienst im Ortsnetz München – Festschrift zur Erinnerung an die Inbetriebnahme des ersten vollselbsttätigen Großstadt-Wählamtes Europas in München-Schwabing am 2. November 1909, München 1959

Pfarrer und Pfarrgemeinderat St. Sebastian (Hrsg.): Kirche im Wandel. 50 Jahre Sankt Sebastian in München-Schwabing – 1929–1979, München 1979

Praetorius, Rudolf: Schwabinger Reporter – Ein Wegweiser durch Schwabing, München 1960

Prévot, René: Kleiner Schwarm für Schwabylon, München 1954

ders.: Seliger Zweiklang: Schwabing – Montmartre, München 1946

Prospekt über die Landhaus-Kolonie in der Gartenstadt Freimann nördlich von Schwabing, München 1909

Rabus, Adelheid: Seidlvilla – 20 Jahre Seidlvilla – 7 Jahre Seidlvilla, das Haus für Schwabing, München 1997

Reisinger, Ernst: Meine Jugend in Alt-Schwabing, München 1952

Reseneder, Hildegard: Das Schwabing der Prinzregentenzeit, München 1991, In: Club Bavaricum, Jahresband der Führungen 1988/89/90, Seiten 202-220

Roda Roda, Alexander: Schwabylon oder Der sturmfreie Junggeselle, München 1922

Röder, Victor: 1200 Jahre Schwabing – Offizielle Fest-Mappe, Cartoons von Gabor Benedek, München 1982

Ross, Werner: Bohèmiens und Belle Epoque – Als München leuchtete, München 1999

Rukwid, Werner: Geliebtes Schwabing, München 1961

Schachner, Richard u. a.: Das städtische Krankenhaus München-Schwabing, Düsseldorf/München 1929

Schaefer, Oda (Hrsg.): Schwabing – Ein Lesebuch, Piper, München 1985

Schalck, Elisabeth: Kinderzeit in Alt-Schwabing – Erzählt von einer Zweiundneunzigjährigen (geboren am 28.04.1870 in Schwabing), München 1962

Scharold, Hans: 100 Jahre Maximilians-Gymnasium (1849–1949), München 1949

Schiblhut, Eduard: Zweihundertfünfzig Jahre Schulgeschichte Schwabing – Hundert Jahre Schulgebäude

Wilhelmstraße 29, München 1987

Schickel, Gabriele: Das Krankenhaus München-Schwabing und seine Kirchen, München 2003

Schiemeier, Franz: Münchner Stadtbäche, München 2010

Schlossnikel, Josef: 180 Jahre St. Sylvester München-Schwabing, München 1991

Schmitz, Oscar Adolf Hermann/Dimpfl, Monika: Bürgerliche Bohème, Bonn 1998

Schröder, Hans Eggert: Franziska Gräfin zu Reventlow – Schwabing um die Jahrhundertwende, Marbach 1978

Schwabing – wie es ist – wie es war, München 1971, (Bayerland, Jahrgang 73/Nummer 9)

Schwarz, Andreas: 5 Jahre Seidlvilla – Das Haus für Schwabing – Salut et bon sens, München 1996

ders.: Seidlvilla, ein Haus für Schwabing – Bericht zur Geschichte der Seidlvilla und zum zwanzigjährigen Kampf der Schwabinger um ein selbstverwaltetes Haus, München 1991

Seeberger, Kurt/Rambeck, Brigitta: Schwabing – Ein abenteuerlicher Weltteil, München 2000

dies.: Schwabing: Ein Münchner Weltteil, München 1986

Stephan, Michael/Karl, Willibald: Schwabing, München 2015

Stüber, Angela: Freimann – Vom Industriedorf zum Stadtteil Münchens, München 1991

Ude, Karl: Schwabing von innen, München 2002

Uhl, Elisabeth: Festschrift zum 70-jährigen Gründungs-Jubiläum des Zitherclub Schwabing Nord e.V., München 1995

Valtl, Oswald: 25 Jahre Fußball Club Schwabing. 1956–1981 – Jubiläumsschrift zum 25-jährigen Bestehen, München 1981

Vogel, Hanns (Schutzverband der Bildenden Künstler): Schwabing – Vom Dorf zur Künstlerfreistatt, München 1958

Voswinckel, Ulrike: Es geschah im Isartal … Die Münchner Bohème im Grünen, München (Bayerischer Rundfunk) 1996

dies.: Größenwahn-Cafes. Literatur und Bohème zwischen München und Berlin, München 1985

Wagner, Alois: Zu meiner Zeit – Ein Bubenleben in Schwabing 1904–1918, München 1980

Wer wohnte wo in Schwabing? Wegweiser für Schwabinger Spaziergänge, München 1965

Weyr, Franz: Das Schwabing der Fanny Reventlow, München (Bayerischer Rundfunk) 1961

Wilhelm, Hermann: Die Münchner Bohème – Von der Jahrhundertwende bis zum Ersten Weltkrieg, München 1993

Bildnachweis | Impressum

Arbeitsgemeinschaft Werkbundsiedlung Wiesenfeld 133 u.

Martin Arz Cover hinten + innen, 2, 4 u., 19, 22 o, 23 u., 24, 25 o.r., 26 (3 x u.), 27, 29 o. + u.l., 32, 34 u., 36 m., 37, 40 o.l., 41 u., 45 o., 46, 48 o. + m., 49, 52 o., 56 u., 57, 60, 61 l., 62 l., 63, 66 u.r., 68 u., 72, 73, 74 u., 75 u., 76 o. + u.r., 77 o., 79 l., 80 o., 82, 83, 85, 87 r., 91, 93 o., 94 o., 95 o., 96 u., 97 o., 98, 99, 101, 103, 104, 105 o. + r., 106, 107 u., 108–111, 112 o.l., 113 u., 114, 115, 116, 118, 119, 120, 121 l., 122 u., 123, 124, 125 o.r., 126, 127 u., 128, 130, 131 o. + u., 132, 133 o.l., 136–139, 143, 145, 148, 149, 152, 154 o., 158, 160, 161 u., 162, 163, 164 o. , 165 u., 166–169

Bayerisches Landesvermessungsamt: 20, 174/175

Franz Schiermeier Verlag 78 u., 88 u., 89 m. + u.

Fogg Museum 71

Gaudiblatt 135

Hirschkäfer Verlag Archiv 6, 8, 9, 14 u., 17 u., 21, 23 o., 33 o., 35 u., 38 u., 39 o.l., 40 m., 47 o., 51, 56 o., 71, 76 u.l., 77 u., 80 u., 81 o., 90 m., 96 o., 107 o., 129, 165 o.

Hirschkäfer Verlag Al-Herb-Archiv 52 u., 58, 59, 112 u.l.

Interfoto 12 o., 15, 22 u., 42–44, 50, 53 o. + u.l., 64, 65, 67, 69, 112 r., 113 o.

Karl Klühspies 45 u.

Lodenfrey-Park 79 u.

Lodenfrey 79 o.r.

Lustspielhaus/Vereinsheim 30

Münchner Stadtmuseum, Sammlung Graphik/ Plakat/Gemälde 66 u.l.

Munich Re 48 u.

Panorama Museum Borodino 88 l.

Privatarchiv, Daniel Popielas, Welzow 36 u.

Privatsammlungen 31, 39 o.r., 54 o., 55 m., 62 m., 68 o., 87 l.

Rationaltheater 34 o.

Helmut Reitberger 62 u.

Schwabinger Podium 28

Siemens Corporate Archives 92 l.

Stadtarchiv München 7 (HSGS-A-04-35), 10 o. (FS-STB-2848), 10 u. (HB-XX-B-017), 11 o. (FS-NL-DOM-045-06), 11u. (FS-NL-DOM-042-02), 12 u. (Pett1-1045), 13 (HVBS-A-02-02), 16 o. (HB-XXIII-138), 16 u. (C1890031), 17 o. (FS-NL-DOM-067-08), 25 o.l. (FS-NL-DOM-008-04), 25 m. (FS-NL-DOM-045-02), 25 u.l. (FS-NL-DOM-032-02), 25 u.r. (FS-NL-DOM-012-02), 26 o.l. (FS-NL-DOM-006-01), 26 o.r. (FS-NL-DOM-037-03), 33 u. (FS-NL-DOM-037-04), 35 o. (FS-NL-DOM-045-04), 36 o.l. (FS-STB-2847), 36 o.r. (Pett1-0520), 38 o. (Pett1-1990), 39 u. (Pett2-1583), 41 o. (C1894218), 47 m. (Pett1-1786), 47 u. (Pett1-1789), 54 u. (C1895214), 55 o. (Pett1-1992), 55 u. (FS-NL-Brocksieper-042-001), 61 r. (FS-NL-DOM-049-14), 66 o. (FS-NL-DOM-020-01), 74 o. (FS-NL-KV-0666), 75 o. (FS-NL-KV-2089), 78 o. (AB_Erg_0185), 81 u. + 88 o. (C1895223), 86 o. (Pett1-1229), 86 u. (FS-NL-DOM-007-01), 89 o. (Dombart-0001sw), 90 o. (FS-ALB-030-28), 90 u. (FS-NL-DOM-049-24), 93 m. (Pett1-0167), 93 u. (HB-XX-K-174), 94/95 u. (FS-NL-DOM-053-01), 97 u. (HB-V-a-0360), 100 o. (FS-STB-2835), 105 u. (FS-STB-2707), 117 o. (Pett2-3300), 117 m. (FS-NL-DOM-045-09), 117 u. (Pett2-2645), 122 o. (PkStb-00645), 125 u. (PkStb-05294), 131 m. (Pett1-0397), 133 o.r. (Pett1-4000), 141 (Pk-Erg-09-0148), 146 o. (Pett1-0516), 146 u. (Pett1-0205), 147 (Pett1-0839), 150 (FS-NL-DOM-008-02), 154 u. (Pett1-1567), 156 o. (Pett1-1906), 156 u. (Pett1-1911), 157 (FS-NL-DOM-049-21), 159 (FS-NL-DOM-024-05), 161 o. (HB-XX-O-31), 164 u. (Pett1-3271)

SWM 92 o. (Foto: Felix Steck), 121 r., 127 o. (Foto: Robert Goetzfried), 127 m.

Klaus Vrieslander 14 o., 53 u.r.

Wikipedia 29 (digital-cat), 100 u. (Nikodem Nijaki) 125 m. (rufus-46)

alle aktuellen Karten © Hirschkäfer Verlag 2016

Wir haben uns bemüht, alle Rechteinhaber zu den Bildern zu ermitteln. Sollten wir etwas übersehen haben, werden wir rechtmäßige Ansprüche nach den üblichen Honorarsätzen vergüten.

Impressum

1. Auflage, März 2016

Text und Gestaltung: Martin Arz
Grundlayout: Franz Schiermeier Verlag
Druck: Druckservice Brucker, Mainburg

ISBN 978-3-940839-45-9

Besuchen Sie uns im Internet:
www.hirschkaefer-verlag.de

Mit Liebe gemacht.